Elisabeth Raffauf

Das MädchenBuch

Elisabeth Raffauf

Das MädchenBuch

Die neuen Mädchen – was sie für ihren Weg ins Leben brauchen

Der Elternratgeber

Dieses Buch ist auch als E-Book erhältlich:
ISBN 978-3-407-22352-4

www.beltz.de

Umschlaggestaltung: www.anjagrimmgestaltung.de, Stephan Engelke (Beratung)
Umschlagabbildung: © plainpicture/Johner
Abbildungen Innenteil: © Jellymountain: S. 9, © Getty Images/Image Source: S. 19, © Getty Images/Jamie Grill: S. 33, © Getty Images/Massimo Pizzotti: S. 47, © Getty Images/Aaron C. Photography: S. 65, © Getty Images/Tana Moore: S. 87, © Kobow/DFB: S. 112, © Getty Images/Jim Esposito: S. 145, © Tina Niedecken: S. 168, © Getty Images/Cultura/Seb Oliver: S. 237
Satz: Lelia Rehm
Druck und Bindung: Beltz Bad Langensalza GmbH, Bad Langensalza
Printed in Germany

ISBN 978-3-407-85965-5
1 2 3 4 5 17 16 15 14 13

Inhalt

1

Mädchen sein

Mädchen sein

Wir haben uns ein Mädchen gewünscht. Für meinen Mann war es klar, dass er eine Tochter kriegen würde, weil in seiner Familie hauptsächlich Mädchen geboren werden. Er hat fünf Schwestern und er sagte: »Mädchen kenne ich.«

Ich hatte auch das Gefühl: »Mädchen kenne ich«, weil ich selbst mal eines war. Bei der Frauenärztin wollten wir das Geschlecht unseres Kindes nicht wissen. Wir wollten uns überraschen lassen: »Hauptsache gesund.« Vorher schon das Geschlecht erfahren fanden wir irgendwie zu abgeklärt, zu wenig geheimnisvoll, und außerdem: Wir ahnten ja schon, was es werden wird.

Als Jana dann da war, war es wie die selbstverständliche Erfüllung einer Vorhersehung. Und: Wir waren überglücklich. Ich weiß noch, wie ich mich kaum getraut habe, dieses zerbrechliche Wesen in seiner Ruhe zu stören, aus seinem Bettchen zu nehmen, und wie mich das Gefühl erfasste: »Wenn diesem so süßen Geschöpf auch nur einer ein Haar krümmt, ich werde ihn vierteilen.«

Wenn meine Mutter Geschichten aus meiner Kindheit erzählt, dann kommt sie häufig auf die Geschichte von dem feinen Kleidchen, um zu illustrieren, dass ich auch mit drei Jahren schon meinen Willen durchzusetzen wusste: Es war ein feierlicher Anlass und ich sollte entsprechend feierlich angezogen werden. Ein feines Kleidchen. Aber das gefiel mir nicht. »Ich will kein feines Kleidchen anziehen«, hab ich der Aufforderung meiner Mutter, mich schick zu machen, widersprochen. »Was willst du denn anziehen?«, hat sie gefragt und ich erwiderte: »Texashose und Pullover.« Ich musste dann doch das feine Kleidchen anziehen, und kaum waren wir losgegangen, habe ich die nächste Pfütze genutzt, um das feine Kleidchen in ein »unfeines« zu verwandeln. Texashose und Pullover hatten gewonnen.

Es gab Zeiten, da wollte ich ein Junge sein. Vielleicht hatte es mit meinem älteren Bruder zu tun, der, von vielen Frauen in der Familie umringt, der Hahn im Korb war. Vielleicht hatte es auch damit zu tun, dass mein Vater in gewisser Weise Unterschiede machte zwischen Mädchen und Jungen. Mädchen sollten einen guten Beruf haben, aber nur halbtags, denn sie sollten später noch genügend Zeit für Haushalt und Familie haben. Jungs hingegen mussten später für die Familie sorgen. Sie brauchen einen vollen Beruf, in dem sie aufgehen.

Jana – unsere Prinzessin – wollte nie ein Junge sein. Sie ist gerne ein Mädchen. Sie interessiert sich für Mode, näht sich viele Kleider selbst, spielt Querflöte und achtet auf ihr – weibliches – Äußeres. Auf die Frage, ob sie mal eine Zeit hatte, in der sie gern ein Junge gewesen wäre, antwortet sie, ohne lange nachzudenken: »Ich bin froh, dass ich kein Junge bin. Man muss immer cool sein und einen Check geben. Man muss den Gentleman spielen, immer den ersten Schritt tun, soll nicht weinen und nichts darf wehtun. Außerdem würden mir als Jungen die Mädchengespräche fehlen.«

Mädchen sind verschieden

Als ich anfing, mir über dieses Buch Gedanken zu machen, und mich mit Fragen beschäftigte, wie Mädchen heute eigentlich sind, was sie machen, wie sie leben und was sie beschäftigt, habe ich an die Mädchen gedacht, die ich kenne, an meine Tochter und ihre Freundinnen, Mädchen aus der Nachbarschaft, aus dem näheren und weiteren Bekanntenkreis, aus den Mädchengruppen, die ich gemeinsam mit meiner Kollegin Lea Schwarzer leite, und es fiel mir schwer, eine allgemeine Formel für Mädchen zu finden. Sie sind verschieden: Da gibt es die kleinen Mädchen mit langen, blonden Haaren, die die Farbe Pink lieben und sich ein Pferd wünschen, Da gibt es ältere, die in der Jugendgruppe engagiert sind, es gibt die Punkigen mit Ringen im Ohr oder in der Oberlippe. Es gibt die modebewussten, die dreimal in der Woche bei H&M shoppen gehen, die Dicken, die Dünnen, die mit Freund, die ohne, die Chat-Königinnen, die, die um Freundschaften ringen, die Zurückgezogenen, die Forschen, die Lauten, die Leisen, die Musikerinnen, die Clueso- und die Hannah-Montana-Fans, die Ballettbegeisterten, die Behüteten und die, die mit 13 schon »alles« kennen. Es gibt auch die, die kurze Haare tragen, am liebsten Fußball spielen und ihre Freunde und Lehrer anweisen, sie mit einem Jungennamen anzusprechen.

Dann habe ich Mädchen und Jungen der achten Klasse einer Gesamtschule gefragt, wie Mädchen sind. Ihre spontanen Antworten geben einen kleinen Eindruck von den verschiedenen Seiten, die sie haben, wie sie sein können und wie sie gesehen werden:

Mädchen sind:

»Weiblich.«

(Clara)

»Anstrengend, freundlich, lieb, zickig, verständnisvoll.«

(Gisa)

»Selbstverliebt.«

(Lola)

»Zu übertrieben gestylt. Also zu auffällig. Dabei sehen sie auch so hübsch aus.«

(Vera)

»Tussig. Sie schminken sich übertrieben und fragen andere, warum sie sich nicht schminken.«

(Gina)

»Heiß.«

(Natalie)

»Manchmal auch nett.«

(Julian)

»Kompliziert, umständlich und manchmal beeinflussbar wegen Gruppenzwang.«

(Olaf)

»Manche fühlen sich nur in der Gruppe stark.«

(Mathew)

»Mädchen sind nicht so sportbegeistert und dafür sind sie klüger und werden insgesamt älter«

(Severin)

»Mädchen zeigen mehr ihre Gefühle und Jungs verstecken die so.«

(Lars)

»Ihnen kann man etwas anvertrauen.«

»Sehr nett und hilfsbereit – aber nur manchmal.«

»Arrogant.«

»*Das* Mädchen« also gibt es gar nicht. Deshalb möchte ich Ihnen vier Mädchen vorstellen, die mir privat begegnet sind – als Töchter von Bekannten, in der Mädchengruppe einer Erziehungsberatungsstelle oder als Schülerin einer der Schulen, an denen ich Interviews machen durfte:

Emma* ist fünfzehn Jahre alt. Sie hat zwei ältere Brüder. Ihre Eltern sind seit sieben Jahren getrennt. Seit dieser Zeit, also seit sie acht Jahre alt war, wechselte sie jede Woche zwischen den zwei Häusern ihrer Eltern hin und her. Das ging fünf Jahre lang gut. Sie fand es toll, zwei Zimmer zu haben. Aber auf Dauer fühlte sie sich heimatlos. Sie kam nie richtig zur Ruhe. In beiden Haushalten herrschen unterschiedliche Regeln. Bei ihrer Mutter ist es eher wie in einer WG. Sie arbeitet viel. Es gibt kein regelmäßiges Essen. Man kommt nach Hause und macht sich was. Bei ihrem Vater geht es geregelter zu. Es gibt immer sehr viel zu essen. Er lebt mit seiner neuen Freundin zusammen. Ihre beiden Brüder wohnen ausschließlich bei ihrer Mutter. Sie selbst wollte ihren Papa nicht alleine lassen, obwohl er ja eine Freundin hat. Von sich selbst sagt Emma: »Ich nehme immer alles so hin und stecke es weg.« Sie habe sich noch nie in ihrem Leben gestritten. Emma entwickelte ein Essproblem und sie fand es immer schwieriger, zwischen ihren Eltern hin und her zu pendeln. Nach Gesprächen mit ihren Eltern und einer Therapeutin wurden neue Regeln abgestimmt. Jetzt zieht sie nur noch alle vier Wochen um. In der Schule ist sie richtig gut und sie hat Freundinnen. Bis vor einem halben Jahr wollte sie noch Filmstar werden. Sie hat von Hollywood geträumt. Mit ihren Freundinnen hat sie schon vier Filme gedreht, einer davon ist sogar 45 Minuten lang. Sie fand die Idee, Schauspielerin zu werden, super. Aber jetzt ist sie sich

* Die Namen und biografischen Angaben in diesem Buch wurden geändert.

nicht mehr so sicher. Der Traum erscheint ihr unrealistisch und peinlich. Sie traut es sich nicht mehr so recht zu.

Luisa ist siebzehn Jahre alt. Sie hat noch zwei Brüder, der eine ist ein Jahr älter und der andere acht Jahre jünger. Sie besucht ein Gymnasium und in ihrer Freizeit geht sie am liebsten Eiskunstlaufen. Dreimal pro Woche hat sie Training. Sie möchte gern Einkunstläuferin werden und irgendwann bei der Olympiade mitmachen. Familie ist für sie sehr wichtig. Ihre Eltern sind katholisch und gehen regelmäßig in die Kirche.

In der Klasse gehört sie zu den Jüngsten. Die meisten anderen sind schon achtzehn. Und: Die meisten haben schon einen Freund. Luisa noch nicht. Es gab mal jemanden, aber das war nur kurz im Urlaub und mehr als Händchenhalten ist da auch nicht gelaufen. Verliebt war sie schon öfter, aber es ist nichts daraus geworden. Einer, den sie gut fand, hat sich direkt in ihre beste Freundin verliebt. Sie ist neidisch auf ihre Freundinnen, von denen sie findet, dass sie besser aussehen als sie selbst, und die eben auch schon Jungs an ihrer Seite haben. Wenn sie sich unterhalten, über Frauenärztinnen und gemeinsame Nächte, redet sie zwar immer mit, aber eigentlich hat sie keine Erfahrung.

Rica ist vor neun Jahren mit ihren Eltern aus Kasachstan nach Deutschland gekommen. Sie ist 13 Jahre alt, aber sie sieht aus wie 16. Das liegt unter anderem daran, dass sie sich stark schminkt und sehr selbstbewusst auftritt. Sie besucht ein Gymnasium. Ihre Freunde sind alle älter als sie und sie hatte auch schon einen Freund. Ihre Eltern dürfen das allerdings nicht wissen. Eigentlich darf sie noch gar keinen Freund haben. In der Clique und am Bahnhof gehört sie zu den »Anführerinnen«. Sie sagt an und sie mobbt andere. Wenn sie schlechte Laune hat, kann es schon mal sein, dass sie sich an anderen abreagiert. Wenn sie jemand »falsch« ansieht, schaltet sie um auf Angriff: »Warum guckst du so komisch?« Schulisch hat sie eine Zeit lang ziemlich durchgehangen. Jetzt will sie wieder anfangen zu lernen. Ihre Mutter findet sie manchmal nervig. Sie streiten sich häufig. Mit ihrem Vater versteht sie sich gut.

Sabine ist zwölf Jahre alt. Sie hat ein hübsches Gesicht, lange, dunkle Haare und sie ist übergewichtig. Sie wirkt ruhig, aber immer beteiligt. Antworten auf Fragen kommen zögernd, sie braucht lange, um mit jemandem warm zu werden. Kontakte zu anderen Mädchen hat sie keine. Auf dem Schulhof steht sie meistens allein. Ihre Mutter spannt sie häufig zur Beaufsichtigung der zweijährigen Schwester ein. Die Eltern sind getrennt, der Vater holt oft nur den jüngeren Bruder ab, sie nicht. Ihr Hobby ist Zeichnen. Für ihre Manga-Bilder erfährt sie viel Lob und die Bewunderung von anderen.
Alles besondere Mädchen, mit einer ganz individuellen Biografie. Was sie gemeinsam haben, sind ihre Ängste, Wünsche und Hoffnungen. Für alle sind dieselben Fragen wichtig: Bin ich normal? Bin ich schön? Kann ich bestehen in der Schule, in der Clique und später im Beruf? Werde ich gesehen und geliebt? Bin ich gut, so, wie ich bin? Wie kann ich meinen Platz in der Welt finden?

Antworten auf diese Fragen zu bekommen ist für die Mädchen heute nicht einfacher geworden: »Mit 17 hat man noch Träume«, lautete 1965 ein Schlager, den die damals 16-jährige Amerikanerin Peggy March gesungen hat. »… da wachsen noch alle Bäume in den Himmel hinein.« Heute würde es wahrscheinlich heißen: »Mit 14 hat man noch Träume.« 17-jährige Mädchen gelten als Fast-Erwachsene, die die Liebe kennen und zum Teil große Enttäuschungen hinter sich haben. Manche 17-Jährige wirken schon erschreckend abgeklärt. Sie *wirken* so – in manchen Bereichen sind sie es auch, in anderen nicht.

Vieles ist heute früher als früher, aber nicht alles. Das bedeutet für uns Erwachsene, dass wir genauer hingucken müssen: Wie ist meine Tochter? Wo steht sie? Was braucht dieses

Mädchen auf ihrem Weg ins Erwachsenensein? Und: Wie können wir sie dabei gut begleiten? Mädchen haben es nicht leichter oder schwerer als Jungen, nur ihre Situation ist teilweise eine andere. Es gibt andere Probleme, andere Lösungen. *Sie sind anders*. Ich denke nicht, dass es erstrebenswert ist, dass sie wie Jungs werden oder sogar »besser« als sie. Wenn ich selbst manchmal einen Vergleich zu Jungen heranziehe, dann, um die Unterschiede sichtbar zu machen. Wichtigstes Ziel aber, zu dem ich Eltern ermutigen möchte, ist, die Mädchen darin zu unterstützen, *ihren eigenen Weg* zu finden, ganz individuell.

Dieses Buch gibt Anregungen und bietet neue Blickwinkel, aus denen Eltern auf den Umgang mit ihren Töchtern sehen können. Es enthält keine »Rezepte«, weil es keine gibt, die für Familien und alle Mädchen gelten. Aber es bietet Ideen zur Reflexion. Unter der Überschrift »Coach« wird immer wieder der Blick nach innen gelenkt um zu fragen: »Wie ist meine Haltung?« und »Wie ist sie zustande gekommen?« Wenn uns der Einfluss unserer eigenen »Geschichte« klar ist, können wir unsere Töchter freier und für sie passender begleiten.

Wie die Mädchen untereinander, so unterscheiden sich auch die Familien. Aber es gibt eben auch Gemeinsamkeiten, Parallelen, Dinge, die sich ähneln. Ich freue mich sehr, dass mir viele Mädchen und Jungen, Eltern und Experten ihre Sicht auf die Mädchen heute geschildert haben, was mir geholfen hat, meinen eigenen Horizont zu erweitern

Darüber hinaus hat sich Steffi Jones, ehemalige Fußballnationalspielerin und heutige DFB-Direktorin, erinnert, was ihr geholfen hat, ihren Weg zu gehen. BAP-Sänger Wolfgang Niedecken hat seine Sicht auf seine Rolle als Vater zweier Töchter und zweier Söhne erzählt. Tolle, bereichernde und ganz individuelle Blicke auf die Mädchen und Einblicke in ihre Welt.

Viel Spaß beim Lesen, Sichärgern und Lachen und Nachdenken über sich selbst und ihre Töchter!

2

Drei Irrtümer über Mädchen

Drei Irrtümer über Mädchen

Verallgemeinerungen und Klischees helfen dabei, die Welt ein bisschen zu ordnen. So weiß man, wo man dran ist. Manchmal ergeben sie sich aus eigenen Erfahrungen, aber oft auch aus Medienberichten und Erzählungen anderer. Manchmal führen sie zu Fehlannahmen. Drei große Irrtümer, Mädchen betreffend, halten sich hartnäckig:

1. Mädchen haben immer früher Sex

Manche Eltern sind sehr besorgt über die Entwicklung ihrer Töchter. Was können wir wann erlauben? Wie können wir noch Grenzen setzen? Wie können wir verhindern, dass sie schon so früh Sex haben? Nach einem Vortrag, den ich zum Thema »Pubertät« gehalten habe, fragte mich eine Mutter: »Was soll ich machen, wenn meine 12-jährige Tochter einen Freund hat?« Auf meine Rückfrage: »Was möchten Sie machen?«, kam die klare Antwort: »Ich finde das zu früh.« Mein Vorschlag war, dass sie sich den Freund genauer anguckt, ihn nach Hause einlädt, ihn willkommen heißt, wenn die Tochter ihn mitbringt.

Können Sie sich offen halten für die Freunde Ihrer Töchter? Können Sie, bevor die Ängste und Sorgen riesig werden, bevor Sie sich in den düstersten Farben ausmalen, wie Ihre Tochter »auf die schiefe Bahn gerät«, dass sie zu früh Sex hat, sich Ihrem Einfluss entzieht, sich mit »falschen Freunden« umgibt, erst mal nur genau hinschauen, wer da zur Tür hereinkommt, wer da mit am Tisch sitzt? Was ist es für ein Junge, für den sie sich interessiert? Wie alt ist er? Welche Vorlieben hat er? Was macht er? Wie weit entwickelt ist er? Wie ist die Zuneigung zwischen Ihrer Tochter und dem Jungen? Sie mag ihn offenbar gern und möchte mehr mit ihm zu tun haben. Vielleicht hat sie ihn auch zum Freund, weil sie erwachsener sein möchte, mitreden, wenn ihre Freundinnen sich über Jungs unterhalten. Die Mutter, die mich an dem Abend gefragt hat, war sehr skeptisch. Sie hatte Angst, dass ihre Tochter ihr entgleiten könnte, dass sie sich zu früh an einen Jungen bindet und nicht mehr Kind ist.

Eine andere Mutter, ihre Tochter ist dreizehn, reagiert auf die Verkündung ihrer Tochter, sie habe jetzt einen Freund, damit, dass sie mit dem Mädchen sofort zum Frauenarzt fährt und ihr die Pille verschreiben lässt. In der Elterngruppe fragt sie besorgt: »Und wie kann ich jetzt dafür sorgen, dass sie die Pille auch nimmt?« Die anderen Eltern und ich fragen zurück: Wie weit sind denn die beiden in ihrer Annäherung? Haben sie sich schon mal geküsst? Haben sie schon mal Händchen gehalten? Die Mutter denkt nach. Auf all diese Fragen weiß sie eigentlich keine Antwort. Den Jungen, der offenbar seit einer Woche das Herz ihrer Tochter erobert hat, hat sie einmal kurz gesehen. Aber sie nimmt die Fragen mit nach Hause. In der nächsten Woche hat sich die Sache mit dem Freund erledigt. Die beiden sind nicht mehr zusammen. Und zum Küssen war wohl noch keine Zeit gewesen.

Mir fällt bei dem Thema »Freunde der Kinder« immer meine Tante Josi ein. Sie hatte einen Sohn und zwei Töchter, und sie konnte gut backen. Ihre beiden Töchter waren sehr hübsch. Alle ihre Freunde durften sie mit nach Hause bringen. Tante Josi backte Kuchen und kochte Kaffee. Da saßen sie dann, die langhaarigen, mit Lederjacke gekleideten Jungs am weiß gedeckten Tisch und aßen Sahnetorte. Und: Tante Josi wusste Bescheid. Sie erfuhr, mit wem ihre Kinder es zu tun hatten, hörte zu, wie sie dachten und was sie beschäftigte. Alle Freunde mochten sie und fühlten sich willkommen. Tante Josi war einfach schlau. Sie wusste, dass sie nicht wirklich beeinflussen konnte, mit wem ihre Kinder befreundet waren. Aber indem sie Kontakt herstellte, hatte sie die Möglichkeit, zu hören, was sie beschäftigte, und konnte ihre Meinung sagen, auch wenn sie anders war als die der Jugendlichen. Sie nahm teil und konnte einschätzen, mit wem ihre Kinder zusammen waren – ohne sich dabei auf ihre Stufe zu stellen. Gleichzeitig signalisierte sie Respekt vor der Wahl ihrer Freundschaften. Zu mir sagte sie einmal: »Man muss zu den Freunden der Kinder fast noch netter sein als zu den eigenen Kindern.«

Die Sorge, dass die Mädchen zu früh groß werden, dass sie unfreiwillig oder ungeschützt ihren ersten Sex haben, kann ich sehr gut verstehen. Aber meistens ist sie mehr oder weniger unbegründet und stimmt mit der Wirklichkeit heutiger Mädchen weniger überein als noch zu Jugendzeiten der heutigen Eltern. Denn Tatsache ist: Mädchen haben heute *später* Sex als noch vor ein paar Jahren.

Erster Sex

Die meisten Mädchen in Deutschland, erleben ihren ersten Sex mit 16 Jahren. Bei den deutschen Mädchen sind es 39%, bei den Mädchen mit Migrationshintergrund 51%. Jedes dritte deutsche 17-jährige Mädchen hatte noch keinen Sex und fast jedes zweite Mädchen mit Migrationshintergrund ebenso wenig. Bei den 14-jährigen Mädchen ist die Zahl derjenigen, die schon Geschlechtsverkehr hatten im Vergleich zum Jahr 2005 von 12 % auf 7 % gesunken.[1]

Vorauseilender Gehorsam, den Mädchen die Pille zu besorgen, ist genauso wenig sinnvoll wie Verbote, einen Freund zu haben. Hilfreicher ist es, wenn Eltern sich offenhalten können für das, was ihre Töchter bewegt. Wenn sie klar unterscheiden können zwischen ihren eigenen Ängsten, die mit denen ihrer Tochter nichts zu tun haben, und dem, wo ihre Tochter gerade steht. Diese Sicherheit können Eltern haben, wenn es ein Vertrauensverhältnis gibt. Den Kindern Vertrauen entgegenzubringen heißt, dass die Eltern ihnen etwas zutrauen, was sie nicht überfordert, und dass sie respektvoll mit ihnen umgehen. Alle Kinder vertrauen ihren Eltern, wenn sie auf die Welt kommen, das ändert sich erst – und selbst dann nur sehr langsam –, wenn sie darin enttäuscht werden. Wenn Eltern diesen Vertrauensbonus, den die Mädchen ihnen wie selbstverständlich entgegenbringen, nicht verspielen, sondern ihre Töchter ernst nehmen mit ihren Sorgen, wenn sie sie nicht auslachen oder verraten, wenn sie ihnen etwas anvertrauen, ist das eine gute Basis. So können Eltern Sicherheit darüber erlangen, dass sie mitbekommen werden, wenn ihre Tochter etwas beschäftigt oder beunruhigt. Sie erfahren, dass sie weiß, dass sie sich und wann sie sich an sie wenden kann.

2. Es gibt immer mehr Teenagerschwangerschaften

Die 16-jährige Juno ist schwanger. Sie wollte einmal ihren 17-jährigen Verehrer Bleeker verführen und schon ist es passiert. Dreimal macht sie einen Schwangerschaftstest, aber das Ergebnis bleibt dasselbe. Die ganze Schule weiß schon darüber Bescheid. Es wird geredet. Und es wird ausgeschmückt, unter den Mitschülern, unter den Eltern und unter den Lehrern. Juno überlegt abzutreiben, das wird wohl das Beste sein. Aber die Vorstellung, dass das Wesen in ihrem Bauch schon Fingernägel hat, schreckt sie zurück. Sie bringt es nicht übers Herz. Sie wird das Kind austragen, und sie wird sich selbst um eine gute Familie für ihr Baby kümmern. Junos Vater steht zu ihr. »Du weißt, dass ich immer da bin, um dich zu lieben und dir zu helfen, ganz egal, wie tief du im Dreck steckst«, versichert er seiner Tochter, die selbstbewusst eine Familie für ihr Kind sucht. Sie macht das allein, beziehungsweise mit Unterstützung ihrer Freundin, weil sie den Vater des Babys, der eine überstrenge Mutter hat, nicht in Schwierigkeiten bringen will. Juno schafft es, sie findet ein Ehepaar, das ihr gefällt, bringt das Baby gesund zur Welt – im Kreißsaal unterstützt von ihrer Freundin und ihrer Stiefmutter. Direkt nach der Geburt übergibt sie das Baby der von ihr ausgewählten Mutter, obwohl deren Mann sich in der Zwischenzeit von ihr getrennt hat – und kommt dann mit Bleeker, dem Vater ihres Kindes, zusammen.

Die amerikanische Autorin und Oscarpreisträgerin Diablo Cody hat sich die Geschichte von der selbstbewussten Juno, die so glücklich endet, ausgedacht. Der Kanadier Jason Reitmann führte Regie des gleichnamigen Films.[2]

Die meisten Mädchen zwischen 14 und 17 Jahren empfinden die Vorstellung, in diesem Alter Mutter zu werden, als eine Katastrophe, weil sie sich komplett überfordert fühlen. In den Medien sind schwangere Jugendliche etwas Spektakuläres. »Zwölfjährige bringt Kind auf Klassenfahrt zur Welt«, titelt Spiegel-Online am 29. März 2011.[3] Die Geschichte der zwölfjährigen Niederländerin, so stellt sich kurze Zeit später heraus, ist eine Missbrauchsgeschichte: Sechs Tage später weiß Spiegel-Online: Der Vater des Kindes ist ihr eigener Vater.[4]

Es gibt Mädchen, die tatsächlich schon mit 10 Jahren schwanger werden. Aber die dahinter stehenden Ereignisse haben nicht immer mit der Frühreife eines Mädchens zu tun. Die Geschichten sind oft tragisch und sie handeln von Vergewaltigung, Unbedarftheit und zerstörter Kindheit. Und deshalb sind sie auch sehr selten. Aber Zeitungen und das Fernsehen stellen sie dann reißerisch heraus mit dem Effekt, dass viele Menschen den Eindruck gewinnen: »Immer mehr junge Mädchen sind ungewollt schwanger.« Was nicht stimmt, denn die Zahl der Teenagerschwangerschaften ist in den vergangenen Jahren zurückgegangen. Das zeigen Daten des Statistischen Bundesamtes und der Bundeszentrale für gesundheitliche Aufklärung.

Teenagerschwangerschaften

Seit 2001 gibt es einen leichten, aber kontinuierlichen Rückgang von Jugendschwangerschaften: Zwischen 2004 und 2005 sind die Raten der Schwangerschaften (pro 1.000 15- bis 17-Jährigen) von 8,3 auf 7,9, die Raten der Schwangerschaftsabbrüche von 5,0 auf 4,7 gefallen. Zwischen 2005 und 2006 verstärkte sich dieser Rückgang.[5] Das heißt: Gegenwärtig werden in Deutschland acht von 1.000 15- bis 17-jährigen Frauen schwanger, drei bis vier von 1.000 tragen die Schwangerschaft aus, vier bis fünf von 1.000 entscheiden sich für einen Schwangerschaftsabbruch. Dies sind im internationalen Vergleich niedrige Zahlen.[6]

Bis heute ist die Zahl der minderjährigen Schwangeren weiter zurückgegangen.[7] Das heißt, sie hat im Durchschnitt *abgenommen*. Trotzdem gibt es Veränderungen in den Extrembereichen. Junge Mädchen, die noch früher schwanger werden als vor einigen Jahren und junge Mädchen, die noch später ihren ersten Sex erleben.

Bessere Aufklärung über Sexualität und Verhütung sind ein Grund auch dafür, dass ungeplanter und ungeschützter Sex bei jungen Mädchen (und auch Jungen) viel seltener stattfindet als noch vor ein paar Jahren.

Beim »ersten Mal«

Heute geben nur noch 8 % der Mädchen (und der Jungen) an, dass sie beim ersten Mal nicht verhütet haben. Das waren im Jahr 1980 noch 20 % der Mädchen und 29 % der Jungen. 75 % der Mädchen benutzen heute beim ersten Mal ein Kondom, 39 % der deutschen Mädchen und 29 % der Mädchen mit Migrationshintergrund nehmen die Pille. Nur 8 % der deutschen Mädchen und 12 % der Mädchen mit Migrationshintergrund verhüten beim ersten Mal gar nicht.[8]

3. Mädchen sind so »tough«

Mädchen geht's gut – sie machen ihren Weg. Sie sind gute Schülerinnen, lernwillig, kooperativ. Sie sind die Bildungsgewinnerinnen. Beruflich haben sie Bereiche erobert, die bislang mehrheitlich von Jungen besetzt wurden.

Es sieht so aus, als wäre die »Super-Woman« Realität geworden. Emanzipation ist überflüssig. Die Topmodels erobern die Welt. Mädchen sind auf der Gewinnerstraße.

Manche Mütter bewundern ihre Töchter für deren Mut und Selbstbewusstsein, etwa wenn sie den Lehrern die Meinung sagen oder allein mit dem Rucksack andere Kontinente bereisen: »Das hätte ich mich früher nicht getraut.« Es stimmt: Manche junge Mädchen managen mehr alleine, als wir das zum Teil früher getan haben. In alle Richtungen vernetzt, organisieren sie ihren Tagesablauf komplett selbstständig. Astrid, ein Mädchen aus der Mädchengruppe, managt häufig auch, wo sie übernachtet, wann eingekauft wird und wann der Kühlschrank sauber gemacht werden muss. Und das tut sie nicht erst seit gestern. Und Sabine, die ich vorhin beschrieben habe, bleibt das ganze Wochenende allein zu Hause, während ihre Mutter den neuen Freund besucht.

Die Stars machen es vor. Rihanna, Lady Gaga, Kate Perry, sie alle verkaufen sich als starke emanzipierte Frauen, die der Welt zeigen, wo es lang geht und wer jetzt das Sagen hat:

Gonna win it no limit, strong women we are.
Gotta win it no limit, strong women we are.

Wir gewinnen ohne Grenze, starke Frauen, die wir sind.
Wir müssen das gewinnen ohne Grenze, starke Frauen, die wir sind.

RIHANNA/NICOLE SCHERZINGER: »WINNING WOMEN«

Das klingt umwerfend. Und ein Teil davon stimmt – bei manchen Mädchen. Aber es gibt noch etwas anderes, etwas, das hintenrüberfällt, das man im Video der Pussycat-Dolls oder der Rihannas nicht auf den ersten Blick sieht: Wenn man hinter die Kulissen der wie Puppen geschminkten, in sexy Unterwäsche gekleideten Stars blickt, tun sich gelegentlich Abgründe auf: Bulimie, Magersucht, Alkohol, Drogen, Prügeleien das nackte Elend kommt zum Vorschein, wenn die Scheinwerfer ausgehen. Und bevor sie wieder angehen, hungert Rihanna als Vorbereitung für Fotoshootings: »... neben Hungern und Wachsen gab es nicht viel vorzubereiten«, twittert sie selbst laut Presseberichten. Und Kate Perry erzählt von ihrem Alkoholproblem. Amy Whinehouse starb im Alter von 27 Jahren an »Exzessivem Alkoholkonsum«. Lady Gaga kämpft, seit sie 15 Jahre alt war, gegen Bulimie und Anorexie. Erfolg hat einen Preis. Starke Mädchen fallen wie Baumhäuser im Sturm in sich zusammen. Winning Women wandeln auf der Verliererstraße. Hat das, was als Mädchenförderung, als Emanzipation und Befreiung gedacht war, die Mädchen in ein neues Korsett gesteckt? Ja und Nein:

> *»Das neue Mädchenbild befreit Mädchen von alten Zöpfen und überfrachtet sie mit neuen Anforderungen, denen sie kaum gewachsen sein können. Was auf den ersten Blick als Befreiung daherkommt, erweist sich auf den zweiten als schwierig und überfordernd. Gleichzeitig hält dieses Bild tatsächlich viele neue Freiheiten bereit.«*
>
> Claudia Wallner, Mädchenforscherin[9]

Jungen gelten in der Forschung als »vulnerabler«. Das Geschlecht »weiblich« steht neben Intelligenz und Temperament als Schutzfaktor für Gesundheit. Die Vulnerabilität von Jungen wird u.a. an deren Lebenserwartung und deren Vorstelligkeit in Beratungsstellen festgemacht.[10] Letzteres könnte man auch umdrehen. Jungen machen durch ihre Unruhe mehr darauf aufmerksam, dass in ihrer Umgebung etwas nicht stimmt. Mädchen »fressen« Kummer und Sorgen eher in sich rein und »stören« nicht so sehr in der Familie und im Unterricht – vorerst.

Wie kommt es zu den Irrtümern?

Mädchen sehen schon so erwachsen aus

Viele junge Mädchen wirken wie junge Erwachsene. Der Vater einer 14-Jährigen beschreibt die Freundinnen seiner Tochter, die zu ihm ins Haus kommen: »Da stehen plötzlich hochgewachsene, voll entwickelte Blondinen vor dir, und wenn du es nicht weißt, kommst du nicht auf die Idee, dass die erst vierzehn sind.« Mädchen in der Grundschule beginnen bereits, sich äußerlich sichtbar zur Frau zu entwickeln. Sie bekommen einen Brustansatz und Schambehaarung, manche auch ihre erste Periode. Der Zeitpunkt der ersten Regelblutung hat sich im Laufe der letzten drei Jahrzehnte deutlich nach vorne verschoben.

Die Bundeszentrale für gesundheitliche Aufklärung befragt regelmäßig 14- bis 17-Jährige unter anderem danach, wann sie zum ersten Mal ihre erste Periode hatten. 1980 gaben 82% der Befragten an, dass sie sie mit vierzehn zum ersten Mal bekommen haben. 2009 waren es 91%. 1980 hatten 8% der Mädchen im Alter von elf Jahren und jünger schon ihre Periode, 2009 waren es 14%. Ihr Körper ist schon reifer, ihre Pubertät mit dem Wachsen der weiblichen Brüste, der Herausbildung der Hüften, der Schambehaarung hat früher begonnen. Ebenso bei den Jungen. Auch sie erleben ihren ersten Samenerguss früher. Das hat unter anderem mit anderen Umwelteinflüssen, veränderter Ernährung und weniger körperlicher Belastung zu tun.

Die Medien zeigen sexy Vorbilder

Ganz normal ist es, dass in Zeitschriften wie »Bravo« oder »Girlfriends« Mädchen in sexy Spitzendessous posieren. Auch in der H&M-Werbung ist das Standard. In jugendfreien Filmen räkeln sich die Kinderstars in Slip und BH auf den Kissen und Fans von Stars wie Christina Aguillera werden im Internet aufgefordert: »If you want a body like Christina Aguillera, click here.«

Die Mode- und Spielzeugindustrie hat in den jungen Mädchen einen großen Markt entdeckt

Alles, was es für Frauen gibt, gibt es auch schon für Mädchen. Sexy Bikinis, hochhackige Schuhe, Schminke. Bereits im Kleinkindalter werden Mädchen wie junge Models von ihren Eltern angezogen. Im Kindergartenalter beherrschen Barbies und Bratz-Puppen den Spielzeugmarkt für Mädchen. Drei Barbies pro Sekunde werden weltweit verkauft. Die vollbusigen Bratz-Dolls, in Netzstrümpfen mit aufgespritzten Lippen, erreichen mit 150 Millionen verkauften Exemplaren weltweit einen Marktanteil von 40% im Bereich der Modepuppen.

Manche Eltern wünschen sich große Kinder

Mit meiner Kollegin Helen Ahmad führe ich einen Dialog über das Alter. Wir befragen Menschen jeden Alters, wie alt sie gern wären. Die meisten möchten jünger sein, als sie sind, andere finden ihr Alter gut, so wie es ist. Aber es gibt auch Eltern, die gern zehn Jahre älter sein wollen, »weil dann die Kinder schon groß sind und der ganze Stress vorbei«. Manche, vor allem, wenn sie allein für die Kindererziehung, den Haushalt und das Einkommen sorgen, fühlen sich mit kleinen Kindern besonders überfordert. Je früher sie groß sind, Verantwortung übernehmen, mit anpacken oder aus dem Haus sind, umso entlastender. Wiederum andere Eltern wünschen sich ihre Kinder – meist unbewusst – gern als Partner. Sie behandeln sie wie Erwachsene, weil sie vielleicht keinen passenden Partner haben oder weil sie am liebsten selbst noch Kind sein möchten.

Auch »Heldinnen« müssen mal ausruhen

»›Jungen weinen nicht‹ hieß es früher. Und heute heißt es: ›Mädchen weinen auch nicht‹.«

MÄDCHENFORSCHERIN CLAUDIA WALLNER[11]

Die 14-jährige Astrid macht den Mund auf, wenn ihr etwas nicht passt. Sie setzt sich ein für Schwächere. Wenn es sein muss, schwingt sie auch schon mal um der Gerechtigkeit willen die Fäuste. Ihr Vater ist weg, die Mutter braucht selbst sehr viel Unterstützung. Da bleibt nicht viel Platz zum Kindsein. Da muss gehandelt werden. Sie hat den »Auftrag«, eine »Super-Frau« zu sein, angenommen. Dabei wünscht sie sich, dass ihre Mutter nicht immer am Computer sitzt und sich fremde Männer nach Hause einlädt, sondern dass sie ihr Grenzen setzt und sich um sie kümmert. »Wenn uns unsere Eltern keine Grenzen setzen«, hat sie einmal in der Gruppe gesagt, »dann gehen wir eben an die Grenzen der Nation: Rauchen, Saufen, Stehlen.« Sie wünscht sich, dass ihr Vater einer gewesen wäre, bei dem sie selbst auch mal den Kopf anlehnen kann und der sie beschützt. In der Realität ist es andersherum. Sie kümmert sich um ihre Mutter und um den Kontakt zu ihrem Vater. Als wir die Mädchen in der Gruppe fragen, wer ihr Vorbild sei, nennt Astrid sich selbst. »Ich bin mein Vorbild«, sagt sie. Aber sie bezahlt einen Preis. Sie gerät in gefährliche Situationen und sucht doch immer wieder einen sicheren Halt. Sie ist schon weit. Gleichzeitig braucht sie jemanden, der sie unterstützt und schützt. *Auch »Heldinnen« müssen mal ausruhen.*

3

Elternträume

3

Elternträume

Als Jugendliche habe ich eine Zeit lang gedacht, dass ich, wenn ich einmal Kinder bekommen würde, lieber einen Jungen hätte als ein Mädchen. Ich hatte die Vorstellung, dass es mit Jungs leichter geht. Sie sind unkomplizierter, klarer und vor allem: Sie haben keine prämenstruellen Beschwerden und Launen. Als ich dann knapp zwanzig Jahre später schwanger war, hab ich mir eher ein Mädchen gewünscht.

Warum eigentlich? Vielleicht war es die vorbewusste Gewissheit, dass mir ein Mädchen vertrauter und damit näher ist: »Da kann man nicht so viel falsch machen. Ich kenne die Gefühle, die Ängste, ich kann besser Anleitung geben, besser verstehen, wenn sie lacht, wenn sie weint oder wenn sie Liebeskummer hat, und sie besser auf ihrem Weg ins Erwachsenenleben unterstützen.« Vielleicht hatte ich aber auch die weniger altruistische Vorstellung, dass ich etwas, das mir vertraut ist, auch besser im Griff habe.« Oder beinhaltete diese vorbewusste Gewissheit auch die Heilung alter Wunden und die Erfüllung eigener Wünsche? Was ich übrigens okay. finde, solange man sich darüber im Klaren ist, dass es da ein bisschen um Selbstheilung und nicht um Wohltätertum an den Kindern geht. Egal, welche Voreinstellung man hat, sie hat eine Wirkung. Wenn es um Selbstheilung geht, so gab es vielleicht den Wunsch, vermeintliche Fehler meiner Eltern zu korrigieren. Es einmal besser zu machen – und damit auch bei mir Ungerechtigkeiten, die mir in der Kindheit widerfahren waren, wiedergutzumachen.

Wenn werdende Eltern sich über das Geschlecht ihres Kindes austauschen, dann äußern sie nur manchmal leise den Wunsch, lieber einen Jungen oder ein Mädchen haben zu wollen. Deutlichere Wünsche für ein bestimmtes Geschlecht werden eher der Außenwelt, also Verwandten, Bekannten und Freunden, zugeschrieben. Die Eltern selbst – wie ich übrigens auch – versehen ihren Wunsch selbstverständlich immer mit dem Zusatz: »Hauptsache gesund.«

In einem Forum der Zeitschrift »Eltern« haben Mütter folgende Korrespondenz geführt:

Wieso muss es unbedingt ein Mädchen sein?

 ***AntoniaG85*** schreibt:

Ich habe Ende Januar Geburtstermin … Von allen Seiten schallt es mir seither entgegen: »Hoffentlich wirds ein Mädchen!«

…

*Die werdenden Omas wünschen sich ein Mädchen, weil man für die so hübsche Kleider kaufen kann bzw. noch Puppen und Klamotten von der eigenen Tochter (mir oder Schwägerin) rumliegen. In hübsch Rosa samt Glitzer natürlich. *würgs**

Sämtliche Jungsmütter in meinem Bekanntenkreis seufzen hingerissen und tippen bei wirklich sehr aktiven Kindsbewegungen auf ein Mädchen, weil die im Bauch angeblich umtriebiger als Jungs wären. Außerdem versichern sie mir ihren Neid, sollte es tatsächlich so kommen.

Ich verstehs nicht.

Mir ist es völlig egal, was es wird. Ich nehme es mit und ohne Penis. Von mir aus kann es auch zwölf Finger haben, solange das Kleine nur einigermaßen gesund aus mir herausploppt.

Wenn beim großen Ultraschall das Geschlecht zu erkennen ist, dann werd ich schön die Klappe halten. Ich will einfach nicht, dass ich nach den anstrengenden Stunden der Geburt mit meinem Kleinen im Bett liege und mir vom ersten Besuch anhören darf:

»Aber es sollte doch ein Mädchen werden.«

Also: Warum spinnt alle Welt auf Mädchen? Es kann doch nicht nur an den Kleidchen liegen, oder?

Gegenteiliges höre ich nur noch von meinem Großvater: »Wurscht wos werd, hauptsach da Bua is gsund.« Verbunden mit Augenzwinkern.

 Ein ***Gast*** antwortet:

Ehrlich gesagt, ich weiß es auch nicht so genau. Aber ich vermute, es hat damit zu tun, dass Mädchen in dem Ruf stehen, pflegeleichter, braver, genügsamer, ruhiger und was weiß ich noch alles zu sein. Noch dazu wünschen sich viele Frauen vermutlich eher Mädchen, weil sie denken, mit einem Mädchen eine bessere und langlebigere Beziehung führen zu können.

Aus meinem Umfeld kann ich das aber eigentlich alles nicht bestätigen …

Einziger Punkt: Die Kleidung für Mädchen ist wirklich hübscher und die Auswahl ist ungefähr 1000-mal größer. Ich werde nie verstehen, warum Buben schon mit einem Jahr in Grau, Schwarz und mit Star-Wars-Emblem herumlaufen sollen.

Estrella25 malt ein düsteres Bild von Jungs und berichtet von ihren eigenen (Vor-)Urteilen, um sie dann mit einem Strich wegzuwischen:

Pooh-Bah

Hi,

ich kann Dir nur sagen, was ich dachte über Jungs und Mädchen:

Mädchen werden weniger oft kriminell als Jungs

statistisch gesehen sind (glaube ich) junge Männer unter 25 Jahren die am meisten selbstmordgefährdete Personengruppe

und werden auch am häufigsten Opfer eines Mordes

nahezu sämtliche Störungen und Krankheiten betreffen prozentual gesehen eher kleine Jungs als kleine Mädchen (geschlechtsspezifische Sachen [die nur Mädchen bekommen können] natürlich ausgenommen!). Beispiele gibt es sooo viele, etwa Hämophilie, Herzfehler, Lippen-Kiefer-Gaumen-Spalte, aber auch Sprach- und andere Entwicklungsverzögerungen, Hyperaktivität etc.

Jungen leiden in vielen Fällen ***»öffentlicher«*** *unter falscher oder liebloser Erziehung (die sich dann beispielsweise in Aggressivität äußert etc., also* ***»öffentliche«*** *Auswirkungen hat) – bei Jungs kann man also mehr »falsch machen«*

Männer werden häufiger nikotin-, alkohol- oder drogenabhängig als Frauen

und sie sterben dann auch noch früher!

sooo, hab ich jetzt alle geschockt? Das wollte ich nicht. Ich habe selbst ein Mädchen und einen sehr süßen, sehr kleinen (6 Wochen alten) Jungen und liebe beide gleichermaßen.[12]

In allen diesen Gedanken wird vor allem eines klar: Das Geschlecht des Kindes ist ganz offensichtlich *nicht* egal.

Coach

Unsere Haltung und Wertschätzung dem weiblichen Geschlecht gegenüber schwingen im Umgang mit unseren Töchtern immer mit. Wenn wir unsere eigenen Wünsche zulassen und uns auch unsere Ängste eingestehen können, ist das ein guter Schritt dahin, unsere unbewussten Enttäuschungen oder Projektionen nicht auf unsere Kinder zu übertragen. So können wir uns damit auseinandersetzen, was wir eventuell in Jungen hineinprojizieren und was in Mädchen. Was wir von ihnen erwarten oder erwartet hätten. Und uns auch die Frage stellen, welchen Wert wir überhaupt dem »Geschlecht« beimessen und was das mit uns und unserer Erziehung zu tun hat.

Maskulinisierung der Welt

Auf die Weltbevölkerung bezogen gelten die Jungen mehr: Allein in Indien wurden in den vergangenen zwanzig Jahren 12 Millionen Mädchen nicht geboren.
In China kommen auf 100 neugeborene Mädchen 121 Jungen, in Indien sind es 112. Normal wäre ein Verhältnis von 105 zu 100. In manchen chinesischen Städten gibt es doppelt so viele Jungen wie Mädchen.

Ich habe mit Eltern über ihre Vorstellungen und ihre Wünsche an ihre Töchter gesprochen, darüber, was sie sich von und für ihre Kinder erhoffen. In den Gesprächen äußerten vor allem junge Mütter die Vorstellung, dass Töchter eher an sie gebunden bleiben und ihnen emotionale Sicherheit geben.

»Ja, das sagt man ja so: Wenn die Tochter heiratet, gewinnt man einen Sohn, und wenn der Sohn heiratet, verliert man ihn.«

NADINE, 30 JAHRE, EINE TOCHTER

Selda ist 42 Jahre alt. Sie hat drei Söhne und eine zweijährige Tochter. Sie hatte sich gewünscht, dass das vierte Kind eine Tochter würde, aber es war nicht »ausschlaggebend«, wie sie sagt. Ihre Vorstellung und gleichzeitig ihre Hoffnung für sich als Mutter einer Tochter sieht sie in der Zukunft, in ihrer Zukunft:

»Natürlich glaube ich ganz fest, dass es noch mal eine ganz andere Beziehung ist zwischen Mutter und Tochter. Vielleicht noch nicht mal so die ersten Jahre, ich glaub, das kommt erst später, so ab Pubertät und im Erwachsenenleben, glaub ich, dass doch Jungs sich mehr von der Mutter so abnabeln, Frauen kennenlernen und dann eher in der Familie der Frau so sind.« … »Ich selber kenne das auch von mir, dass für mich so eine Mutter doch schon so eine größere Rolle spielt, wenn man so Probleme hat, ja nicht unbedingt Freundin, aber so eine andere Beziehung zu der Mutter, wo ich denke, dass erwachsene Männer sich nicht so unbedingt ihrer Mutter anvertrauen.«

SELDA, 42 JAHRE, DREI SÖHNE, EINE TOCHTER

Ganz ähnliche Vorstellungen hatte die 30-jährige Nadine, Mutter einer sechs Monate alten Tochter. »Ach wär' schön, wenn es ein Mädchen wird«, hatte sie sich gedacht, wobei es ihr im Endeffekt dann doch egal sei. Auch ihre Vorstellungen sind geprägt von ihrem eigenen Verhältnis zu ihrer Mutter:

»Wenn es ein Mädchen wird, habe ich gehofft, dass es dann auch eine Mutter-Tochter-Beziehung wird, wie ich sie jetzt zu meiner Mutter hatte, dass das sehr innig ist und dass man über alles sprechen kann …, also Mädchen erzählen ja immer mehr …« »Ich habe mir vorgestellt, dass wir uns immer gut verstehen, dass es nie so schwerere Konflikte oder Auseinandersetzungen gibt, dass man einfach ganz normal über alles sprechen kann, dass sie mir auch das Vertrauen schenkt und Sachen mit mir bespricht und da keine Angst vor haben muss …. klar hat man auch mal Freundinnen usw., aber große, schwierige Themen, dass sie da das Vertrauen in mich hat …«

NADINE, 30 JAHRE, EINE TOCHTER

Jungs hingegen suchen eher nicht den »Gesprächspartner Mutter«, fährt sie fort, auch wenn sie durchaus den einen oder anderen Ratschlag von ihr annehmen würden. Aber doch anders und nicht im Sinne von: »Wir trinken jetzt mal 'ne Limo zusammen und quatschen mal, was ist denn da blöd oder was stört dich da.« Vielleicht eher: »Ja sag mal, aber gleich muss ich weg«, oder: »O.k., aber mach schnell, ich will weiterspielen.«

Der damals 35-jährige Simon hatte vor der Geburt seiner Tochter, als er das Geschlecht seines Kindes noch nicht kannte, die Vorstellung:

»Wenn es ein Junge wird, dann hast du das Bild: ›Hey, wir zwei gehen ins Stadion und ich bring dir meinen blöden

Fußballclub bei und du wirst dann auch Fan.‹ Und bei Mädchen dacht' ich immer: Ach, die sind wahrscheinlich total lieb und finden den Papa unheimlich toll.«

SIMON, 35 JAHRE, EINE TOCHTER, EIN SOHN

Jada ist 39 Jahre und hat einen dreijährigen Sohn und eine 16 Monate alte Tochter. Sie hatte sich schon beim ersten Kind ein Mädchen gewünscht, »weil es mir einfach vertrauter war«, sagt sie. Als klar war, dass es ein Junge würde, war sie erst mal »schockiert«. Ihre Angst bestand darin, »dass ich mich so gar nicht auskenne, wie Jungs so sind und ticken«. Getröstet hat sie sich mit dem Gedanken:

»Es kann ja auch sein, du kriegst ein Mädchen, das dir aber überhaupt nicht ähnlich ist, also dass das gar nichts mit dem Geschlecht zu tun hat.«

JADA, 39 JAHRE, EINE TOCHTER, EIN SOHN

Bei der zweiten Schwangerschaft hat Jada sich Verstärkung auf der Geschlechterseite gewünscht:

»Nicht allein unter Männern sein«, war ihr Gedanke. Und: »Ich hab immer ein bisschen Mitleid gehabt mit den Familien, wo es nur Jungs gab, da hab ich immer die Mutter bemitleidet ein bisschen … Ich dachte, die sind so allein als Frau.«

Mathilda, Mutter einer kleinen Tochter, hatte auch die Vorstellung, selber noch ein bisschen »Puppenmutter« sein zu dürfen:

»Ja, ist irgendwie so süß und kann man irgendwie hübscher machen, hübscher anziehen, und irgendwie die Haare frisieren. Ich hatte auch immer viele Frisuren und so, das fand ich ganz toll und das kann man irgendwie mehr bei einem Mädchen als jetzt bei einem Jungen.«

Mathilda, 31 Jahre, eine Tochter

»Kinder sind Flügel des Menschen«, sagt ein arabisches Sprichwort. Das Kind gilt als das Symbol für Leben schlechthin, als Medizin gegen das Gefühl der Endlichkeit, als sicheres Zeichen für Zukunft, für die tröstliche Vorstellung, dass etwas über uns selbst hinaus weitergeht. In ihren Kindern, so haben viele Eltern die Vorstellung, bekommen ihre nicht gelebten Träume noch eine Chance. Auf die Mädchen bezogen heißt das zum Beispiel: Väter erhalten doch noch die Traumfrau, die sie sich immer gewünscht haben, mit der Tochter stolzieren sie erhobenen Hauptes ins Rockkonzert oder in die Oper. Mütter sitzen vor ihrem geistigen Auge schon in der ersten Reihe, während die Tochter Star der städtischen Ballettaufführung ist. Vielleicht wird das Mädchen auch Greenpeace-Aktivistin und rettet für sie und alle anderen Erdenbürger die Welt vor der Umweltkatastrophe.

Coach

Was ich sagen will: Die Gedanken sind frei. Es ist völlig normal, dass wir uns Vorstellungen von der Zukunft machen, dass wir Wünsche haben, Träume und auf Hoffnungsträger hoffen, die unsere eigenen alten Wunden heilen und die Welt ein bisschen besser machen. Entscheidend ist: Hat die Wirklichkeit noch genug Platz, sich zu entfalten? Was ist, wenn es anders wird? Wenn das Mädchen ein schüchternes Etwas, körperlich eher linkisch, auf der Ballettbühne eher keine gute Figur macht? Oder im Gegenteil: Wenn sie sich nur für Styling interessiert, für ihr Aussehen und ihr die ökologische Entwicklung der Welt geradewegs egal ist? Können wir sie dann auch lieben und so nehmen, wie sie ist? Wenn wir feststellen, dass uns das schwerfällt, empfinden wir häufig Schuldgefühle. Wenn wir unsere Kinder nicht so annehmen können, wie sie sind, können wir uns damit trösten, dass es vielen Eltern so geht. Wenn es uns bewusst ist, dass die Enttäuschung, die wir empfinden, mit uns zu tun hat, dass wir Erwartungen hatten, für die die Kinder nichts können, kann diese Erkenntnis der erste Schritt sein, uns selbst besser zu verstehen und die Ursache für unsere Enttäuschung nicht bei den Kindern zu suchen.

Selda wünschte sich, dass ihre Tochter eine »kleine Freche« würde. »Weil ich das Lebendige einfach mag … Ich meine, das Ruhige hat auch immer was, aber irgendwie finde ich es auch schön, wenn die so wild sind. So ein bisschen Pippi-Langstrumpf-mäßig.«

So wie Selda denken nicht wenige Mädchenmütter. Ihre Hoffnung: »Mädchen, die frech und stark sind, kommen in der Welt besser zurecht!« Doch während das Baby seelenruhig im Fruchtwasser schaukelt, denken die meisten noch nicht an die Zeit der Pubertät, wenn sich die Stärke und Frechheit der Mädchen naturgemäß gegen die Eltern bemerkbar machen und sie in besonderem Maße herausfordern. Sätze wie »Du hast mir nichts zu sagen«, »Lass mich in Ruhe«, »Ich bestimme selbst über mich«, die freche Mädchen selbstverständlich einmal über die Lippen bringen, sind (noch) nicht vorstellbar. Selda begründet ihren Wunsch nach einem »frechen Mädchen« denn auch mit ihrer eigenen Art und der Überzeugung, dass Mädchen, die auch Eigenschaften haben, die eher Jungs zugeschrieben werden, mehr Möglichkeiten im Leben haben:

»Ich finds gut, wenn ein Mädchen nicht nur Mädchen ist, sondern ein bisschen auch mal Junge sein kann … Wahrscheinlich, weil ich selber ein bisschen so bin und das auch mag. Ich finde es auch schön, wenn man so ein bisschen beides hat, dass man sowohl mit Jungs gut klarkommt als auch mit Mädchen.«

SELDA, 42 JAHRE, DREI SÖHNE, EINE TOCHTER

Erziehungsstil Selbstbewusstsein

Selbstbewusstsein und Selbstvertrauen ist das oberste Erziehungsziel heutiger Eltern. 89 % der Eltern von Kindern bis 16 Jahren finden das am wichtigsten. (Generationen-Barometer, 2009)[13]

Pippi Langstrumpf, Ronja Räubertochter und andere freche Töchter in der Mädchenliteratur sind jedoch Erfindungen der Erwachsenen. Pippi Langstrumpf ist keine Figur, die sofort alle Mädchen anspricht, eher projizieren die Erwachsenen ihre Wünsche und Sehnsüchte auf sie. Will ein Mädchen wirklich ihren Vater nicht kennen, keine Mutter haben, die bei ihr ist? »Kein Mädchen will wirklich so sein wie sie«, behauptet Axel Dammler, Geschäftsführer des Kinder- und Jugendinstituts iconkids & youth.[14] Als Freundin mag sie durchgehen, weil sie Spannung und Abenteuer verspricht, aber als Identifikationsfigur sei sie unbrauchbar. Die Mädchen selbst identifizierten sich mehrheitlich mit der schüchternen und eher blassen Annika.

Zum Glück sind sie oft anders

Es kann durchaus sein, dass sich Ihre Tochter ganz so entwickelt, wie Sie es sich vorgestellt haben. Selda erlebt ihre Zweijährige Lina so: »Sie ist ein sehr fröhliches, lebhaftes Kind, mit der man gut rumalbern kann, und die sich, was ich auch sehr gut finde, schon klar Grenzen setzen kann.« Und auch andere Mütter, mit denen ich gesprochen habe, erleben ihre kleinen Töchter als »totalen Wirbelwind«, »motorisch aktiv«, mit »starkem Willen« ausgestattet.

Es kann aber auch anders kommen. Mädchen verhalten sich ruhiger, zurückhaltender und schüchterner, als die Eltern sich das wünschen, und andere wiederum sind ihren Eltern einfach zu wild, zu ausgelassen. Wieder andere nutzen ihre musikalischen oder sportlichen Fähigkeiten nicht so, wie die Eltern es sich vorgestellt haben. Manche kommen mit einer Behinderung zur Welt. Und dann?

Manchmal ist es nicht leicht, die Kinder so zu akzeptieren, wie sie sind. Eltern fühlen sich selbst gekränkt oder enttäuscht oder einfach überfordert. Und trotzdem ist es das Wichtigste, dass wir unseren Kindern ein gutes Selbstwertgefühl mitgeben, und das können sie nur entwickeln, wenn wir ihnen immer wieder zeigen, dass wir sie akzeptieren so, wie sie sind, dass wir sie lieben, indem wir sie einfach annehmen. Mädchen, die mit dem Gefühl in die Beratungsstelle kommen: »Ich bin nicht richtig«, »Eigentlich möchten meine Eltern, dass ich anders bin« oder »Warum können sie mich nicht so lieben, wie ich bin?«, sind sehr unglücklich. Sie fühlen sich falsch in der Welt und manche verletzen sich selbst, um sich dafür zu bestrafen, dass sie »falsch« sind.

Coach

Häufig ist es uns nicht bewusst, dass wir unseren Kindern Rollen überstülpen oder Wunschvorstellungen in sie hineininterpretieren. Das können wir nur ändern, indem wir uns mit uns selbst auseinandersetzen, mit unserer Erziehung, unserer Kindheit, mit dem, was wir von unseren Eltern mitbekommen haben. Indem wir für uns selbst oder in Gesprächen mit anderen Erwachsenen über uns nachdenken, können wir unsere Haltung kennenlernen und uns anschließend bewusst für oder gegen ein bestimmtes Verhalten entscheiden. Wir können uns fragen: »Wie sollte ich werden?«, »Was möchte ich auf keinen Fall für mein Kind?« oder »Welche meiner heutigen Ängste haben mit meinem Kind gar nichts zu tun?«.

»Wenn wir den Versuch beenden, unsere Kinder gemäß der Vorstellung zu formen, wie sie sein sollten, können wir sie allmählich so sehen, wie sie wirklich sind.«

Anne Wilson Schaef, Psychotherapeutin

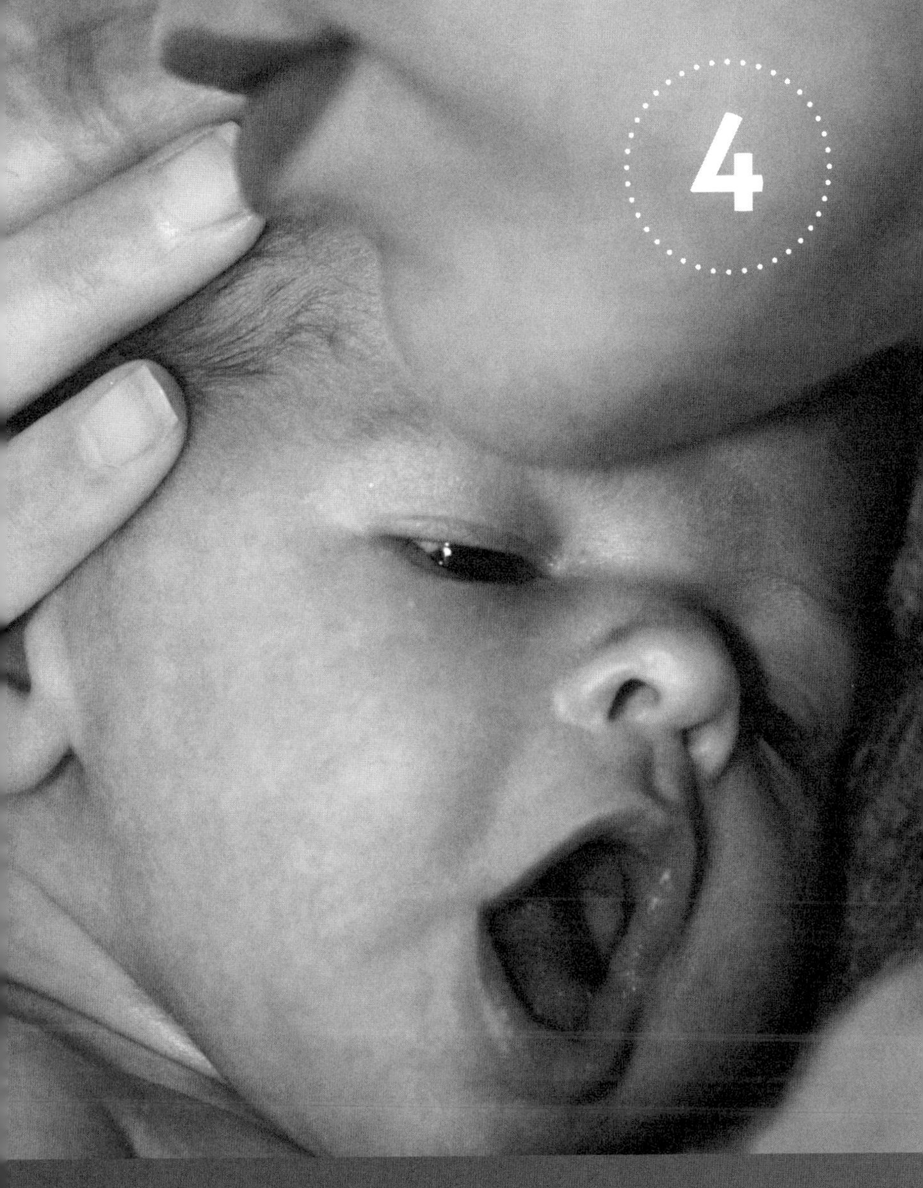

Sie ist da!

Die ersten zwei Jahre

Sie ist da!

Die ersten zwei Jahre

»Die da – wir hin und weg« hatten wir auf die Geburtsanzeige unserer Tochter geschrieben. Und so war es auch. Als Jana nach einer langwierigen Geburt endlich auf der Welt war, konnten wir es kaum glauben. Wir waren total fasziniert von ihr. In den ersten Wochen befanden wir uns in vollkommenem Ausnahmezustand. »Eltern stehen erst mal acht Wochen unter ›Geburtsschock‹«, hatte ein Freund von mir gesagt. Sie sind quasi nicht zurechnungsfähig. Und auch das war so. Man kommt zu nichts, an manchen Tagen nicht mal aus dem Bademantel, und alles dreht sich um den neuen kleinen Menschen – den es vorher gar nicht gab und der jetzt mit zu Hause wohnt.

»Möge Klein Jana euch viel Freude bereiten …« Die Glückwünsche flatterten ins Haus. Und die Spekulationen über ihr Wesen und ihre Zukunft nahmen so richtig Fahrt auf:

»Das kleine Stupsnäschen ist auf jeden Fall die Nase vom Papa, die Ohren sind genauso spitz wie die von der Mama und die blauen Augen, die sind von Tante Annemarie.« So hat aus der Familie schon mal jeder eine kleine »Aktie« in der Zukunft angelegt.

Angezogen sehen Babys aus wie Babys, nicht wie Jungs oder Mädchen. Wenn man das Geschlecht nicht kennt, so kann man höchstens von der Farbe des Stramplers auf die Geschlechtszugehörigkeit schließen. Gratulanten, die vorbeikommen und sich mit freuen, stellen oft Spekulationen über den Lebensweg des neuen Menschen an. Jede Regung, die die kleine Erdenbürgerin macht, ist ein Hinweis auf ihre Zukunft. Meist wird den Kindern eine große Karriere vorausgesagt: Bewegt sie einmal die Finger, so hat sie beste Anlagen, eine berühmte Chirurgin zu werden, verzieht das Mädchen die Mundwinkel, ist ihr eine Erfolgslaufbahn als Kabarettistin beschieden, und dem kleinen Schreihals haben die Gene das Zeug zu einer großen Opernsängerin in die Wiege gelegt.

Solche Zuschreibungen sind in erster Linie witzig. Aber für Eltern besitzen sie auch eine gewisse Aussagekraft. Es hilft, wenn wir über unsere geheimen Wünsche an unsere Kinder Bescheid wissen und sie mit Humor betrachten können. Wenn wir später nicht ernsthaft daran festhalten, sondern unseren Kindern Raum geben, auch auf anderem als dem »geweissagten« Wege glücklich zu werden – sei es als Gabelstaplerfahrerin im Supermarkt oder als Friseurin im Kaufhaus – auch wenn's schwerfällt.

Babys sind ganze Menschen

Noch mal zurück: Als wir Jana in den Armen hielten, war uns sofort klar: Dieses Wesen ist erst mal total auf uns angewiesen, es muss gefüttert, gewickelt, gestreichelt, getröstet und beschützt werden, und dafür sind zunächst mal wir zuständig. Früher hat man geglaubt, dass man Babys noch nicht so ganz für voll zu nehmen braucht, weil sie ja so vieles noch nicht können. Man dachte, sie können nur essen, schreien, schlafen und ausscheiden. Sie wurden als autistisch beschrieben und man glaubte, dass sie von sich selbst noch gar nicht das Gefühl haben, ein eigenständiges Wesen zu sein. Heute weiß man es besser:

Wenn ein Kind auf die Welt kommt, ist schon alles da. Alle Fähigkeiten sind angelegt. Das Kind ist ein eigenständiges Wesen. Es steht von Geburt an mit seiner Umwelt in regem Kontakt. Es hat das Talent, Menschen auf sich aufmerksam zu machen und mit sich in Kontakt zu bringen und dafür zu sorgen, dass es versorgt wird. Lachen, schreien, brabbeln, »süß aussehen« gehören zu seinem Kommunikationsrepertoire. Von Anfang an haben Babys ganz unterschiedliche Gefühle, die sie äußern – wenn auch in einer für Erwachsene ungewöhnlichen Art und Weise. Schon Embryos im Mutterleib reagieren auf Geräusche. Wenn sie geboren werden, hören sie gut. (Dieses »Hören« hat übrigens nichts mit dem Befolgen elterlicher Anweisungen zu tun!) Aber sie reagieren mehr auf die Stimme der Mutter als auf die eines Fremden oder – Pech für die Väter – am Anfang auch des Vaters. Sie können sehen und lernen binnen der ersten sechs Monate, 40-mal schärfer zu sehen als bei der Geburt. Bereits kleine Säuglinge hören häufig auf zu schreien, wenn man mit ihnen in beruhigender, sanfter Stimmlage redet.

Spracherwerb

Schon mit zwei bis vier Monaten können Babys erste Laute, zunächst Vokale und später kurze Silben, formen und sie können lachen. Ab dem fünften bis zum neunten Monat folgt das sogenannte kanonische Lallen. Bekannte Silben werden verdoppelt. Eltern sind besonders entzückt, wenn ihr Nachwuchs die Silbe »Ma« oder »Pa« verdoppelt. Ab ungefähr dem zehnten Monat bilden Kinder einfache Worte und bis zum 18. Monat (manchmal dauert es auch bis zum 24.) kann ein Kleinkind ungefähr 50 Worte. Die lernt es nicht dadurch, dass es »zugetextet« wird, sondern dadurch, dass ihm jemand zuhört und mit ihm in Interaktion tritt. Man muss als Eltern nicht besonders viele Worte in die Kinder »hineintrichtern«, damit besonders viele herauskommen.

Danach kommt die Wortschatzexplosion: Der Spracherwerb nimmt ein rasantes Tempo auf. Aber es gibt auch Kinder, die schön alles Gelernte für sich behalten, kein Wort sagen und mit zwei Jahren dann plötzlich mit einem ganzen Satz verblüffen. Passiv hatten sie die Wörter längst gespeichert, auch wenn sie sie selbst noch nicht ausgesprochen haben.

Sprache hilft

Sprache – und das ist eine unglaublich wertvolle Funktion – ist ein Instrument zur Symbolisierung von Gefühlen und Erlebnissen. Wenn Kinder über dieses Mittel verfügen, können sie Freude und genauso Schmerzen, Leid und Trauer »auslagern« und sie sozusagen von außen »betrachten«, indem sie sie in Worte fassen. Das ist ein Punkt, warum Entwicklungspsychologen sagen, dass Kinder, die ein Geschwisterkind bekommen und sich erst mal traurig, verärgert, zurückgesetzt fühlen, das besser verarbeiten können, wenn sie schon dieses Symbolisierungsinstrument zur Verfügung haben, als wenn sie noch kleiner sind und nicht sprechen können. Einfach weil sie ihrem Ärger Luft machen können und eine bessere Möglichkeit haben, ihn zu verarbeiten. Mit anderen wichtigen Ereignissen verhält es sich genauso.

Noch ein Irrtum

Manche Erwachsene glauben, dass kleine Kinder, solange sie noch nicht selber sprechen können, noch nicht verstehen, was die Erwachsenen sagen. Und so besprechen sie ungeniert auch verletzende, respektlose, demütigende Dinge oder Probleme, die ein Kind überfordern, in seinem Beisein. Es ist zwar nicht leicht zu sagen, was genau und wie die Kleinsten verstehen, aber eins ist klar: Sie verstehen, sie bekommen etwas mit und das hat eine Wirkung. Die französische Psychoanalytikerin Caroline Eliacheff, Nachfolgerin der bis heute bekannten französischen Psychoanalytikerin Françoise Dolto im Säuglingsheim des Pariser Vororts Antony, erzielt bei Säuglingen und kleinen Kindern beeindruckende Behandlungserfolge nur mithilfe der Sprache. Eliacheff spricht mit schwer traumatisierten Babys und Kleinkindern, deren seelische Leiden sich in körperlichen Symptomen äußern. Sie erzählt ihnen von ihrem Leiden, ihren schrecklichen Erfahrungen und ihren körperlichen Schmerzen. Auf diese Weise gibt sie den Erlebnissen, Gefühlen und Zuständen Worte und damit Symbolkraft, die es möglich machen, sie zu betrauern und darüber hinwegzukommen. Sie berührt die Kinder nicht und versucht auch nicht, ihnen eine Ersatzmutter zu sein. Und es wirkt! Caroline Eliacheff geht davon aus, dass ein Kind, das noch nicht spricht, über seinen Körper die vergangenen oder gegenwärtigen Erfahrungen ausdrückt, dass sich hier das Leiden einer Person zeigt.

Etwa die kleine Zoe. Sie ist drei Monate alt, als sie von einer Säuglingsschwester in die Praxis von Caroline Eliacheff gebracht wird. Ihre Mutter war HIV-positiv, drogenabhängig und hat das Kind unter Vollnarkose zur Welt gebracht und es nie angeschaut. Der Grund für die therapeutische Behandlung ist ein hartnäckiger Durchfall, der sich medizinisch nicht heilen lässt. Eliacheff erzählt dem Kind, wie seine Geburt vonstattengegangen war, dass die Mutter aidskrank war und drogenabhängig und dass sie entschieden hat, ihre Tochter zur Adoption freizugeben. Einige Male wird Zoe zu ihr gebracht. Als Zoe sechs Monate alt ist, wirkt sie entspannter, der Durchfall hat nachgelassen, sie ist nicht mehr wund und muss nicht mehr mit Handschuhen berührt werden.

»Ist es nicht ein Paradox, dass man so lange angenommen hat, dass Kinder, die die Sprache noch nicht beherrschen, sie auch nicht verstehen?«

Caroline Eliacheff, französische Kinder-Analytikerin[15]

Rasantes Körperwachstum

»Der Strampler ist schon wieder zu klein.«
Im Verhältnis zu ihrem Körper kommen Kinder mit einem ziemlich großen Kopf auf die Welt. Bei der Geburt hat er schon 60 % seiner Größe im Erwachsenenalter erreicht. Das Körpergewicht verdoppelt sich in den ersten sechs Monaten und verdreifacht sich bis zum ersten Geburtstag. Mit zwei Jahren ist der Rumpf eines Kindes etwa halb so groß, wie er im Erwachsenenalter sein wird.

»Was es schon alles kann«

Es ist verblüffend, zu sehen, in welcher Geschwindigkeit sich gesunde Säuglinge entwickeln, welche Fortschritte sie machen, wie sie sich verändern. Das geht in den ersten zwei Jahren von einem »Gipfelsturm« zum nächsten. Die Kinder lernen krabbeln, laufen, sprechen, sie bekommen erste Zähne und können sich sogar schon (halbwegs) selber anziehen. Das alles ist wunderbar mitzuerleben. Für Eltern ist es wichtig, zu wissen: Jedes Kind hat sein eigenes Tempo. Deshalb ist es nicht hilfreich, mit den anderen Kindern aus der Krabbelgruppe in einen Wettbewerb einzutreten: »Wer kann was als Erstes, was am besten, am höchsten, am weitesten, am meisten …«

Entwicklungssprung nach zwei Monaten

Als besonderes Datum nehmen Eltern die Etappe, wenn ein Baby acht Wochen alt ist, oft gar nicht wahr. Psychoanalytiker sehen diesen Zeitpunkt als einen markanten Einschnitt in der Entwicklung eines Babys: »fast wie die Geburt«.[16] Das Kind hat bereits viele neue Fähigkeiten erworben. Es beginnt zu lächeln, die Laute, die es macht, werden deutlicher, es interessiert sich für neue Reize, der Auge-zu-Auge-Kontakt wird stabiler.

Als Jana *sechs Monate* alt war, sagte die Kinderärztin zu uns: »Ihre Gesichter kennt sie jetzt.«

Nach sechs Monaten nimmt das Wachstum des Gehirns rasant zu. Das Kind unterscheidet auch in seinem Verhalten deutlich zwischen ihm unbekannten Personen und seinen Eltern. Die berühmte »Acht-Monats-Angst«, sie kann auch schon mit vier oder fünf Monaten beginnen, rührt von daher. Was die Kinder dann brauchen, sind Beruhigung und die Sicherheit von ihren Eltern: »Wir sind da. Alles ist in Ordnung.«

Gleichzeitig – und das hat die Kinderärztin wohl gemeint – brauchen sie Anregungen, neue Eindrücke und andere Personen, die sie kennenlernen können und für die die Eltern die Erlaubnis signalisieren, dass das Kind mit ihnen sein darf. Nur mit dieser Gewissheit, dass die Eltern »hinter mir stehen«, geht es dem Kind gut, fühlt es sich sicher.

Kognitive Entwicklung: Objektpermanenz

Für Erwachsene ist es völlig selbstverständlich, dass ein Gegenstand immer noch da ist, auch wenn wir in ein anderes Zimmer gegangen sind oder jemand einen Vorhang vor ihn gezogen hat. Kleine Kinder aber müssen dieses Wissen erst erwerben und sie tun es im Alter bis zwei Jahren. Insofern kann man sich leicht vorstellen, warum manche Kinder Angst bekommen, wenn die Mutter aus ihrem Gesichtsfeld verschwindet. Umso wichtiger ist es, dem Kind zu sagen: »Ich bin nur nebenan«, oder sich wieder zu zeigen, um zu »beweisen«, dass man nicht einfach so weg ist. Und auch ein Geräusch, das ein Erwachsener von sich gibt, kann diese Sicherheit vermitteln.

»Brummen hilft.«

Ein Freund von uns, der Besuch von seiner Nichte und deren sechs Monate alter Tochter bekam, wollte das kleine Mädchen, als es weinte, trösten. Nachweislich konnte er nicht singen und auch nicht moduliert summen. So nahm er das Baby auf den Arm, tanzte mit ihm durch die Wohnung und brummte. Das Mädchen beruhigte sich nach kurzer Zeit und der Großonkel kommentierte zufrieden: »Brummen hilft.«

Urvertrauen

»Gipfelstürmer brauchen ein Basislager.«[17]

John Bowlby

Was der britische Kinderarzt, Psychoanalytiker und Pionier der »Bindungsforschung« forderte, ist für die frühkindliche Entwicklung besonders wichtig, denn in ihr wird der Grundstein für jedes spätere Selbstvertrauen gelegt. Das Kind, das den Erwachsenen anvertraut ist und ihnen einen großen Vertrauensvorschuss entgegenbringt, braucht deswegen ein verlässliches, aufmunterndes, fürsorgliches Gegenüber. Der Psychoanalytiker Erik Erikson hat herausgefunden, dass ein Säugling in dieser

Zeit im Kontakt mit seinen Fürsorgepersonen ein grundlegendes Vertrauen entwickeln muss. Vertrauen darauf, dass es gut ernährt, gewickelt und mit Liebe versorgt wird. Es braucht Wärme und Körperkontakt und Zuwendung, ebenso wie die Erfüllung seiner körperlichen Bedürfnisse nach Nahrung und Schlaf. Und das in zuverlässiger Weise. Ein Kind, das einmal geknuddelt wird und beim nächsten Mal lieblos schreien gelassen, kann dieses Vertrauen naturgemäß nicht aufbauen. Es ist komplett verunsichert darüber, was beim nächsten Mal sein wird. Das Wechselspiel zwischen Eltern und Baby, Fragen und Antworten, Lächeln und Zurücklächeln, Schreien und Getröstetwerden gibt die Gewissheit: Ich bin hier richtig. Alles ist gut. Alles.

Sexuelle Entwicklung

Kleine Kinder sind sexuelle Wesen, und zwar von Anfang an. Diese Erkenntnis von Sigmund Freud hat seine Zeitgenossen in ziemliche Unruhe und Aufruhr versetzt. Und das aus einem einfachen Grund: Die Erwachsenen haben ihre – erwachsene – Vorstellung von Sexualität als Maßstab genommen und sich – zu Recht – nicht vorstellen können, was ein kleines Kind mit erwachsener genitaler Sexualität zu tun hat. Hat es auch nichts. Kindliche Sexualität ist anders. Sie ist keine zielgerichtete, genitale Befriedigung. Sie ist autoerotisch, das heißt, sie dreht sich um den eigenen Körper und bezieht sich auf kein Sexualobjekt. Kindliche Sexualität hat mit neugierigem Forschen, mit ungerichtetem Genießen, mit Lust zu tun. Sigmund Freud hat die sexuelle Entwicklung des Kindes in vier Phasen eingeteilt. Das Baby in der Zeit, bis es etwa zwei Jahre alt ist, befindet sich in der oralen Phase. Os heißt Mund und alle Eltern können feststellen, dass für kleine Babys der Mund eine absolute Quelle der Lust ist. Es wird genuckelt und gelutscht, alles steckt es sich in den Mund, der Mund ist sein Organ zur Erkundung der Welt und gleichzeitig zum Trost, zur Beruhigung und auch zur Befriedigung seiner Lust.

»Nur« Nuckeln?

»Es nuckelt ja nur, es trinkt ja gar nicht.« Diesem Satz kann man nur entgegenhalten: Was heißt hier »nur«? Nuckeln hat eine wichtige Funktion. Das Kind kann sich selbst beruhigen, trösten, in den Schlaf bringen und sich ein schönes Gefühl bereiten.

Etwa ab dem vierten Monat beginnt das Baby, auch seinen Körper als Lustquelle zu entdecken. Es macht ihm Spaß, mit seinem Körper zu spielen und ihn zu erforschen. Und es entdeckt, dass die Geschlechtsorgane lustvoll sein können. Das hat in diesem Alter nichts mit Selbstbefriedigung zu tun. Eine Einjährige ist nicht fähig, so gezielte und geordnete Bewegungen auszuführen, um sich bis zum Orgasmus zu reizen. Sie lernt einfach sich und ihren Körper kennen und erfährt ihn als zu sich gehörend.

Sexualerziehung

Hier ist schon eine erste Antwort auf eine Frage, die manche Eltern erst einige Jahre später beschäftigt: Wann kläre ich mein Kind auf? Aufklärung oder Sexualerziehung beginnt mit der Geburt. Sie ist ein Teil der *gesamten* Erziehung und fließt ganz normal und unauffällig mit ein. Immer wieder. Die Art, wie wir mit unseren Kindern über den Körper sprechen, ob wir beispielsweise alle Körperteile, inklusive der Geschlechtsorgane, beim Waschen benennen oder ob wir bei den Schamlippen und der Scheide schweigen, bekommt ein Kind mit. Wenn wir schweigen oder uns unsicher zeigen, lernt es: Dieser Teil des Körpers ist »irgendwie anders«, hat keinen Namen, darüber spricht man nicht, irgendetwas stimmt da nicht. Umgekehrt wird aber auch der Respekt der Erwachsenen vor den intimen Körperteilen wahrgenommen und gelernt. Eine Mutter zum Beispiel, die sich damit brüstet, ihrer Tochter am Kitzler zu kitzeln, ist schlicht übergriffig.

»Ich würde meine Tochter zärtlich knuddeln und auf den Bauch blasen, aber nicht an der Muschi stimulieren.«

SABINE 42 JAHRE, ZWEI KINDER

Auch die Frage, wie wir mit Nacktheit in der Familie umgehen, ist eine Nachricht an die Kleinen. Kann man sich ungeniert nackt zeigen oder ist das ein Tabu? Unser Umgang mit Sexualität, Körper und Nacktheit hat viel mit unserer Erziehung und unserer Haltung zu tun. Um uns das bewusst zu machen und so zu wissen, was wir weitergeben, ist es gut, wenn wir uns ein paar Fragen bezüglich unserer eigenen Geschichte stellen: Wie bin ich erzogen worden im Hinblick auf Körper und Sexualität? Wie verhalten wir uns zu Hause? Wie ist unser Umgang mit Nacktheit? Kann über Sexualität gesprochen werden? Haben alle Körperteile einen Namen? Und was wollen wir an unsere Kinder weitergeben? Hilfreich ist es auch, sich mit der Partnerin, dem Partner oder Freunden darüber auszutauschen.

Erst wenn wir uns klar darüber sind, können wir uns bewusst für oder gegen bestimmte Verhaltensweisen und Umgangsformen entscheiden.

Typisch weiblich – typisch männlich

»Ich glaube, ganz am Anfang ist es einfach nur ein Baby, egal, ob es Junge oder Mädchen ist. So mit 1½ oder knapp eins fängt das an, dass man sie als Mädchen wahrnimmt.«

SELDA, 42 JAHRE, DREI JUNGEN, EIN MÄDCHEN

Im Bewusstsein vieler Eltern ist ein kleines Kind erst mal nur ein Baby. Forscher sehen das anders. Sie stellen fest, dass die unterschiedliche Behandlung von Jungen und Mädchen sofort losgeht, und zwar zunächst unbewusst:

Allein das Wissen, um welches Geschlecht es sich handelt, bewirkt ganz unterschiedliche Empfindungen bei allen Betrachterinnen und Betrachtern und damit auch unterschiedliche Äußerungen und Handlungen: Mädchen sehen häufiger »süß« aus, so meint man, Jungs sind eher »kräftige Kerle«.

Von Geburt an werden Jungen und Mädchen unterschiedlich erzogen – sie werden unterschiedlich lange gestillt, es wird unterschiedlich lange mit ihnen geredet, sie werden unterschiedlich lange auf dem Arm gehalten, sie bekommen verschiedenartiges Spielzeug. Es wird unterschiedlich mit ihnen geschmust.

Es ist verblüffend, wie tief und unbewusst die Einstellung in uns verankert ist, dass man Jungen und Mädchen unterschiedlich behandeln muss. Forscher haben beobachtet, dass Mütter beim Spielen mit ihren Söhnen im ersten und zweiten Lebensjahr den Ball weiter wegrollen als bei ihren Töchtern.[18] Woran liegt das? Gehen Mütter davon aus, dass ihre Söhne später mehr Unternehmungsgeist benötigen und wollen sie die Töchter hier schon enger an sich binden? Oder liegt es daran, dass Jungs von ihrer biologischen Disposition eher dazu neigen, weiter davonzukrabbeln als die Mädchen? Kleine Mädchen wiederum sollen früher sauber sein als kleine Jungen. Sie werden früher strenger und rigider zu Reinlichkeit und Ordnung erzogen. Die Konsequenz: Kleine Mädchen erleben ihre Mütter als kontrollierender und eindringender als Jungen. Väter beschreiben Jungs darüber hinaus als kräftig und Mädchen gleichen Gewichts als zart. Sie kümmern sich mehr um ihre Söhne als um ihre Töchter, das heißt, sie sprechen mehr mit ihnen, schauen sie häufiger an und verbringen – wenn auch insgesamt wenig – mehr Zeit mit den »Thronfolgern« als mit den »Thronfolgerinnen«.[19]

Daran – und die Liste der Beispiele ließe sich beliebig verlängern – wird deutlich, dass sich spätestens ab der Geburt die geschlechtsspezifische Entwicklung vollzieht. Einmal durch die elterliche Geschlechtszuweisung und dann durch die eigene sinnliche Erfahrung der Genitalien.[20]

Es hat schon viele Bemühungen gegeben und es gibt sie immer noch, Kinder geschlechtsneutral oder gleich zu erziehen. Sie sollen in ihrer Sprache, ihrer Kleidung, ihrem Spielzeug nicht von vornherein auf »typisch weiblich« oder »typisch männlich« festgelegt werden.

Die Juristin und Feministin Marianne Grabrucker zum Beispiel probierte Anfang der Achtzigerjahre, ihre kleine Tochter Annemarie »frei« und »geschlechtsneutral« zu erziehen. Das Kind sollte nicht auf die typische Mädchenrolle festgelegt werden und so bemühte sich die Mutter u.a. auch, weibliche Formen in der Sprache zu benutzen. Dabei ertappte sie sich selbst dabei, dass sie etwa einen Löwenmann im Zoo besonders hervorhob oder ihr das Wort »Lokomotivführerin« nicht über die Lippen kam. Kritikerinnen werfen ihr vor, dass sie den Vater als Bezugsperson ziemlich »außen vor« lässt. (Offenbar mischt der sich von sich aus auch nicht ein.) Am Ende steht ein »Scheitern« des Vorhabens. Heraus kommt trotz all ihrer Bemühungen ein »mädchenhaftes Verhalten« ihrer Tochter, wie sie beklagt. Die Ursachen dafür lägen in einer »übermächtigen Umwelt«, sprich: Väter, Mütter, Plakate, Fernsehen, Geschäfte, andere Kinder – sie alle betonen pausenlos die Geschlechterdifferenz.[21]

Auch heutige Eltern, die sich um eine geschlechtsneutrale Erziehung bemühen, stellen irgendwann fest, dass die Tochter, die nur mit Baggern und blauen Anziehsachen konfrontiert wurde, dem Bagger einen Namen gibt, ihm eine Familie verpasst und ihm abends ein Schlaflied singt[22] Und auch, wenn man die Jungs noch so »gewaltfrei« oder »unmännlich« erzieht, können aufgeschlossene Eltern beobachten, wie sie ihren Teddy nicht zum Schmusen benutzen, sondern ihn zu einer Keule umfunktionieren, wie Barbies binnen weniger Minuten entkleidet und enthauptet werden, um dann als Schwert in Einsatz zu kommen. Selbst wenn es bei Ihnen nicht ganz so extrem ist, Eltern, die Mädchen und Jungen haben, stellen fest, dass sie mit denselben Spielsachen einfach unterschiedlich umgehen.

»Meine Tochter verfällt schon mal in ein Rollenspiel mit ihrer Puppe. Sie nimmt sie und fängt an, sie zu wickeln. Diese Erfahrung hab ich mit den Jungs nicht. Klar hatten die auch eine Puppe, aber die war dann eher so ein Kuscheltier als ein Rollenspielelement.«

SELDA, 42, DREI JUNGEN, EIN MÄDCHEN

—

»Mädchen wählen meist Spielsachen, zu denen man eine Beziehung aufbauen kann und die die Feinmotorik unterstützen, Jungen eher Spielsachen, mit denen man etwas TUN kann oder die etwas tun. Hier kommen durchaus auch Puppen oder irgendwelche Wesen zum Einsatz,

allerdings weniger wegen der Beziehung als mehr, um zu sehen, wie weit man Arme und Beine verdrehen kann, etwas auseinandernehmen kann usw. … Also eine grundsätzlich andere Herangehensweise.«

DIETER BÖHM, MATHEMATIKER UND PÄDAGOGE[23]

—

»Meine Tochter spielte sehr viel mit Puppen und Stofftieren und wir Eltern fragten uns dann wie alle Eltern aus dem kritisch-linken Umfeld: ›Machen wir etwas falsch? Geben wir der vielleicht jetzt schon diesen ganzen Mädchenkram und verstärken das dadurch oder haben wir einfach zu wenig Jungs-Spielzeug?‹ Dann bin ich irgendwann los und habe so ein Parkhaus mit Matchbox-Autos gekauft. Dann haben wir ihr diese Autogarage geschenkt und sie begann damit zu spielen. Als ich eine viertel Stunde später wieder in ihr Zimmer kam, hatte sie die Autos in ihr Bett gelegt und hat gesagt: ›Die Autos sind krank, die müssen jetzt versorgt werden.‹«

JAKOB, 46 JAHRE, EINE TOCHTER

»Gender« ist das Stichwort, wenn es um Erziehung und Spielzeug und später um Beruf und Gleichberechtigung und überhaupt um die Fragen: Was ist angeboren? Was ist anerzogen?, geht.

Was ist eigentlich Gender?

»Gender« ist das soziale Geschlecht eines Menschen im Gegensatz zu »Sex«, dem biologischen Geschlecht. Mit Gender bezeichnet man alles, was in einer Kultur als typisch für ein Geschlecht angesehen wird. Und darüber wird geforscht. Das Bundesfamilienministerium hat ein eigenes »Gender-Kompetenz-Zentrum«. Grundlage für die Forschung ist die Annahme, dass Menschen durch Sozialisation in der Familie immer noch traditionell zu Jungen oder Mädchen erzogen werden. Und das möchte man durch Gender-Mainstreaming verändern: Hierarchische und stereotype Geschlechterrollen sollen aufgebrochen werden.

Anlage und Umwelt können sich streiten – bringt aber nichts

Völlig unbestritten ist, dass Jungen und Mädchen biologisch unterschiedlich sind und ihre Körper unterschiedliche Funktionen ausfüllen können. Die genetischen Anlagen sind verschieden und das bedeutet: Mädchen besitzen zwei X-Chromosomen und Jungs ein X- und ein Y-Chromosom. Das X-Chromosomen-Paar sorgt dafür, dass die Mädchen nicht so anfällig sind. Das Y-Chromosom macht, dass dem Embryo Hoden wachsen und die produzieren Testosteron. Der Neurowissenschaftler Professor Gerald Hüther vergleicht die Wirkung des Testosterons bei Jungen mit einem Orchester. »Wegen dieser vorgeburtlichen Testosteroneinwirkung rücken im Orchester der kleinen Jungen die Pauken und Trompeten stärker nach vorne, während die harmonischen Instrumente in den Hintergrund treten.« Das heißt, dass die Jungs »mit mehr Antrieb« auf die Welt kommen. Jungen, so meint er, suchen »im Durchschnitt mehr Halt im Außen« … »Neugeborene Mädchen haben das weniger nötig.« Der Hippocampus entwickle sich bei Jungen stärker, weil Jungen, bei ihrer Orientierung »im Außen« besonders diese Hirnregion benutzen. »Das Gehirn ist ein Organ, mit dem wir uns in der Welt orientieren, aber es wird erst im Kontakt mit dieser Welt geformt.« Gehirnbahnen und -verbindungen festigen sich durch unsere Erlebnisse bzw. die häufige Aktivierung bestimmter Regionen.

Gerald Hüther sagt für Jungs, was genauso auch für Mädchen gilt:

»Jungs brauchen weder Puppen noch Panzer, sondern stabile Bindungen und Aufgaben, an denen sie wachsen können. Und wir müssen sie vor ungünstigen Rahmenbedingungen schützen.«

Gerald Hüther, Hirnforscher[24]

4

Rosa oder Hellblau

Zwei bis sechs Jahre

Rosa oder Hellblau – Kleine Farbenlehre

Zwei bis sechs Jahre

> *»Meine Tochter war immer ein sehr sensibles, sehr empfindliches Kind. Ich hatte immer das Gefühl, dass sie wie ein italienischer Sportwagen aus den 60er-Jahren ist, mit einer ganz komplizierten Gangschaltung. Und wenn du dich einmal ein bisschen verschaltest, dann ist das ganze Getriebe sofort am Ruckeln und der muss in die Werkstatt. Ich hatte immer das Gefühl, ich muss sie ganz vorsichtig anpacken.«*
>
> Jasper, 44, eine Tochter, ein Sohn

»Die ist schon eine richtige Persönlichkeit«, sagen viele Eltern von kleinen Mädchen. Erstaunt und gespannt beobachten sie, wie ihre Töchter mit dem Leben umgehen, wie sie die Welt erkunden und sie sich zu eigen machen. In rasantem Tempo entwickelt sich jetzt ihr Wortschatz und es macht großen Spaß mitzubekommen, wie die Mädchen mit neuerworbenen Begriffen umgehen, eigene Wortschöpfungen bilden und Worte ganz direkt und greifbar so einsetzen, wie es für sie richtig erscheint.

Manche Eltern schreiben dicke Bücher mit »Bonmots« ihrer Sprösslinge voll und werden nicht müde, stolz von den Aussprüchen ihrer Kinder zu erzählen.

Geschickt und körperlich mobil

Erzieherinnen im Kindergarten beobachten es immer wieder: Wenn Mädchen die Wahl haben, sich zwischen Bewegungsangeboten und künstlerischem Gestalten zu entscheiden, wählen sie ganz oft das künstlerische Gestalten, während Jungen eher die Bewegungsangebote wahrnehmen. Und was mehr geübt wird, prägt sich mehr aus.

Die meisten Mädchen machen große Fortschritte im Umgang mit Stift, Schere und Messer, sie sind geschickt im Schuhezubinden, Plätzchenausstechen oder Sterneausschneiden, weil sie es mehr üben. »Die Jungen machen es weniger, aber können tun sie es auch«, weiß die Erzieherin Ursula Eggert. Und umgekehrt:

> *»Früher war es oft so, dass Jungen im Bewegungsbereich weiter waren als Mädchen oder da forscher waren, das ist aber nicht mehr so, da haben sich die Geschlechter stark angenähert, obwohl es immer noch sportliche Gebiete gibt, wo die Mädchen eine untergeordnete Rolle spielen.«*
>
> Ursula Eggert, Erzieherin

Mädchen und Jungen im »Kindergartenalter« lernen vor allem, ihre Bewegungsabläufe zu verfeinern. Sie lernen Klettern, Hüpfen, Treppensteigen, Hängen, Schwingen, Dreiradfahren, Werfen, Fangen, im Schneidersitz zu hocken, rückwärts zu laufen, auf Zehenspitzen zu stehen, rhythmisch zu Musik zu tanzen und auf einem 20 cm breiten Balken zu balancieren. Es macht Spaß, den Kindern beim Erwerb ihrer neuen Fähigkeiten zuzusehen, mit ihnen zu schwimmen, zu laufen, zu tanzen, Fahrrad zu fahren, und sie freuen sich, wenn die Eltern sie ermuntern, sie für ihre vorgeführten »Kunststücke« loben und sie unterstützen.

»Wenn das mit dem eigenen Willen losgeht«

Schon in den ersten Monaten beobachten Eltern, dass ihre Kinder einen eigenen Willen haben, dass sie zu verstehen geben können, wenn sie etwas möchten oder auch nicht. Wenn sie die Signale der Babys aufmerksam beobachten, stellen sie fest, dass sie beispielsweise bei Unbehagen den Kopf wegdrehen, weinen, den Blick abwenden oder, wenn es ihnen gut geht, lächeln, brabbeln, ruhig verfolgen, was um sie herum passiert.

Im Alter von einem Jahr haben Kinder noch mehr Mittel zur Verfügung, um beispielsweise ihr Missfallen auszudrücken. Sie können jetzt deutlich zeigen, wenn etwas nicht nach ihren Vorstellungen läuft. Stellen Eltern zum Beispiel die Zuckerdose aus deren Reichweite oder verschließen ein Putzmittel im Schrank, kann es passieren, dass sie sich auf den Boden werfen, mit Armen und Beinen strampeln und ihrem Ärger lautstark Luft machen. Auch vor Publikum, zum Beispiel im Supermarkt, können solche »Vorstellungen« stattfinden.

So ab zwei nimmt die Sache dann Fahrt auf. »Trotzphase« nennt sich diese Zeit, die so etwa bis zum 4. Lebensjahr dauert. Entwicklungspsychologen nennen sie lieber Autonomiephase, weil es genau darum geht – um eine weitere Stufe auf dem Weg zur Selbstbestimmung. Meine Freundin Nana, Mutter von zwei Kindern, fand dazu die Überschrift: »Wenn das mit dem eigenen Willen losgeht« … Kinder erfassen jetzt, dass das, was sie tun, eine Wirkung erzeugt. Sie spüren, inwieweit sie beeinflussen können, ob sie einen Schokoriegel bekommen oder nicht, ob der Vater mit ihnen spielt, ob sie spazieren gehen müssen, obwohl sie keine Lust dazu haben. Aber sie müssen noch lernen, die richtigen Mittel zum Erreichen ihrer Ziele einzusetzen. »Was führt zum gewünschten Erfolg und was nicht?«, lautet ihre Frage und genau das probieren sie aus. Woher sollen sie es auch wissen? Sie müssen ihre Gefühle bei Frustrationen, wenn etwas nicht nach ihrem Plan läuft, erst genauer kennenlernen und sehen, wie sie damit umgehen können. Manchmal werden sie buchstäblich von Gefühlsstürmen überrollt und dann hilft erst mal nur »sich auf den Boden schmeißen und schreien«. Als Eltern würden wir sie vielleicht am liebsten schütteln, zurückschreien, aus Empörung darüber, in welch peinliche Situationen uns unsere Kinder bringen können, würden manchmal am liebsten im Erdboden versinken.

Coach

Eine unaufgeregte Reaktion fällt uns am leichtesten, wenn wir uns klarmachen, dass unsere Tochter nicht die Absicht hat, uns zu ärgern. Sie wird gerade von ihren eigenen Gefühlswallungen überrollt und weiß noch nicht anders damit umzugehen, als sich ihnen hinzugeben. Wenn wir ruhig in dieser Situation bleiben und versuchen, auch einmal die Perspektive unseres Kindes einzunehmen, bekommen die Kinder die Chance, verstanden zu werden und ihre Gefühle regulieren zu lernen. Am besten kommt sie zur Ruhe, wenn wir die Ruhe bewahren und gelassen mit der Situation umgehen. Auch wenn einen das manchmal ganz schön fordert …

Nicky Lee, die Tochter meiner Freundin Petra, probierte, als sie die ersten Zähne hatte, aus, was sie damit alles beißen kann. Auch andere Kinder aus der Krabbelgruppe und Erwachsene mussten als Versuchskaninchen herhalten. Petra fand das alles andere als lustig und versuchte ihrer Tochter mit allen Mitteln beizubringen, dass die Zähne nicht zum Beißen anderer Menschen da sind. Sie probierte es erst mit Reden, dann mit Schimpfen, dann mit »Wegstellen«. Sie fühlte sich selbst schrecklich, immer wieder auch unter den Augen der anderen Mütter mit ihren Blicken, die sagten: »Kriegt die Mutter das denn überhaupt nicht auf die Reihe?« Sie gewöhnte sich an, bei jeder dieser Zahnerprobungsaktionen die Kinderversammlung mitsamt Tochter zu verlassen. Irgendwann hörte Nicky Lee auf damit.

In diesem Alter sehnen Kinder sich nach einem klaren Gerüst, nach überschaubaren Angeboten, die ihnen Sicherheit bieten. Wenn sie im Supermarkt etwas aus Hunderten verschiedener Produkte auswählen sollen, ist das für sie eine Qual. Kleine Kinder können auswählen, aber zwischen zwei Dingen: »Möchtest du das rote oder das blaue Bonbon?«, und nicht aus einer Flut von Angeboten.

Kinder lernen, dass sie etwas bewirken können, wenn wir sie anhören und auf sie eingehen. Dieses Lernen prägt sich jetzt aus.

Wenn Eltern auf ihre Kinder reagieren und sie nicht mit dem, was sie gerade machen, frustriert alleine lassen, wenn sie zuhören und abwägen, lernen Kinder, sich als eigenständige Person wahrzunehmen. Ihr Selbstbewusstsein wird gestärkt: »Ich kann etwas bewirken, ich bin nicht hilf- und machtlos.« Diese Erfahrung machen übrigens alle Kinder und ist unabhängig von ihrem Geschlecht.

Wenn die Umgebung einen sicheren Halt bietet durch einerseits nachvollziehbare Regeln und andererseits, indem sie Initiativen der Kinder aufgreift, werden sie ermutigt und sie erfahren: »Wenn ich aktiv werde, ist das eine gute Sache. Ich muss mich nicht schuldig fühlen. Ich bin eine eigenständige Person und werde auch als solche wahrgenommen.«

Lügt mein Kind?

Die Zeit zwischen zweieinhalb und fünf Jahren wird auch »Magische Phase« genannt. Die Kinder leben dann in der Vorstellung, dass alles, was sie wünschen und denken, tatsächlich eintreten könnte. Sie erzählen Geschichten so, wie sie gerade selbst empfinden. Dinge werden vermenschlicht: »Die Wolken regnen, weil sie traurig sind«, »Der Ball liegt unter der Kommode, weil er schlafen möchte«. Sie glauben, dass sie selbst und andere magische Fähigkeiten haben, in positiver und in teilweise sehr beängstigender Weise: »Mama ist krank, weil ich böse war.« Eltern sollten ihr Kind ernst nehmen und die Erzählungen keinesfalls als Lügengeschichten abtun.[25] Die »blühende« Fantasie des Kindes macht ihm unter Umständen nämlich wirklich zu schaffen. Einem Kind, das weiß, dass nachts wieder die Monster kommen, hilft es, abends gemeinsam mit dem Papa und einem Besen alle möglichen Ungeheuer aus dem Zimmer zu kehren.

Erste im »Sauber«-Sein

Sexuelle Entwicklung

Im zweiten Lebensjahr beginnt die anale Phase . »Anus« heißt After oder Darmausgang. Kinder fangen an, ihren Schließmuskel zu beherrschen. Festhalten und Loslassen von Kot und Urin werden zum lustvollen Spiel. Sie verschaffen sich selber ein schönes Gefühl.

Manche Eltern fiebern der Zeit, in der die Kinder »sauber« sind, entgegen. Sie freuen sich, wenn die Kinder keine Windel mehr brauchen, aber auch, wenn das mit dem Gestank in der Hose und dem oft unmittelbaren Kontakt zu den Ausscheidungen aufhört. Die Zeit davor, wenn die Kinder mit Stolz auf ihr

»Häufchen« hinweisen, vielleicht sogar damit spielen, mögen sie überhaupt nicht. Manche scheinen auch eine Art Wettbewerb mit Eltern gleichaltriger Kinder ausgeschrieben zu haben, der lautet: »Wessen Kind ist zuerst sauber?« Und so stellen eifrige Eltern ihren Sprösslingen bei jeder Regung ein »Klöchen« vor die Nase und ermuntern sie: »Drück doch mal.« Manchmal sind solche Bemühungen sogar von Erfolg gekrönt. Und die Zweijährige ist unglaublich stolz über ihre vollbrachte Leistung. Was aber machen die Eltern? Sie loben kurz ihr Kind, und eh es sich versieht, verschwindet das gerade hergestellte Produkt auf Nimmerwiedersehen in der Toilette.

Mädchen werden früher angehalten, sauber zu werden, als Jungen. Eine Freundin erzählte mir, dass sie als Kind, wenn »nichts kam«, von ihrer Mutter mit einem kalten Waschlappen ins Gesicht geschlagen wurde. Das sollte wohl irgendwie anregend wirken. Es wirkte – wen wunderts? – aber nur ängstigend.

Geduld mit der Sauberkeitserziehung

Wann können Kinder sauber werden?
Durchschnittlich ab dem dritten Lebensjahr können Kinder ihre Darmmuskeln kontrollieren. Bei der Blase dauert es noch länger. Ein Vorschulkind, das noch ab und zu ins Bett oder sich tagsüber in die Hose macht, ist nicht gleich krank.

Auf die anale Phase folgt die phallisch-genitale Phase. Freud setzte sie vom dritten bis zum fünften Lebensjahr an. Kleine Mädchen empfinden Lust daran, ihre Klitoris zu berühren, zu streicheln, und dies zielgerichteter, als es bisher der Fall war. Kinder nehmen jetzt klar Geschlechtsunterschiede wahr. Mädchen stellen fest, dass sie das gleiche Geschlecht wie die Mutter oder die Schwester haben, und entwickeln eine Neugier, ihren eigenen und den andersgeschlechtlichen Körper zu erforschen.

Coach

Die Sauberkeitserziehung ist eine sensible Angelegenheit. Eltern sollten keinen Druck machen und auch den Stolz auf die neuerworbene Fähigkeit des Kindes, seinen Kot abzugeben, nicht mit »Ihhh«-, »Pui«- oder »Bah«-Ausrufen kommentieren. Das ist für manche Eltern nicht leicht, besonders wenn sie selbst so erzogen wurden. Wenn Kinder gern mit ihren Ausscheidungen spielen möchten, überschreitet das die Duldungsgrenze der meisten Eltern. Anstatt entsetzt in Hektik zu verfallen, könnte man dem Kind andere Möglichkeiten anbieten, dem Wunsch nach »Matschen« nachzukommen. Mit Schlamm, Sand und Wasser lässt es sich auch gut spielen. Ekel vor den Körperausscheidungen kann sich im Erwachsenenalter in einen Ekel vor Vaginalflüssigkeit oder der Samenflüssigkeit fortsetzen und einen selbstverständlichen Umgang mit Sexualität erschweren.

Sexualerziehung

Die Sexualerziehung geht in eine neue Phase. Die Mädchen fangen an, Fragen zu ihrem Körper zu stellen. Sie wollen wissen, woher die Babys kommen, und sie interessieren sich für den andersgeschlechtlichen Körper.

Warum habe ich eine Scheide und der Papa einen Penis? Woher kommen die Babys? Wie lebt das Baby im Bauch? Es gibt anschauliche und witzige Aufklärungsbücher, die Eltern mit ihren Kindern betrachten können. Die Fragen der Kinder kommen oft direkt, manchmal überraschend. Und Eltern haben nicht zu allem eine Antwort parat. Müssen sie auch nicht. Ihre Tochter spürt, ob sie die Fragen stellen kann und ob Sie sich ehrlich darum bemühen, eine Antwort zu finden.

Papa ist der Beste

Als meine Tochter fünf Jahre alt war, fuhren wir zusammen mit Luca, dem damals dreijährigen Bruder, im Auto. Die Kinder saßen hinten und unterhielten sich angeregt. Als wir an einer Ampel standen, hörte ich Jana zu ihrem Bruder sagen: »Den Papa hab ich ja am liebsten.« Kurze Pause. »… und dann kommt die Luzie«, ging das Gespräch weiter – die Luzie, das war die Babysitterin der Kinder – und wieder eine längere Pause. Schließlich folgte der Satz von Jana: »Die Mama hab ich auch ein bisschen lieb.« Und Luca, der seine Schwester anhimmelte und in allen möglichen Dingen versuchte, es ihr gleichzutun, pflichtete ihr bei. Ich versuchte, ruhig zu bleiben und mich nicht in das Gespräch einzumischen. Und sagte mir in Gedanken mehrere Male: »Du musst jetzt ganz stark sein.«

Der Elektrakomplex

Der Psychoanalytiker C. G. Jung prägte den Begriff Elektrakomplex als Pendant zu Freuds Ödipuskomplex. Elektra ist in der griechischen Sage die Tochter des Agamemnon, des Königs von Mykene, und dessen Frau, der Klytämnestra. Elektra half ihrem Bruder Orest bei der Ermordung ihrer Mutter und ihres Stiefvaters als Rache dafür, dass diese Agamemnon getötet hatten.

Beide, Jung und Freud wurden für ihre Theorien, die sie mit unterschiedlichen Trieben verknüpften, scharf kritisiert und Freud selbst lehnte den Elektrakomplex seines Kollegen Jung, samt dessen Theorie über die starke Bindung des Mädchens an ihren Vater bei gleichzeitiger Feindseligkeit der Mutter gegenüber, ab. Wenn wir den »Elektrakomplex« nicht überinterpretieren und ihn nur als Bild für Verhaltensweisen und Gefühle sehen, die ein kleines Mädchen und später auch ein pubertierendes gelegentlich empfindet, ist er aber ganz nützlich, um zu verdeutlichen, was Eltern von Mädchen immer wieder beobachten:

Das kleine Mädchen verliebt sich in seinen Vater! Sie möchte auf seinem Schoß sitzen, an seiner Hand gehen, etwas mit ihm alleine unternehmen. Vielleicht möchte sie ihn auch heiraten und in solchen Situationen muss die Mutter als Konkurrentin eben manchmal auch einfach »weg« sein.

Wie ist das zu erklären? Die Mutter ist für ihre Kinder die erste Frau, das erste weibliche Vorbild, und der Vater das erste männliche Vorbild. An ihnen probieren die Kinder – unbewusst – aus, wie Beziehungen funktionieren: »Wie geht das mit dem Lieben, Werben und Heiraten?« Es ist eine Art Probehandeln.

»Ich glaube, dass die Mädchen an den Vätern den Umgang mit Männern üben. Sie erfahren und erleben: ›Wie kann ich mit dem reden?‹, ›Wie reagiert der darauf jetzt?‹. Das finden sie interessant. Ich glaube, die üben mit den Vätern auch flirten: ›Wie reagiert der, wenn ich so guck?‹, ›Wie reagiert der, wenn ich das sag?‹, ›Guck mal, wenn ich die Bemerkung mach, lacht der … dann mach ich die doch noch mal‹.«

VATER, 44 JAHRE, EINE TOCHTER

Damit Eltern mit solchen oder ähnlichen Situationen angemessen umgehen können, ist es wichtig, dass sie sich klarmachen, das es um keine wirkliche Konkurrenz zwischen ihnen geht. Wenn Eltern ihren Kindern die Chance einräumen, sich auszuprobieren, bestärken sie sie damit in ihrer Suche nach ihrer Geschlechtsidentität. Andererseits ist es natürlich ihre Aufgabe, eine Tragödie griechischen Ausmaßes zu verhindern. Wird die Tochter von einem der Eltern also als *tatsächlicher* Partnerersatz benutzt, als echtes Gegenüber bei Problemen aller Art, ist das fatal für die Entwicklung des Kindes. Denn es gehört zur Kindheit, Verständnis Erwachsener zwar erwarten zu können, aber es darf umgekehrt nicht Aufgabe der Kinder sein, für die Eltern die Funktion einer Freundin, eines Partners oder gar eines sorgenden Elternteils übernehmen zu müssen. Eltern sollten sich also ihrer Rolle als Eltern und der Grenzen, die damit verbunden sind, bewusst sein.

Wir sollten unsere Kinder ernst nehmen in ihren Wünschen und sie nicht wegstoßen oder auslachen, wenn sie mit »Liebesfantasien« oder »Vernichtungswünschen« zu uns kommen. Und auf der anderen Seite müssen sie klar erfahren: »Der Platz des Partners oder der Partnerin der Mutter oder des Vaters ist besetzt und steht ihnen nicht zur Verfügung. Stattdessen gibt es einen anderen Platz, den der Tochter oder des Sohnes.«

»Diese Konfrontation mit der Realität kann für das Kind hart sein, sie unterstützt jedoch die Identifikation mit dem gleichgeschlechtlichen Elternteil und ermöglicht es dem Kind, Sicherheit in der eigenen Geschlechtsrolle als Mädchen oder Junge zu gewinnen.«[26]

LOTHAR KLEINSCHMIDT, SEXUALPÄDAGOGE, U. A.

Trost für alle Mütter, die sich zurückgesetzt fühlen: Ihre Position ist unbestritten. Seien Sie froh, wenn der Vater sich einmischt und die Tochter ein gutes Verhältnis zu ihm hat. Spätestens, wenn es um Themen geht, die speziell Mädchen und Frauen betreffen oder von denen Ihre Tochter weiß, dass Sie näher dran sind, wird sie Ihre Nähe suchen. Vorausgesetzt, sie spürt, dass Sie keine Konkurrenzgefühle ihr gegenüber hegen und sie, was sie sagt oder gerade beschäftigt, nicht abwerten. Jeder der Eltern besetzt für die Kinder einen anderen Platz.

Beide sind gleich wichtig. Wenn die Eltern sich gegenseitig wertschätzen und respektieren, umso besser für ihre Tochter. Sie lernt: Meine Mutter ist es wert, geliebt zu werden, mein Vater auch und somit ich selber auch. Viele Punkte für das Selbstwertgefühl!

Zwei Farben – ein Trick der Industrie

Wenn man als junge Mutter oder als junger Vater zum ersten Mal in große Spielwarengeschäfte kommt, kann einen beim Anblick der meterlangen rosa Regale buchstäblich der »Schlag« treffen. Rosa ist noch zu milde formuliert. Es handelt sich um ein knalliges Pink, das einem da entgegenleuchtet. Viele Eltern, mit denen ich gesprochen habe, finden es abschreckend und geschmacklos und versuchen, sich an den Regalen vorbeizustehlen. Und trotzdem, viele haben das Gefühl, dass man als Eltern einer Tochter gar nicht drum herumkommt:

> *»Ich halte dieses Rosa-Pink mit Absicht fern, aber ich mache die Beobachtung, wenn z.B. andere Mädchen da sind, und deren Puppenwagen ist rosa, das findet sie dann total chic. Es ist schon interessant, dass die auch so fixiert sind auf so eine Farbe.«*
>
> Selda, 42, drei Jungen, ein Mädchen

Früher war es genau umgekehrt

Wenn man Gemälde aus dem 18. oder 19. Jahrhundert betrachtet, kommt man mit unserer heutigen Farbwelt etwas durcheinander. Jungen, Erstgeborene oder Kronprinzen waren sehr häufig in

Rot gekleidet. Auch das Jesuskind, wenn es bekleidet dargestellt wird, hat in der Regel nichts Blaues an. Blau ist die »Marienfarbe«. Maria trägt beispielsweise auf Bildern von Albrecht Dürer oder Stephan Lochner einen blauen Schleier oder ein blaues Kleid.[27] Die belgische Prinzessin Astrid dekorierte 1927 in Erwartung eines Sohnes die Wiege »in der Jungenfarbe Rosa«. Rosa war das »kleine Rot« und das stand für Blut und Kampf und damit für Männlichkeit. Hellblau, »das kleine Blau«, war für die Mädchen vorgesehen.[28]

Heute gilt Pink als »typisch Mädchen« und dies oft mit dem Beigeschmack von » zickig«, »poppig« oder auch von »schwul«. »Pinkifizierung« nennen Wissenschaftler diesen »neuen alten« Trend, den sie der Spielzeugindustrie zuschieben. Die Autorin Carolin Wiedemann betont in ihrem FAZ-Artikel »Rosa Rollback«, dass die Produkte der Industrie bei den Eltern offensichtlich auf fruchtbaren Boden fallen.[29] Sie sieht einen »neuen Konservativismus«, der kleine Mädchen zu einem Stereotyp erziehe, das längst überholt schien.

»Pinkstinks« heißt eine »Kampagne gegen Produkte, Werbeinhalte und Marketingstrategien, die Mädchen eine limitierende Geschlechterrolle zuweisen«.[30] Verein gegen die »Pinkifizierung« nennen sie sich selbst. »Wir werben für alternative weibliche Rollenbilder für unsere Kinder«, heißt es auf der Website. Ein tapferes Anliegen. Klar ist: Die Spielzeugindustrie ist sehr interessiert an unterschiedlichen Produkten für Jungen und Mädchen, weil sie dann mehr verkaufen kann. Der kleine Bruder braucht die andere Farbe, also muss etwas Neues angeschafft werden und umgekehrt. Ganz simpel. Mit unterschiedlichen Farben ist auch der oder die Letzte darauf konditioniert, dass es sich hier entweder um Jungen- oder um Mädchenspielzeug handelt. Die Eltern wissen es. Die Mädchen lernen es von ihnen sofort. Die Jungs ebenso.

»Ich würde einem anderen Jungen nicht das Hello-Kitty-Prinzessinnen-Schloss schenken, das würde bei den Eltern blöd rüberkommen. Die würden sich fragen, was ich ihnen jetzt damit sagen will … Ich möchte auch keine rosa Puppe geschenkt bekommen, wenn ich einen Jungen habe. Das ist doch ein geschlechtsspezifisches Geschenk, und das ist das falsche Geschlecht, das das kriegt. … Allerdings bei Mädchen ist es nicht so strikt wie bei Jungs.«

NADINE, EINE TOCHTER

»Rosie« war schon mit 20 Monaten die absolute Lieblingsfarbe unserer Tochter. Wenn sie die Flasche bekommen sollte oder einen Trinkbecher, rief sie immer »Rosie, rosie«, um klarzumachen, welchen sie wollte. Trotzdem: Wir hatten nie rosa Pferdekutschen oder Puppenschlösser zu Hause und in der Wahl ihrer Kleidung hat sie sich eher immer gegen diese Farbe entschieden. Das »Rosa-Trauma« scheint eher eines von Müttern zu sein … Und zur Beruhigung: Selbst wenn, es geht vorbei.

Sei (k)ein braves Mädchen

Was ist, wenn Mädchen wütend sind? Welche Gefühle bei unseren Töchtern fördern wir? Und welche sind ein »No-Go«. Es passiert unbewusst. Die Klischees: »Indianer kennen keinen Schmerz« oder »Mädchen sind Heulsusen«, wirken wie Klischees, tatsächlich aber haben wir unbewusste Vorstellungen von der Gefühlswelt unserer Kinder und ermuntern oder bremsen sie entsprechend. »*Mädchen brauchen manchmal mehr so diese offene Zuwendung*«, ist sich Nadine, Mutter einer sechs Monate alten Tochter, sicher.

Dürfen Mädchen wütend sein? Bindungsforscherinnen haben herausgefunden, dass ab dem zweiten Lebensjahr Mädchen eher und kontinuierlicher als Jungen dazu ermutigt würden, bei emotionaler Beunruhigung Trost und Zuwendung bei Bezugspersonen zu suchen, während bei Jungen Ärger als Ausdruck emotionaler Belastung eher akzeptiert werde.[31] Schaut man sich an, wie unterschiedlich Mädchen und Jungen in Gruppen von Gleichaltrigen Streits und Konflikte bewältigen, verhält es sich mit der Aggression auch unterschiedlich: Mädchen mildern einen Streit lieber ab oder verlassen die Situation, Jungen gehen eher in eine offene, unter Umständen »aggressiv entgleisende Auseinandersetzung«[32].

»Wenn Jungen in einer Gruppe mitspielen wollen, dann gehen die dahin und versuchen sich gut darzustellen. Sie sagen: ›Ich kann das‹ – ›Ich kann auf jeden Fall mitmachen‹, und preschen gleich vor. Die Mädchen gehen hin und fragen: ›Darf ich mitspielen?‹«

Ursula Eggert, Erzieherin

Was machen wir, die Eltern und andere Erziehungspersonen mit Jungen und Mädchen anders?

»Wenn Jungs hinfallen dann würd ich eher zu denen sagen: ›Komm steh auf, ist schon o.k. – stell dich nicht so an.‹ Weil ich so was auch zu mir selber sage. Bei Mädchen würde ich fragen: ›Hast du dir wehgetan?‹«

Peter, 45 Jahre, zwei Töchter

Kleiner Eltern-Test:

Was sagen Sie zu Ihrem Sohn, was zu Ihrer Tochter?

»Guck mal, der große Bagger!«
»Möchtest du in den Tanzunterricht gehen?«
»Das ist aber ein schönes Kleid.«
»Komm, wir spielen Fußball.«
»Tob dich erst mal richtig aus.«
»Das kann man doch auch friedlich klären!«

Auch im Kindergarten wird braves Verhalten von Mädchen unterstützt:

> *»Wenn Mädchen anfangen zu raufen, dann sagt man eher: ›Moment mal, das ist doch nichts für Mädchen‹ – Wenn sie nach dem Essen die Tische sorgfältiger abwischen als die Jungs, bekommen sie Unterstützung und Bestätigung, die Jungen, die das mit weniger Sorgfalt machen, dürfen dann auch schneller ihrer Wege gehen.«*
>
> URSULA EGGERT, ERZIEHERIN

Mädchen brauchen also Erfahrungen, dass ihr Bewegungsdrang gefördert wird und dass Wut auch gut sein kann.

Lolita schon mit zwei

Welche Farbe ein Spielzeug hat, und ob die Mädchen mit Puppen oder mit Autos spielen, ist nicht entscheidend. Was die Mädchen in ihrem Selbstverständnis als Mädchen viel mehr beeinflusst, ist das Rollenbild, das sie glauben erfüllen zu müssen.

Das erfahren kleine Mädchen in erster Linie durch das, was die Eltern vorgeben und was sie bestärken. Aber auch durch das, was sie präsentiert bekommen: Wie sehen die Puppen aus, mit denen sie spielen? Haben sie den Körper von kleinen Kindern oder den von Topmodels? Haben sie kindliche Figuren und Kleider oder sind sie sexy modelliert und gekleidet?

Das nehmen sie wahr, ganz direkt. Es prägt unwillkürlich ihre Vorstellung davon, wie sie selber sein sollen. Sie lernen: Wie kann ich meinen Eltern gefallen? Denn das wollen sie unbedingt in diesem Alter. Schließlich sind sie abhängig von ihnen und ihrer Unterstützung. Sie verinnerlichen, was ihre Eltern an ihnen gut finden. Welche Kleidung möchten sie, dass ich sie trage? Sind es aufreizende, sexy Bikinis mit drei Jahren, die auch Teenager oder Erwachsene tragen, sind es Lackstiefel oder normale Kinderschuhe?

Für welches Aussehen und für welches Verhalten werde ich bestärkt? Wie wollen meine Eltern, dass ich herumlaufe? Und: Warum wollen sie das? Um meinetwillen, weil sie denken, dass es mir dann gut geht, oder um ihretwillen, weil es ihnen schmeichelt, wenn sie so ein herausgeputztes »Püppchen« vorzeigen können.

In Amerika gibt es Laufstege für Dreijährige und Schönheitswettbewerbe für Kleinkinder. Die Auftritte der kleinen als »Vamps« verkleideten Mädchen werden im Fernsehen übertragen. In der amerikanischen Fernsehsendung »Toddlers und Tiaras« (was so viel heißt wie: Kleinkinder und Kronen) posieren kleine Mädchen in Prostituierten-Outfits, mit angeklebten Brüsten und mit Fake-Zigaretten.

Mit Schrecken habe ich ein Foto von zwei kleinen Mädchen in der »Tageszeitung« gesehen. Bildunterschrift: »Die zweijährige Sophia (links) und eine Konkurrentin bei einem Schönheitswettbewerb für Kinder in Georgia/USA im April 2012«. Darauf waren zwei kleine Mädchen in Rüschen-Satin-Kleidern, mit weißen Schuhen mit Absätzen und mit Haaren zu sehen, die mit Haarteilen zu damenhaften Frisuren hochtoupiert waren. Wie zwei junge Eiskunstläuferinnen sahen sie aus, die eine rot, die andere hellblau. Natürlich trugen sie noch Windeln. Dass diese Kleinstkinder zu Puppen »aufgehübscht« anstatt zum Spielen angeregt werden, empfinde ich mehr als nur traurig. Abgesehen davon, dass sie ihrer Kindheit beraubt werden, sich von klein an über ihr Äußeres und die Bestätigung darüber definieren, sind sie gefährdet, weil sie natürlich nicht geschützt sind gegen Pädophile, die genau darauf »abfahren«. Gegen das, was die Medien präsentieren, was die Spielzeugindustrie und die Modeindustrie vorgeben, müssen wir unsere Kinder schützen, indem wir ihnen keine solche Kleidung kaufen, sie nicht auf den Laufsteg schicken und uns Gedanken darüber machen, für wen sie sich jetzt schön machen sollen. Denn das alles *hat* eine Wirkung auf das Rollengefühl der Mädchen.

Freie Mädchen

»Vier- bis Fünfjährige haben einen großen Bedarf an Geschlechtssicherheit, und was am meisten Geschlechtssicherheit liefert, sind Klischees: bei Mädchen z.B. der Wunsch, Prinzessinnen zu sein oder Schleifen im Haar zu tragen. In der Pubertät wirken Mädchen oft wie Karikaturen ihrer weiblichen Idole. Jungs haben dagegen lässig eine ›Fluppe‹ im Mundwinkel. Man muss sich finden. Und das tut man zuerst in Klischees. Die individuelle Ausprägung braucht später dann mehr Zeit. Da sollte man viel Verständnis haben als Eltern und sich nicht drüber lustig machen, wenn die Mädels und Jungs so rumlaufen.«[33]

Rainer Neutzling, Soziologe und Autor

Die Frage, ob man Kinder geschlechtsneutral erziehen kann und sie sich dann hinterher selbst für ein Geschlecht entscheiden können, haben wir schon angesprochen (siehe Seite 77 f.). Unter Wissenschaftlerinnen wird sie bis heute – oft kontrovers – diskutiert.

Geschichten von Kindern, deren Mütter versuchen, sie »geschlechtsneutral« zu erziehen, wirken auf mich oft traurig. Malin Björn, zum Beispiel, die ihr Kind »Charlie« großzieht, ohne jemandem zu erzählen, ob es ein Junge oder ein Mädchen ist, denn niemand soll es wissen, um entsprechend geschlechtsspezifisch zu handeln. Wo soll Charlie sich zugehörig fühlen? Wogegen oder wofür soll sie (oder er) sich entscheiden? Es wirkt wie ein Eiertanz, den die Mutter vollführt, offenbar um eigene alte Wunden zu heilen. Es wirkt, als hadere sie mit ihrem Geschlecht und der Rolle, die sie damit verbindet. Warum überträgt sie das auf ihr Kind?[34] Dieses Kind lernt: »Ich muss mein Geschlecht verstecken. Darüber darf nicht offen gesprochen werden. Es ist ein Geheimnis. Vielleicht ist irgendetwas daran nicht o.k., jedenfalls darf man nicht dazu stehen.«

Kinder, die sich über ihr Geschlecht unsicher sind, sind verunsichert. Kinder, die als Kinder eine klare Geschlechtsvorgabe hatten, die wussten: »Ich bin ein Mädchen«, »Ich kann Haarspangen tragen«, »Ich kann mir Zöpfe flechten« und meinetwegen auch »Ich darf rosa Kleider anziehen«, denn daran erkennt man in unserer Gesellschaft unter anderem ein Mädchen und das bin ich, fühlen sich zugehörig und erst mal sicher. Diese Mädchen sind dann später auch freier, sich zwischen »typisch« weiblich oder nicht zu entscheiden, als Mädchen, die mit einer Unsicherheit über ihre Geschlechtszugehörigkeit aufwachsen.

Der Wuppertaler Entwicklungspsychologe Hanns Martin Trautner fand heraus, dass schon einjährige Kinder weibliche und männliche Gesichter unterscheiden können und die entsprechenden Stimmen zuordnen. Bei Kindern zwischen drei und sechs Jahren nimmt die Frage, zu welchem Geschlecht sie gehören, extrem zu. Und Trautner fand in Längsschnittstudien heraus: Wer als Kleinkind seine Welt besonders klar in männlich/weiblich aufteilte, konnte später lockerer mit den Kategorien umgehen.[35] Das bedeutet nicht, dass wir an allen Rollenklischees festhalten sollten. Im Gegenteil, eigentlich gehe es doch nur darum, das Geschlecht als eine Art Groborientierung in einer »unübersichtlichen Welt« zu nutzen, meint Zeit-Autor Burkhard Strassmann. Man solle die Geschlechterdifferenz entspannter betrachten. So könnten »Mädchen, die als Prinzessinnen starten, als Feuerwehrfrau enden«.

Vielleicht hat die zweijährige Toni recht, wenn sie sich vorstellt, dass sie verschiedene Stadien durchlaufen wird: »Jetzt habe ich eine Scheide und später werde ich dann einen Penis haben.« Nehmen wir die Vorstellung von »Scheide« und »Penis« als Symbole für männlich und weiblich. Und gehen wir davon aus, dass es sich hier auch um Zuschreibungen handelt, wenn wir sagen, Männlichkeit ist »stark sein«, keinen Schmerz kennen, eindringend usw., und Weiblichkeit ist einfühlsam, verletzlich, aufnehmend. So können wir behaupten, dass jeder Mensch körperlich (bis auf sehr seltene Ausnahmen) zwar eindeutig einem Geschlecht zugehört, seelisch aber durchaus männliche und weibliche Anteile in sich trägt.

Coach

Ein wünschenswertes Ziel für ein erfülltes (Sexual-)Leben wäre es dann, als erwachsener Mensch seine männlichen und weiblichen Anteile zu integrieren und die geschlechtsbezogenen Klischees hinter sich zu lassen. Dabei können Eltern ihre Kinder auf verschiedene Weise unterstützen, indem sie

- sich mit ihrem eigenen Verhalten, den »geheimen Botschaften«, die sie an die Kinder »aussenden«, auseinandersetzen,
- überprüfen, ob sie vielleicht nonverbal, durch zu große Ängstlichkeit oder Fürsorglichkeit ihrer Tochter vermitteln, ein »braves« Mädchen zu werden,
- im Alltag vorleben, dass die Rolle, die jeder einnimmt, nicht statisch ist, sondern dass jeder Elternteil auch im Wechsel für bestimmte Aufgaben zuständig ist: Kochen, Putzen, Waschen, Geldverdienen, Kinderversorgen usw.,
- Kinderfreundschaften ermöglichen und fördern. Denn das ist wichtig, um aus der Elektra-Situation herauszukommen und um selbstständig und unabhängig von den Eltern zu werden.

Drei Rollen vorwärts

Sechs bis zwölf Jahre

Drei Rollen vorwärts

Sechs bis zwölf Jahre

Weitsprung

Vollgepackt mit ersten »Malen« ist die Zeit von sechs bis zwölf: »Mama kommt«, »Lisa kommt«, hat Jana nach kurzer Zeit ihrem erstaunten jüngeren Bruder vorgelesen. Einen Tag später machte sie ihr erstes Schwimmabzeichen: das Seepferdchen. Gleichzeitig dachte sie darüber nach, welches Kleid sie zur Hochzeit mit ihrem Kindergartenfreund tragen würde, und weinte, weil es auf dem Schulhof Ärger mit den anderen Mädchen gab und sie doch lieber wieder zurück in den Kindergarten wollte.

Dazugehören oder raus sein, das ist die wichtigste Frage, die die Mädchen beschäftigt. Sie entscheidet sich auf dem Schulhof. Wen mag ich und werde ich zurückgemocht? Werde ich aufgefordert mitzuspielen, wenn eine Gruppe beschlossen hat, Fangen zu spielen? Bin ich beliebt oder bin ich es nicht? Werde ich gehänselt wegen meiner Brille, meines Gewichtes, meiner Hautfarbe, meines Sprachakzents, meiner Klamotten? Oder mögen mich viele, weil ich immer so nett bin und in mir ruhe, oder einfach, weil ich oft Süßigkeiten dabeihabe, um Freunde zu finden? Wie bin ich? Wie entwickelt sich mein Körper? Wem gefalle ich und was muss ich dafür tun? Das sind große Fragen, die Mädchen schon früh beschäftigen.

Voller neuer Erlebnisse und Entwicklungen ist die Zeit zwischen sechs und zwölf, und eine Zwölfjährige hat mit einer Sechsjährigen fast nichts mehr gemeinsam.

Kurze Kindheit

In diesem Kapitel geht es schon um ganz viele Themen, die in früheren Mädchenbüchern erst später aufgetaucht sind. Zähne bekommen, Seilchen springen und körperliche Entwicklung zur Frau liegen bei manchen Mädchen dicht beieinander. Das hat damit zu tun, dass für Mädchen heute vieles früher stattfindet als noch vor dreißig Jahren: Mädchen entwickeln sich körperlich früher, von ihnen wird früher Leistung erwartet, sie beschäftigen sich früher mit ihrem Aussehen, mit ihrer sexuellen Identität und mit dem Erwachsenwerden. Sie sind mit mehr Fragen auf einmal konfrontiert und sie haben mehr Druck, allen Anforderungen, denen sie ausgesetzt sind, gerecht zu werden. Sie spüren die widersprüchlichen Erwartungen, dass sie gleichzeitig schön und brav, aber auch leistungsstark und durchsetzungsfähig werden sollen. Wie soll das gehen? Das macht Druck, den gleichaltrige Mädchen einer Generation vor ihnen noch nicht in dem Maße hatten. Und manche sind diesem Druck nicht gewachsen. Sie erleben Krankheiten, wie Essstörungen und selbstverletzendes Verhalten, die früher in ihrem Alter nicht vorkamen. Bereits Anfang der 80er-Jahre machen Wissenschaftler darauf aufmerksam, dass die Kindheit so langsam verschwindet. Der Medienwissenschaftler Neil Postman sah damals die Ursache dafür in der Verfügbarkeit der Medien. Das Fernsehen sei so etwas wie der »Untergang der Kindheit«.

Heute ist die Situation durch das Internet noch sehr viel zugespitzter. Dazu kommt, dass die Erwachsenen heute gar nicht mehr alles mitbekommen, was »im Netz« oder »online« passiert. Ein Beispiel ist das Internet-Portal Facebook: Ab 13 Jahren darf man dort Mitglied sein. Aber man kann mogeln und so haben die Forscher der neuesten KIM-Studie, die 6- bis 13-Jährige nach ihren Medienpräferenzen befragt haben, erfahren, dass die Lieblingsseite der Altersgruppe »Facebook« ist.[36] Kinder können heute durch die Medien mehr denn je an alle für sie beunruhigenden Inhalte gelangen.

Auch die Krankheiten, an denen Kinder heute leiden, haben sich gewandelt. Die klassischen Kinderkrankheiten wie Mumps, Masern, Röteln sind zurückgegangen, aber Krankheiten der Erwachsenen, wie Erschöpfungszustände, Nervosität, Unruhe, Magenverstimmungen und Schlafstörungen sind heute auch schon Kinderkrankheiten. Mädchen zeigen diese Symptome häufiger als Jungen.[37] Auch die neueste »Glücksstudie« von UNICEF kommt zu dem Ergebnis, dass bei uns etwas absolut nicht stimmen kann: Trotz materieller Chancen und Wohlstand, Bildung und geringer Arbeitslosigkeit in Deutschland sind die Kinder nicht so glücklich wie z.B. in Spanien, Portugal oder Slowenien. In der Rangliste »Lebenszufriedenheit von Kindern« landeten sie auf Platz 22.[38] Der Trend zu mehr Leistung, Optimierung des Aussehens, des Wohlstands, der Bildung scheint offenbar nicht der Schlüssel zum Glück von Kindern zu sein. Was sie besonders in diesem Alter brauchen, sind andere Zutaten. Einfache, klare, »menschliche« Lebensbedingungen: Wärme, Geborgenheit, Vertrauen, Zeit, offene Ohren, Unbeschwertheit von Problemen, die sie überfordern, die sie nicht verstehen und die ihnen Angst machen und stattdessen altersgemäße Herausforderungen.

Peter Adamson, der Autor der UNICEF-Studie mahnt dazu, die wichtigen Jahre der Kindheit, so gut es geht, zu schützen – im Sinne der Kinder und der ganzen Gesellschaft.

»Es wird immer etwas geben, das dringlicher erscheint als der Schutz des kindlichen Wohlbefindens. Aber es wird nie etwas Wichtigeres geben.«

Peter Adamson, Autor der UNICEF-Studie zu Kinderarmut 2013

Was im Kopf passiert

Die siebenjährige Elena möchte für ihren Freund Lukas ein Geburtstagsgeschenk aussuchen. Ihre Wahl fällt auf einen gefährlich aussehenden Drachen. »Aber so etwas gefällt dir doch gar nicht«, gibt ihre Mutter zu bedenken. »Aber dem Lukas gefällt das«, weiß Elena und sie möchte ja, dass *ihm* das Geschenk gefällt.

Die Denkleistungen werden komplexer und abstrakter: Kinder lernen, »um die Ecke« zu denken. Sie entwickeln die Fähigkeit, über ihr eigenes Denken nachzudenken, über sich nachzudenken, sie bekommen mit, dass die »wahren« Gefühle einer Person nicht unbedingt die sind, die diese Person zu zeigen versucht. Sie lernen, Mitgefühl zu zeigen und sich in andere Personen hineinzuversetzen, so wie Elena.

Zubeißen

Mit ungefähr sechs haben Kinder die ersten Wackelzähne – wie Omas und Opas sehen sie zwischendurch aus. Stolz zeigen sie sie wie erbeutete Skalps vor. Die Zahnfee kommt und dann wird's ernst. Neue, bleibende, »Erwachsenenzähne« wachsen.

Körperentwicklung

Die Körperproportionen haben nichts Kindliches mehr. Die Knochen wachsen, allerdings manchmal nicht so gleichmäßig, wie sie es sollen: Kinder werden erst mal dünn und schlaksig oder die Arme wachsen schon mal in die Länge, aber die Beine sind noch recht kompakt und bequemen sich erst später, länger zu werden. Erst in ein paar Jahren passt dann alles so zusammen und die Mädchen bekommen weibliche, rundlichere Formen.

Geschlechtssicherheit als Grundlage für Flexibilität

Moritz und Lia sind beste Freunde. Sie spielen zusammen und übernachten beieinander. Das ist besonders, auch für die anderen Kinder in der Klasse, denn die suchen sich zurzeit Freunde ihres Geschlechts aus und meiden eher die anderen. »Lia liebt Moritz« steht an der Tafel, aber das Paar ficht das nicht an. Sie mögen sich einfach gern. Und nach einer Zeit haben sich die anderen dran gewöhnt. Lia ist immer auf den Kindergeburtstagen bei Moritz eingeladen, als einziges Mädchen.

Mit sechs Jahren ist Kindern klar, dass das eigene Geschlecht unveränderbar ist. Die Orientierung an gleichgeschlechtlichen Freunden gibt ihnen Sicherheit. Sicherheit bei der Suche nach Antworten auf die Frage: Wie verhalte ich mich? Wie verhält »man« sich als Mädchen oder als Frau? Schon mit acht oder neun Jahren können die Kinder flexibler mit der Zuschreibung männlicher oder weiblicher Eigenschaften umgehen. Das bedeutet, dass sie offener dafür werden, gegengeschlechtliche Eigenschaften auch in ihr Selbstkonzept zu integrieren.[39] Wer sich sicher fühlt, kann auch ausprobieren.

Mädchen sind alltagstauglich

»Alltagstauglich«, »pflegeleicht«, »systemkonform«, so werden Mädchen in dieser Zeit von Erwachsenen beschrieben. Es klingt fast, als sei von einer praktischen Küchenoberfläche die Rede. »Glatt, unempfindlich, abwaschbar.« Wenn Erzieherinnen oder Pädagogen über fünf- bis sechsjährige Mädchen sprechen, ist manchmal herauszuhören, wie umgänglich viele sind. Was aber auch bedeuten kann, dass sie einfach weniger Arbeit machen, weniger anstrengend sind, leichter zu »ertragen« als eventuell laute, raufende, fordernde Jungen.

Erfahrene Erzieherinnen machen ähnliche Beobachtungen, wie Ursula Eggert:

> *»Mädchen hören besser zu, sind umsichtiger, achten mehr auf das, was um sie herum passiert, und sind im Alltag auch pflegeleichter. Die sind einfacher in eine Gruppe zu integrieren. Die sind eher in der Lage, auf andere einzugehen und sich auf eine Situation einzustellen.«*
>
> URSULA EGGERT, ERZIEHERIN

Manche Grundschullehrerin kommt zu demselben Schluss:

> *»Die Beteiligung am Unterricht ist von Jungen dominiert, weil die einfach lauter und schneller sind. Die Mädchen halten sich mehr an Regeln. Die zeigen auf und es gibt ganz viele, gerade im ersten Schuljahr, die zu Hause gelernt haben: ›Du musst dich melden‹, und die sind am Anfang schon regelbewusster als die Jungs.«*
>
> NORA SEIDEL, GRUNDSCHULLEHRERIN

Erzieherinnen und Lehrerinnen nehmen bei Grundschulmädchen hohe soziale Kompetenzen wahr. Sie können etwas, das manchen Managern mit fünfzig noch nicht gelingt. Auch Eltern staunen über das psychologische Geschick ihrer Töchter:

»Das soziale und emotionale Instrumentarium, das Mädchen zur Verfügung haben, Leute zu beeinflussen, ihre Meinung durchzukriegen, ist, glaub ich, erheblich besser ausgeprägt in diesem Alter als bei Jungen. Sie können unheimlich gut so Zwischentöne hören und dann reingrätschen.«

Johann, 42 Jahre, eine Tochter, ein Sohn

Für manche Eltern kündigt sich die enorme »soziale Kompetenz« ihrer Töchter noch früher an:

»Mir fällt im Moment so ein soziales Verhalten immer mehr auf, wo ich echt lachen muss. Das ist schon so eine Art Bemuttern, was sie selber macht, wenn kleine Kinder kommen oder Babys, dass sie sofort so achtsam ist und sie so ›betütert‹.«

Selda, 42, Jahre, 3 Jungen, ein Mädchen

Mädchen passen sich an. Sie ecken weniger an und »stören« weniger. Dadurch kommt es bei ihnen zu weniger »Reibungsverlusten« und sie kommen besser durch den fordernden Schul-, Familien- und Freizeitalltag. Das ist die positive Seite. Aber was ist mit ihrem eigenen Willen, ihrer Individualität, ihrer Durchsetzungsstärke, die sich so viele Eltern für Mädchen wünschen? Der Vater von zwei Töchtern sieht in der »Alltagstauglichkeit« und dem Bestreben seiner Tochter, »pflegeleicht« zu sein, die Gefahr, dass genau das nicht ausgebildet wird:

»Ich hab das Gefühl, dass die Mädchen oft sehr viel Über-Ich haben, also dass die sehr viel darauf gehen, Autoritäten zufrieden zu stellen. Ich merke das im Umfeld von meinen Töchtern. Wenn der Lehrer etwas sagt, ist es immer so: ›Wir machen dich glücklich und es soll keiner böse sein und so was.‹«

PETER, 44 JAHRE, ZWEI TÖCHTER

»Haben es Mädchen schwerer als Jungs?«, wollte ein Kind vom Herzfunk-Team des WDR-Kinderradios wissen. Ich habe andere Kinder nach den Antworten gefragt. Sie spüren deutlich, dass Jungen und Mädchen verschieden behandelt werden und unterschiedlichem Druck ausgesetzt sind:

»Sportlicherseits haben es die Jungen schwerer und die Mädchen hausarbeitlicherseits.«

PAUL, 9 JAHRE

—

»Also Jungs, die wollen, sag ich jetzt mal so, cool sein und deswegen wollen die halt bei den anderen Ansehen haben und sich schon mal den Platz nehmen und dann so halt: ›Hey, mein Revier‹ – das ist ja bei Tieren auch so.«

LARA, 9 JAHRE

»Mädchen müssen z. B. den Haushalt putzen oder auf die kleine Schwester aufpassen. Und die Jungs müssen halt Muskeltraining oder sonst was machen.«

BERIT, 10 JAHRE

Ein türkisches Mädchen findet sich gegenüber Jungs, die beschnitten werden, im Nachteil:

»Manche Jungs finden das Beschneiden nicht so toll und wollen das nicht machen, die trauen sich nicht. Deshalb gibt man Geld, weil dann wollen die sich einen Controller oder Wifi kaufen, dann machen sie es schon. Sie bekommen viel Geld von allen und können sich davon kaufen, was sie wollen. Da sind Jungen eigentlich voll im Vorteil.«[40]

SURAY, 9 JAHRE

Zicken sind »unten durch«

»Unsere kleine Zicke« hört man manchmal Eltern über ihre Töchter sagen. Ein Kommentar, der das Widerspenstigsein, das Bestreben, einen eigenen Willen zu haben und ihn auch durchzusetzen, nicht nur humorvoll, sondern auch abfällig bewertet. Ein solches Negativurteil brennt sich fest in den Köpfen der Mädchen ein. Es prägt ihr Bild von sich selbst und ihren Geschlechtsgenossinnen. »Zickenalarm«, »Zickenkrieg« sind abfällige Beschreibungen von Verhalten, das Jungen und genauso Mädchen bei Mädchen beobachten. Gemeint ist launisches, unberechenbares, überspanntes, eifersüchtiges, neidisches, arrogantes Verhalten. Ich habe Mädchen zwischen acht und zehn

Jahren gefragt, wie Mädchen sind, und ihr Urteil über sich selbst fiel nicht gut aus:

Mädchen über Mädchen

»Die Mädchen, die zicken sich meistens sehr viel an und streiten sich auch wochenlang und meistens weinen die dann auch viel zu Hause oder auch in der Schule.«

JOLINDE, 8 JAHRE

—

»Die Mädchen, die zicken sich immer an und das dauert dann auch manchmal Tage oder Wochen, bis die sich wieder vertragen haben.«

LARA, 10 JAHRE

—

»Die meisten Mädchen sind einfach zickiger und nehmen viel mehr ernst, und die meisten Jungs überlegen sich das vielleicht so'n bisschen und sagen: ›He, das war nicht so gemeint von mir‹, und dann geht das auch wieder, und die meisten Mädchen sagen z.B. auch: ›Es war nicht so gemeint von mir, aber du hast mich doch geschlagen‹, oder sonst was. Auf jeden Fall übertreiben Mädchen meist. Ich glaube, dass Jungen ein bisschen nicht so anhänglich sind, deswegen sind Mädchen auch manchmal ziemlich nervig, so als Klette.«

MERET, 9 JAHRE

»Zicken« sind weibliche Hausziegen. Man sagt ihnen nach, dass sie störrisch sein können und nicht so geschmeidig wie kleine Lämmlein. Sie wollen nicht so wie die anderen. Sie sind eigenwillig, haben einen eigenen Kopf, akzeptieren nicht alles so, wie es einem serviert wird, sie denken selber und finden neue, eigene Lösungen, sie sind kreativ. So könnte man das Verhalten auch bezeichnen, wird es aber in der Regel nicht: »Zickig« heißt immer auch: Die Umgebung hat es schwerer mit ihr, es läuft nicht alles so glatt, sie ist kompliziert, wenig geschmeidig, wenig liebenswert.

Interessanterweise kommen die Jungen bei den Mädchen besser weg:

»Die Jungs prügeln sich einfach mal ganz kurz und dann ist es eigentlich wieder o. k. Das hab ich immer beobachtet bei Jungen. Da schlägt man den einen einmal oder anders herum, dass man einfach sich mal kurz prügelt, und dann ist alles wieder gut.«

Sina, 9 Jahre

—

»Die meisten Jungs sind einfach lockerer. Sagen: ›Alles o. k., Mann‹ und dann sagt der andere: ›Ey, jo!‹ … also die suchen meistens nicht so viel aus ihrem Schönwortkasten.«

Sarah, 8 Jahre

—

»Die meisten Jungs sagen z. B.: ›Hey, das war nicht so gemeint von mir‹, und dann geht das auch wieder. Und die meisten Mädchen sagen z. B. auch: ›Das war nicht so gemeint von mir, aber du hast mich doch geschlagen.‹ Auf jeden Fall übertreiben Mädchen meist.«

Judith, 10 Jahre

> *»Ich glaube, Jungs trauen sich auch viel mehr als Mädchen.«*
>
> JESSICA, 9 JAHRE

Woran liegt das negative Selbstbild und woran das positivere Jungenbild vieler Mädchen? Vielleicht entsteht es darüber, dass Mädchen in ihrer Eigenwilligkeit oft nicht bestärkt werden, sie nicht lernen, dass aggressiv zu sein manchmal auch eine gute Sache ist. Vielleicht haben sie auch noch nicht erfahren, dass man geliebt werden kann, auch wenn man anders ist, eigenwilliger, besonderer. Eben »zickiger« im besten Sinne.

Der dänische Familientherapeut Jesper Juul sorgt sich um die Mädchen, die ihre Wut immer zurückhalten, keinen Ärger machen und schön brav funktionieren – für Eltern und Lehrer eine bequeme Angelegenheit.

> *»Ich sage immer: Seid nicht zufrieden mit den stillen Mädchen. Sie haben das geringste Selbstbewusstsein. Sie haben sich nie abgegrenzt und wurden dafür auch noch belohnt.«*[41]
>
> JESPER JUUL, FAMILIENTHERAPEUT

Remo Largo, Schweizer Kinderarzt und Vater von drei Töchtern, nennt die Mädchen »systemkonformer« und »angepasster«. Man könnte das auch positiv sehen: Sie kommen weiter, ohne anzuecken, sie können auch mit schwierigen Lehrern umgehen, sie kommen durch. Remo Largo sieht eine Verbindung zu den Grundschullehrerinnen, die ihrerseits gelernt haben, anpassungsfähig zu sein. »Sie hinterfragen das System kaum – zum Nachteil der Kinder«, findet er.[42]

Demnach hat das Angepasste der Mädchen eine lange Tradition. Die Lehrerinnen zeigen den Mädchen ein Verhalten, von dem sie selbst erfahren haben, dass man damit gut zurechtkommt. Was soll daran schlecht sein? Das ist Überlebensstrategie. Einerseits. Andererseits können wir die Mädchen aber auch bestärken, dass ihre Wut manchmal absolut o.k. ist. Dass es gut ist, einen eigenen Willen zu entwickeln. »Reg dich ruhig mal auf, wenn dir etwas nicht gefällt«, ist ein Satz, den manche Mädchen ab und zu hören sollten. Ja, in manchen Situationen sind Wut und Aufregung und Aggression genau richtig – auch bei Mädchen.

Wie wäre es, »zickige« Mädchen, also Mädchen, die auch mal »Nein« sagen, die nicht so wollen, wie sie sollen, ernst zu nehmen? Sie nicht stehen zu lassen oder abzuwerten, sondern sie zu fragen: Wie könnte dein Weg sein? Wie kann ich dir dabei helfen?

Mädchen sind schlau

Aufgeregt und voll stolzer Erwartung fiebern die meisten Mädchen ihrem ersten Schultag entgegen. Dann kommt der große Tag und die Schultüte im linken Arm, die Finger von Mama oder Papa fest in der anderen Hand gehen sie ihrem neuen Lebensabschnitt entgegen. Kleinkindzeit »Ade«.

Die Schule ist heute »Arbeitsplatz«, »Ort für Freizeit« und »Prüfungsarena«, der Ort, an dem die Kinder bewertet werden – von Lehrern und von ihren Mitschülern.

Was sich hier alles abspielt, bestimmt das Wohlgefühl der Mädchen in hohem Maß. Wobei das Ziel von Schule zumeist darin besteht, dass Kinder ständig beurteilt werden, dass sie schon früh »Zensuren« bekommen, der Anpassungsdruck ist an den meisten Schulen also enorm. In dieses Raster passen sich viele Mädchen ein, was wiederum bedeutet: Für viele Mädchen läuft es in der Schule ziemlich gut …

Dieser – vermeintlich – messbare Erfolg ist ablesbar an Noten, Abschlüssen oder »Sitzenbleibern«. Und da haben die Mädchen überall die Nase vorn:

- Mehr Mädchen als Jungen schaffen einen Schulabschluss und umgekehrt mehr Jungen als Mädchen verlassen die Schule ohne einen Abschluss.
- Mehr Jungen als Mädchen bleiben sitzen.
- Mehr Jungen werden auf Förderschulen geschickt.
- Mehr Mädchen als Jungen machen Abitur.
- Mehr Mädchen werden frühzeitig eingeschult.[43]

PISA – ein Unwort für manche Bildungsexperten, ein Maßstab für andere. Tatsache ist: PISA misst schulischen Erfolg, mathematische und sprachliche Kompetenz, naturwissenschaftliche Fähigkeiten. Und auch da schneiden die Mädchen ziemlich gut ab, vor allem, was ihre Lesekompetenz angeht: Mädchen lesen besser als Jungen, ist das eindeutige Ergebnis in Deutschland und in anderen Ländern. In Mathe ist es andersherum, da schneiden die Jungs besser ab, aber der Abstand zwischen Jungen und Mädchen ist nicht so groß – 12 Punkte. Beim Lesen beträgt der Vorsprung der Mädchen 39 Punkte, das ist mehr als die Hälfte einer Kompetenzstufe oder eines Schuljahres.[44]

Für Mädchen ist das eine gute Nachricht. Mathe- oder Lese-Gen – wer weiß es, aber was wir wissen: Die Eltern von Mädchen lesen ihren Töchtern mehr vor und sie lassen sich von ihnen mehr vorlesen. Auch das hat der Bildungsbericht 2012 zutage gefördert. Und das bedeutet: Intelligenz, Erfolg sind nicht ausschließlich angeboren, sondern Fähigkeiten können trainiert werden. Und da sind Mädchen gut: Sie haben mehr Geduld, mehr Ausdauer, sich mit Themen auseinanderzusetzen, sie bleiben eher dran und das zeigt sich vor allem sprachlich:

»Mädchen im Grundschulalter sind verbal sehr viel stärker als Jungs. Sie sind viel geschulter darin, Dinge zu verbalisieren und zu diskutieren. Sie können z. B. leichter schildern, was war.«

VERA LEHNINGER, GRUNDSCHULLEHRERIN

In Mathe ist es nicht so eindeutig. Der neunjährige Leon zieht daraus nicht den Schluss, dass Mädchen schlechter rechnen können, sondern, dass sie es einfach anders machen:

»Manche Mädchen denken eben anders als Jungs. Ich will jetzt nicht sagen, dass die nicht gut rechnen können oder so, aber z. B. wir nehmen immer die leichteren Rechenwege und die nehmen immer die kompliziertesten. Zumindest ist das bei uns in der Klasse bei den meisten so.«

LEON, 9 JAHRE

Die Ausdauer, mit der sich manche Mädchen die Schule vorknöpfen, kann manchmal sogar beängstigend sein. Es gibt Mädchen, die muss man eigentlich zurückpfeifen. Bei uns war das sehr klassisch: Bei unserer Tochter hatten wir immer das Gefühl, ihr Druck nehmen zu müssen, wenn sie abends um 10 Uhr noch über ihren Büchern hing. Bei unserem Sohn hatten wir das Gefühl, dass für ihn das Lernen für die Schule eher eine Art »Nebentätigkeit« war.

»Meine Tochter kann schon lesen«, freuen sich manchmal Eltern von Fünfjährigen. Sie spüren die Leistungsstärke und den Wissenshunger ihrer Mädchen bereits vor der offiziellen Schulreife und sehen diesen Eifer als Zeichen, dass ihre Tochter schon mit fünf in die Schule »muss«. Frühe Einschulung, das wissen erfahrene Grundschullehrerinnen, ist in der Regel keine gute Idee. Schulisch schaffen die Mädchen das oft ganz gut. In den ersten Jahren sind sie – auch wenn sie jünger sind als der Rest der Klasse – oft leistungsstark. Aber Leistung ist nur die eine Seite. Die Mädchen werden unter Umständen auch der Erfahrung beraubt, mal die Älteste zu sein, mal locker eine Sache hinzukriegen. Sie sind eher darauf gepolt, es zu schaffen, so wie die anderen, die Älteren eben. Es ist durch die Schulzeit hindurch oft ein Hinterherlaufen – kein sicheres »Im Sattel sitzen« und »Souverän auch mal den anderen helfen können«. Das Lebensgefühl ist: gucken, dass ich mithalten kann, wenn nicht schulisch, dann in jedem Fall in der sozialen Entwicklung.

Lehrer lieben Mädchen

In der Schule zahlt sich die »Pflegeleichtheit« der Mädchen aus: »Lehrer bevorzugen Mädchen«, sind sich manche Schulexperten sicher:

Der Kinderarzt Remo Largo bedauert, dass Lehrer heute Schüler wollen, die keine Probleme machen: Mädchen nämlich.

> *»Lehrer wollen Kinder, die angepasst, ordnungsliebend, fleißig, zuverlässig sind, die erzieherisch keine Probleme machen. Und das sind tendenziell eher Mädchen.«*[45]
>
> Remo Largo, Schweizer Kinderarzt, drei Töchter

Und: Das Auge beurteilt mit. Lehrer können häufig schon an der äußeren Form einer abgegebenen Klassenarbeit erkennen, ob sie von einem Jungen oder einem Mädchen stammt:

»Das Schriftbild von Jungen und Mädchen unterscheidet sich stark. Die Jungs haben oft feinmotorische Schwierigkeiten, weil die eben nicht wie die Mädchen malen, schneiden und basteln. Ausmalen ist für die meisten Jungs ein Gräuel.«

Vera Lehninger, Grundschullehrerin

»Lehrer haben Angst vor Kontrollverlust. Wenn der Unterricht gestört wird, etwa durch eine blöde Antwort eines Jungen, dann kommt er aus dem Takt, das hält auf. Also fragen Lehrer lieber die Mädchen«, analysiert Schulpsychologe Detlef Berg. Das hat mit den Mädchen nichts zu tun, aber sie profitieren davon.

Und Schüler bestätigen das:

»Die Lehrerinnen halten immer zu den Mädchen, immer. Die Mädchen sagen sogar selbst, dass sie bevorzugt werden, aber sie können natürlich nichts dafür.«[46]

Emil, 13 Jahre

Das erfahren auch Grundschullehrerinnen:

»Ich kann mich an eine Situation erinnern, da haben mir Jungs mal gesagt, ich würde die Mädchen bevorzugen, ich würde sie öfter drannehmen. Da bin ich wirklich in mich gegangen und hab gedacht: ›Da muss ich mich dann doch mehr kontrollieren.‹«

Nora Siedler, Grundschullehrerin

Nicht nur manchen Lehrerinnen sagen Schüler und Schülerinnen nach, dass sie Mädchen bevorzugen, mit männlichen Lehrern empfinden es Jungs nicht anders. Sie fühlen sich qua Geschlecht im Nachteil.

»Mädchen sind schulklüger«, ist das Fazit, das Detlef Berg, ehemals Professor für Schulpsychologie in Bamberg zieht. Darin liegt ein Zwiespalt: Sie packen, was gefordert ist, sie können sich anpassen, sie sind fleißig, sie halten dem Schuldruck stand, ohne zu murren, aber: Sind sie auch kreativ, eigenständig, unabhängig, selbstbestimmt? »Schulklug« zu sein scheint das Gegenteil von lebensklug … zumindest, wenn es um das Ansehen der »guten« Mädchen geht. Dann nennt man sie schneller »ehrgeizig« oder »fleißig« als »begabt« und »kreativ«.

Die 11-jährige Lisa ist ziemlich gut in der weiterführenden Schule, sie erhält bessere Noten als in der Grundschule. Einser und Zweier schmücken ihr Zeugnis und sie ist stolz darauf – eigentlich. Die Mutter ihrer Klassenkameradin Sina hat davon gehört, dass Lisa gut ist und besser als ihre Tochter zuweilen, in Noten gerechnet jedenfalls. Sie spricht mit Lisas Mutter darüber und sagt: »Die Lisa ist ja ziemlich ehrgeizig … Sina ist auch nicht schlecht, aber sie lernt nicht, die macht das so mit links.«

Ehrgeiz und Fleiß sind keine »coolen« Kompetenzen. Die muss man eher verstecken. Mädchen bekommen sie häufig angehängt, wenn sie engagiert für die Schule lernen. Der Subtext lautet: Sie ist nicht intelligent, sie ist eine Arbeitsbiene – langweilig, unkreativ, unlocker.

Trotz guter Schulnoten haben Mädchen häufig nicht das Gefühl, dass sie wirklich gut sind. In Untersuchungen zeigt sich, dass sie selbst ihre Leistungsfähigkeit schlechter einschätzen, als Jungen das tun.[47] Und, wenn ihnen etwas nicht so gut gelingt, neigen sie sehr viel eher dazu, sich selbst die Schuld zu geben, ihre fehlende Kompetenz dafür verantwortlich zu machen, als äußere Umstände. »Mir ist die Arbeit nicht gelungen, ich kann einfach nicht rechnen«, wäre eher ein Mädchensatz, als: »Die Arbeit ist schlecht ausgefallen, der Lehrer stellt einfach Aufgaben, die nicht wirklich im vorbereitenden Unterricht vorgekommen sind.« Jungs würden eher so antworten und damit schützen sie ihr Selbstwertgefühl.

Coach

Was erwarten wir von unseren Töchtern? Unsere Erwartung bestimmt unser Verhalten und das wiederum »saugen« die Mädchen auf. Wenn wir erwarten, dass sie in Mathe sowieso schlecht abschneiden, werden wir sie auch nicht anspornen, ihnen nicht das Gefühl geben: »Du bist gut in Mathe, du packst das.« Mit welchem Gefühl gehen sie dann in die Arbeit? Der Schulpsychologe Berg verweist auf Untersuchungen, in denen gezielt die Erwartungshaltung an Mädchen in Bezug auf Mathe geändert wurde. Das Ergebnis: »Die Mädchen wurden besser in Mathe.«[48]

Wenn es nicht gut läuft

… kann das vielfältige Gründe haben. Ist meine Tochter überfordert mit dem Stoff? Oder ist sie überfordert mit der schulischen Situation? Gibt es Lehrerinnen oder Lehrer, mit denen die Chemie überhaupt nicht stimmt? Ist sie in die Klassengemeinschaft eingebunden, steht sie allein da? Hat sie Sorgen zu Hause? Gibt es Streit zwischen den Eltern oder zwischen ihnen?

Schlechte Schulnoten sind kein Beinbruch: Im Gegenteil, sie zeigen uns möglicherweise, dass es gute Gründe dafür gibt, nicht gut zu sein, und dass wir als Eltern vielleicht auf andere Bereiche als die Schule gucken müssen. »Bei einer Fünf gibt es ein Eis und bei einer Sechs gehen wir zusammen ins Café Kuchen essen«, hat meine Mutter uns versprochen, als wir in der Schule waren. Ich hab es einmal ausprobiert. Eine Sechs in Französisch bescherte mir einen wunderbaren Nachmittag mit meiner Mutter im »Stadtcafé«. Ich durfte mir ein Stück Kuchen aussuchen, hatte meine Mutter ganz für mich allein und wir haben über die Welt geplaudert. Das war meine einzige Sechs. Die Nachricht, die Eltern an ihre Töchter mit einer solchen »Regel« senden, signalisiert: »Wir sehen dich als Menschen und nicht als Maschine, die gute Noten ausspucken muss. Wir sind daran interessiert, wie es dir geht, und im Café reden wir darüber und nicht über Schulnoten.«

Mit Stolz geölt

Wie können wir unsere Kinder denn motivieren?, fragen sich Eltern häufig, wenn sie über die schlechten Schulnoten ihrer Kinder zu verzweifeln drohen. »Meine Tochter bekommt ein Handy, wenn sie die Klasse schafft«, sagt eine Mutter. Ein Vater droht: »Wenn meine Tochter die Klasse nicht schafft, darf sie nicht mit in den Urlaub.« Motivation funktioniert aber nicht langfristig über Belohnung und Bestrafung. Belohnungen ziehen immer größere Belohnungen nach sich. Bestrafungen wiederum sind demotivierend. Sie machen lediglich deutlich, wer die Macht hat. Wodurch Kinder nicht lernen, dass sie aus eigener Kraft etwas schaffen können. Das Einzige, was wirklich hilft, ist, dass wir die Kinder in dem bestärken, was gut läuft. »Vom Guten mehr« ist die Devise, die Kinder motiviert. »Du hast etwas geschafft, aus deiner Kraft, herzlichen Glückwunsch!«, ist eine motivierende Aussage, die Eltern einem Kind gegenüber machen können, wenn es anstatt einer Vier wie bisher eine Drei geschrieben hat. Und zwar ohne Wenn und Aber, das heißt, ohne diese Aussage wieder durch einen Zusatz wie »… es könnte aber noch besser werden« kaputt zu machen. Das bewirkt das Gegenteil, es zerstört die Freude und den Stolz gleich wieder. Und Stolz ist das beste Schmieröl für die nächste Arbeit.

Coach

Eines gilt für alle Mädchen: Keiner sind die Noten egal. Eine schlechte Note macht jeder etwas aus und ist Bestrafung genug. Da müssen Eltern nicht noch mal nachlegen, da ist Trost angesagt. Bei einer guten Note geizen Sie nicht mit Lob. Der Stolz der Eltern beflügelt die Kinder sehr. Und wenn sie sich etwas wünschen von ihren Eltern, dann wünschen sie oft das, was Kinder und Jugendliche jeden Alters sagen, wenn man sie fragt, was sie sich von ihren Eltern wünschen: »Dass sie stolz auf mich sind.«

Im Sport gut – aber …

»… die Jungs hinter den sieben Krafttrainern, auf den sieben Fußballfeldern, sind noch tausendmal besser als ihr«.

Mädchen sind kleiner als Jungen, im Durchschnitt um 13 cm, das ist ungefähr ein halber Kopf. Jungen haben mehr Muskeln als Mädchen. Ein Junge, der dreißig Kilo wiegt, hat ungefähr 12 Kilo Muskeln, ein Mädchen, das 30 Kilo wiegt, hat nur 9 Kilo Muskeln. Das sind die körperlichen Fakten – klar, dass Jungs stärker sind. Klar, dass sie den Mädchen überlegen sind in allen Sportarten, in denen es auf Kraft ankommt. Aber: Muskeln kann man trainieren, wenn man möchte, und Jungs trainieren mehr. Und auch das hat verschiedene Gründe: »Mädchen müssen schön sein, Jungen müssen stark sein«, das sagen Jungen und Mädchen selbst, wenn sie gefragt werden, das haben sie erfahren, zu Hause, auf dem Schulhof, im Sportverein, im Fernsehen. Also: Jungen sind stärker, aber sie müssen es auch sein, es wird erwartet. Und es kommt noch etwas dazu, nämlich dass Eltern es meistens toll finden, wenn ihr Sohn sportlich ist. Und dass sie es gut finden, wenn Jungen im Spiel gegeneinander kämpfen und sich auf dem Bolzplatz dreckig machen.[49]

Tatsache ist: Jungen sind häufiger im Sportverein als Mädchen. Jungen werden eher gebeten, nach dem Sportunterricht noch die Bänke wegzutragen, und Mädchen werden die Einkaufstaschen eher abgenommen als Jungen. Das heißt: Die Muskeln von Mädchen werden im Alltag eher geschont als trainiert. Mädchen, die trainieren, werden auch stärker und Jungen, die nicht trainieren, haben nicht so viel Kraft.

Mädchen und Frauen im Sport

54 % der Mädchen zwischen 7 und 18 Jahren sind in einem Verein sportlich aktiv (75 % der Jungen). Nur ungefähr 20 % der Mädchen mit Migrationshintergrund treiben Sport. Mädchen wählen eher Breiten- und Freizeitsportarten wie Fitness, Gymnastik, Reiten, Tennis, Schwimmen und Tanzen. Aber: Immer mehr junge Frauen spielen Fußball und trainieren Selbstverteidigung. Im Spitzensport sind die Frauen gut vertreten: Im Olympiateam gewinnen Frauen knapp die Hälfte der Medaillen.[50]

Im Alltag beobachten Jungen und Mädchen, dass sie selbst ganz deutlich Unterschiede machen, wenn es um das sportliche Ansehen von Jungen und Mädchen geht. Selbst wenn sie Mädchen als gut im Fußball erkennen, ist es noch ein großer Schritt, sie auch so zu nehmen und beispielsweise auszuwählen, wenn sie Mannschaften bilden.

»Die Mädchen haben es schon schwerer, in eine Fußballmannschaft zu kommen, weil die Jungs denken: ›Mädchen können noch gar nichts‹, obwohl z. B. Nina und Rosa schon gut Fußball spielen können.«

LEON, 8 JAHRE

In der Sportpädagogik werden die körperlichen Unterschiede von Mädchen und Jungen berücksichtigt. Mädchen müssen nicht so schnell laufen, nicht so weit springen, nicht so weit werfen, um eine Urkunde bei den Bundesjugendspielen oder eine gute Note zu bekommen. Andererseits dürfen Jungen auch mehr toben – bei Mädchen wird das nicht gerade gefördert:

»Bei Jungen hat man mehr Verständnis, wenn sie sich bewegen wollen. Sie dürfen raufen. Wenn Mädchen anfangen zu raufen, dann sagt man: ›Moment mal, das ist doch nichts für Mädchen.‹«

URSULA EGGERT, ERZIEHERIN

—

»Mit Mädchen kannst du in den Märchenwald gehen, Jungs, wenn da nicht zwischendurch ein Klettergerüst ist oder ein Bolzplatz, dann langweilt die das.«

SABINE H., GRUNDSCHULLEHRERIN

Aber, was ist mit Fußball? Bezeichnenderweise heißt es »Frauenfußball« – in Abgrenzung zu Fußball, den die Männer spielen. Es war ein Fest, die Frauenfußball-WM in Deutschland – auch wenn es nicht zu einem Spitzenplatz für die deutschen Fußballerinnen gereicht hat. Mädchen waren stolz und verabredeten sich zum Public Viewing. Ein echter Leuchtstreif am Fußballhimmel, trotz abwertender Kommentare, auch in den Medien: »Ist Fußball wirklich eine Frauensportart? Darüber kann man diskutieren, ich bin ein toleranter Mensch. Bitte, wenns ihnen Spaß macht«, äußerte sich Exnationaltorwart Oliver Kahn in einem Interview der Abendzeitung.[51]

ARD-Moderator Michael Antwerpes kommentierte: »Fußball-WM der Frauen ist, wenn man trotzdem Spaß hat.«[52]

Aber auch Frauen machten öffentlich Witze über die Frauen auf dem Rasen, ein Armutszeugnis über ihr eigenes Selbstbewusstsein. So versuchte die Comedian Caroline Kebekus im Vorfeld der Fußball-WM, sich auf Kosten der Fußballerinnen ein paar Lacher zu sichern. Der Frauenfußball sei uninteressant, das merke man daran, dass die Stadien und auch die Presseplätze leer seien, Fußballerinnen seien unweiblich, kein Mann werde in die Kabine kommen.[53]

Interview mit der ehemaligen Fußball-Nationalspielerin Steffi Jones über Fußball und Mädchen

Steffi Jones
hat 31 Jahre lang Fußball gespielt, spielte 16 Jahre lang in der Bundesliga, war von 2008 bis 2011 Präsidentin des Organisationskomitees für die Frauenfußball-WM 2011 und ist heute Direktorin beim Deutschen Fußballbund (DFB). Dort ist sie für den Frauen- und Mädchenfußball zuständig.

Wie sind Sie zum Fußball gekommen?

Erst mal durch meinen drei Jahre älteren Bruder und dann durch die Jungen im Kindergarten. Mit denen hab ich, seit ich vier Jahre alt war, auf dem Fußballplatz gespielt und in diesem Alter bin ich auch direkt in einen Verein gekommen, zum SV Bonames. Da habe ich bis zur C-Jugend als einziges Mädchen zehn Jahre lang in der männlichen Jugendmannschaft gespielt.

Wie war das für Sie, als einziges Mädchen?

Das war für mich normal. Meine Mutter fand es nicht so gut. Sie fand, dass Fußball eine Sportart ist, die nur Jungs ausüben sollten. Bis ich dann in eine Frauenmannschaft gewechselt bin, hat meine Mutter gar nicht gewusst, dass Frauenfußball überhaupt existiert.

Was hätte Ihre Mutter lieber gesehen, dass Sie machen?

Das war zur Zeit von Boris Becker und Steffi Graf und meine Mutter wollte gern, dass ich Tennis spiele. Das habe ich auch gemacht, aber Fußball hat mir mehr Spaß gemacht.

Was hat Sie fasziniert am Fußball?

Mir hat es gut gefallen, dass es ein Mannschaftssport ist. Man spielt gemeinsam auf einen Sieg. Wenn eine mal ausfällt, können die anderen das kompensieren.

Hat sich die Haltung Ihrer Mutter gewandelt?

Ja, sie hat dann ja irgendwann mitbekommen, dass Frauenfußballmannschaften existieren. Sie hat gemerkt, dass das toll für mich ist, dort zu spielen, dass man dort auch soziale Kompetenzen lernt und geistig reift, und sie hat gemerkt, dass ich in der Schule gut bin.

Wer hat Sie unterstützt?

Mein älterer Bruder natürlich. Er war sehr stolz auf mich und mein jüngerer Bruder ist auch sehr stolz. Ich hatte aber auch einen sehr starken Sportlehrer, der mich unterstützt hat. Er hat meiner Mutter auch gesagt, dass ich ein großes Talent hätte, und dann hat mich die erste Trainerin unterstützt, die mich bei den Jungs entdeckt hat.

Haben Sie mal abfällige Bemerkungen darüber gehört, dass Sie als Mädchen Fußball spielen?

Das gibt es immer wieder, Menschen die Frauenfußball nicht toll finden. Das respektiere ich. Was ich nicht mag, sind diese Klischees, wenn jemand pauschal sagt: »Mädchen, die Fußball spielen, sind alle so oder so.« Ich selbst war Spielführerin und ich war anerkannt. Für mich war es als Kind normal, Fußball zu spielen. Erst später war es etwas Besonderes.

Was brauchen Mädchen, wenn sie diesen Weg gehen möchten?

Sie brauchen die Unterstützung ihrer Eltern, der Familie und ihrer Freundinnen und Freunde und natürlich ihrer Trainerin oder ihres Trainers. Und es gehört Glück dazu. Es gibt viele richtig talentierte Mädchen, aber in einem Kader spielen nur 25 bis 30 Mädchen. Da muss man auch das Glück haben von den Fußbal-Scouts gesehen zu werden.

Was wünschen Sie Mädchen heute, die Fußball spielen wollen?

Wenn Mädchen heute anfangen, sollen sie Spaß haben. Ich wünsche ihnen, dass sie daraus Kraft schöpfen und Stärke und Mut. Durch das Fußballspielen kann man sehr viel an Selbstbewusstsein und Selbstvertrauen gewinnen, weil der Fußball einem Erfolge gibt. Und das ist wichtig für den Job, für die Schule, die Ausbildung und für das Privatleben. Und: Aus Fehlern lerne ich mehr, als wenn ich ein Tor schieße und alle jubeln.

Würden Sie Eltern etwas empfehlen?

Ich würde ihnen nicht in die Erziehung reinreden. Es ist immer schön, wenn Kinder selber auswählen dürfen, was sie machen möchten. Der Spaß am Fußball kommt von selber.

Asse im »Seiltanz«

Wenn einem auf dem Bürgersteig Einradfahrerinnen entgegenkommen, die sich geschickt und gewandt in die Pedale tretend auf einem Rad fortbewegen, kann man ahnen, wie viel Körpergefühl, Geschicklichkeit, und Rhythmusgefühl dazugehören, wenn sie wie Zirkusartistinnen durch die Stadt radeln. Ich hab es ein paarmal versucht, keine Chance, aber viele junge Mädchen haben großen Spaß daran und balancieren sich lachend und stolz durch die Welt. Und sie sind gut darin:

Im Alter zwischen sechs und zwölf ist die Lust, sich zu bewegen, im Vergleich zu anderen Lebensabschnitten besonders ausgeprägt. Gleichgewichtssinn und Bewegungskoordinationen, Geschicklichkeit und Rhythmusgefühl werden weiter ausgebildet. Radfahren, Schwimmen und Rollschuhlaufen sind gute Möglichkeiten, genau das zu trainieren. Natürlich gibt es auch junge Mädchen, denen der Schrecken im Gesicht steht, wenn es zur Schlittenpartie gehen soll. Oft hat das den Grund, dass sie in Bezug auf ihren Körper unsicher sind, dass der Umgang mit ihrem Körper für sie nicht selbstverständlich ist. Vielleicht weil sich manche Eltern selbst nicht so für Sport und Bewegung interessieren, weil sie nicht um die Bedeutung wissen oder weil sie selbst ängstlich und wenig körperbetont erzogen wurden, wissen sie nicht recht, wie sie es ihren Kindern nahebringen sollen. Und natürlich spielt auch die körperliche Konstitution eine Rolle.

Mädchensport auch in Saudi-Arabien

In Saudi-Arabien wurde erst im Mai 2013 den Mädchen an privaten Schulen erlaubt, Sport zu treiben. Unter der Voraussetzung, dass die Scharia, das islamische Recht, beachtet wird und die Mädchen sich an »angemessene Kleidungsvorschriften« halten.[54]

Wie wir Mädchen begegnen

»Bei Sportarten sind Mädchen sehr eingeschränkt, da sie keinen Verein finden können und andere Sachen machen, wie FIFA zocken, weil dann ihre Freundinnen sagen würden, dass sie ein Junge wären, und wenn Mädchen Fußball spielen, werden sie direkt als Mannweiber beleidigt.«

Olaf, 13 Jahre

Das Bild, das wir von kickenden und FIFA-zockenden Mädchen haben, hat eine Wirkung darauf, wie wir ihnen begegnen, wie offen wir sie fördern und herausfordern.

Die Tatsache, dass Jungen mehr raufen und Mädchen länger brav auf dem Stuhl sitzen, ordentlich arbeiten und selbst im Sportunterricht beherrschter sind und sich gesittet auf den Boden setzen, anstatt sich durch die Halle zu schmeißen, die Tatsache auch, dass die Jungs stärker sind und im Vergleich oft höhere Leistungen erzielen als die Mädchen, aber auch, dass sie offenbar ehrgeiziger sind, wenn es um Sieg oder Niederlage geht, ruft bei Lehrern und Eltern entsprechende Reaktionen hervor. Manche Mädchen fühlen sich zu Recht zurückgesetzt, wenn die Sportlehrerin, vielleicht in der Absicht, einigermaßen leistungsmäßig ausgewogene Mannschaften zusammenzustellen, die Mädchen als Mannschaftsführerinnen gar nicht in Betracht zieht:

»Meine Sportlehrerin lässt immer Jungs die Teams wählen und Jungs müssen auch zuerst gewählt werden.«

Clara, 14

Und Eltern bringen ihrer Tochter eben das nah, was sie selber aus ihrer Jugend kennen und schätzen gelernt haben:

»Ich würde meiner Tochter zuerst mal eine Tanzgruppe anbieten, weil ich das selber auch gemacht habe, und es hat mir Spaß gemacht. Aber wenn sie sagt oder wenn ich merke, das ist nix, dann würde ich sie schon fragen: Möchtest du vielleicht Fußball machen oder Handball? – da hätte ich auch kein Problem mit.«

Siba, 32, eine Tochter

—

Was wir den Kindern entgegenbringen, ist das eine, was sie machen, ob ursächlich oder als Reaktion, zeigt sich aufmerksamen Sportlehrerinnen sehr deutlich:

—

»Wenn ich im Sportunterricht die Kinder wählen lasse, mit welchen Kleingeräten sie spielen möchten, ist es ganz klar: Die Mädchen nehmen sich Seil und Reifen, und die Jungen nehmen sich sofort den Ball und dann geht es einmal quer durch die Halle.«

Nora Seidel, Grundschullehrerin

Fast könnte man meinen, es gebe ein Fußball-Gen bei Jungs, aber das hat noch keiner gefunden. Was es gibt, ist mehr Testosteron im Blut der Jungen ab vier. Gebildet wird es in den Hoden und es macht aggressiv und wild. »Wie sehr es das Wesen verändert, kann man gut bei Tieren sehen; Ochsen, die keine Hoden mehr haben, sind gutmütig und brav – im Gegensatz zu Stieren, vor denen man leicht Angst bekommen kann«, stellt die Autorin der Süddeutschen Zeitung Christina Berndt fest.[55]

Anders ist es mit dem Östrogen, das sich im Körper von Mädchen verstärkt bildet. Wissenschaftler nennen es auch das »Brut-Gen« und es sorgt eher für Kuscheligkeit und manchmal für schlechte Laune.

Priming

Die Sexualhormone, die schon Embryos im Mutterleib zu produzieren anfangen, beeinflussen auch die Gehirnentwicklung. Das nennt man »Priming«. So erklären Wissenschaftler den angeborenen Teil des mädchen- oder jungentypischen Verhaltens: die Hinwendung der Jungs zu »männlichen« Spielsachen und die Begeisterung der Mädchen für Puppen und Kleider.[56]

Coach

Bewegung macht klug

Sport statt Playstation ist ein Credo von Sport- und Bewegungswissenschaftlerinnen, und zwar nicht nur, damit die Kinder nicht dick werden und beweglich sind, sondern auch, um geistig fit zu sein. Sport ist Nahrung für das Gehirn und körperliche Betätigung jeglicher Art ebenso. Kinder, die im Unterricht auf ihrem Stuhl herumwackeln, kippeln und rutschen, nähren nicht nur ihren Bewegungsdrang, gleichen nicht nur eine innere Unruhe aus, sie führen ihrem Geist auch Nahrung zu. »Bewegung ist ein Grundbedürfnis – wie Essen, Trinken und Schlafen« sagt der Sportwissenschaftler Dieter Breithecker.[57] Wir unterstützen unsere Kinder auf allen Ebenen, wenn wir deren natürlichen Bewegungsdrang fördern. Eltern, die selbst nicht sportbegeistert sind, finden vielleicht andere Möglichkeiten, ihre Kinder in ihrem Körpergefühl zu

stärken und ihre Lust auf Bewegung zu unterstützen. Durch den Wald streifen, Baumhäuser bauen, statt am Computer oder vor dem Fernseher zu sitzen, bewegt Körper und Geist. Ein Winterspaziergang durch einen Schneewald, ein Ausflug ins Freibad sind einfache und wirkungsvolle Maßnahmen den Bewegungsdrang der Mädchen zu fördern.
Ungeahnte Möglichkeiten, wenn die Mädchen, die jetzt schon als die Bildungsgewinnerinnen gelten, durch Sport noch weitere »geistige« Nahrung bekommen ...

Körpergefühle

Ein gutes Körpergefühl, eins sein mit sich und seinem Körper, dabei kann Sport helfen. Es muss kein organisierter und kein exotischer Sport sein, aber der Sport, der einem liegt, zu dem Mädchen Lust haben, der ihnen Spaß macht, ob nun Hip-Hop, Rudern, Rollschuhlaufen oder eben eine ganz andere, auch »jungstypische« Sportart. Offene Angebote, selbstverständliches Zulassen, Fördern und Befürworten des Bewegungsdranges der Mädchen helfen ihnen, sich auch körperlich auszugleichen, sich gut zu fühlen durch eigene Kraft. »Mein Körper gehört zu mir und ich kann ihn lenken«, ist eine Nachricht, die sich dadurch vermittelt. Körperliche Herausforderungen, auch für Mädchen, die Möglichkeit, »Grenzerfahrungen« machen zu können, das gibt ihnen Selbstbewusstein. Sie lernen: Ich kann etwas schaffen, sie lernen es nicht nur über den Verstand, sondern sie erfahren es mit dem ganzen Körper.

Eltern können sich offenhalten, auch wenn es ihnen vielleicht so ergeht wie mit den Spielsachen, dass die Mädchen den Fußball lieber ins Bett legen und ihm Fieber messen – vielleicht aber auch nicht. Es gibt immer mehr Mädchen, die gern kicken, die gern Selbstverteidigung machen, die ringen wollen und keinen Verein finden, der auch für Mädchen Wettkämpfe ausrichtet. Wir sind Vorbild und wir können uns fragen: Was möchten wir für unsere Tochter und warum möchten wir das? Weil es immer so war? Weil wir Ringen keinen schönen Mädchensport finden? Oder weil unsere Tochter tatsächlich etwas anderes will, als ihre Freizeit in der Boxkampfarena zu verbringen?

Neue Zeitrechnung: Tweens

Lange dauert sie nicht, die Kindheit. Noch vor drei Jahrzehnten gab es bis mindestens zwölf so etwas wie einen Schonraum, in dem die meisten Mädchen Kinder waren. Wobei sich die körperliche Entwicklung laut Kinder- und Jugendsurvey der Bundesregierung in diesem Zeitraum gar nicht so relevant nach vorne verschoben hat. Das war eher in den Jahren davor der Fall. Die Bundeszentrale für gesundheitliche Aufklärung dagegen hat in den vergangenen dreißig Jahren einen früheren Eintritt der ersten Periode bei Mädchen festgestellt. Tatsache ist: An den Enden der Skala hat eine Veränderung stattgefunden. Die Extreme sind deutlicher geworden: Für manche Mädchen kündigt sich schon mit acht oder neun Jahren eine neue Zeitrechnung an: die Vorpubertät. In Amerika gibt es ein neues Wort für diesen Lebensabschnitt – eine eigene Kategorie: die Tweens.

Hormone haben Hochsaison

Latenzzeit nannte Freud diese Zeit zwischen etwa sechs und zwölf Jahren, in der der Sexualtrieb ruht. Das sehen heutige Forscher nicht mehr so.

Nichts ruht. Im Körper ist die Hölle los, auch wenn es für die Außenwelt nicht so erkennbar ist. Schon lange bevor der Körper sich verändert, sind die Hormone aktiv. Sichtbar wird das spätestens, wenn die Schambehaarung wächst, Mädchen einen Brustansatz bekommen und der Körper kleine Fettpölsterchen bildet. Das kann schon mit acht Jahren losgehen – bei manchen auch erst mit 12 oder 13 Jahren. Das durchschnittliche Alter für die Brustentwicklung bei Mädchen liegt bei 10,9 Jahren.[58] Auf jeden Fall ist das eine aufwühlende Zeit. Mädchen merken Stimmungsschwankungen, Hautveränderungen oder entdecken Weißfluss im Slip, lange bevor sie ihre erste Periode bekommen.

Die Regelblutung kann in der Zeitspanne zwischen etwa 10 und 16 Jahren einsetzen. Das alles ist völlig normal. 12,5 Jahre ist das Alter, in dem die meisten ihre Periode haben. Mädchen aus Migrantenfamilien bekommen oft noch etwas früher ihre erste Periode. Sie geben um fast 10 % häufiger das Alter »12 Jahre« für ihre erste Menstruation an, das sind 38 % zu 29 % bei den deutschen Mädchen. Deutsche Mädchen geben zu einem höheren Prozentsatz das Alter von 13 Jahren an (37 % zu 30 % der Mädchen mit Migrationshintergrund).

Frühstarter

Mädchen kommen zwei Jahre vor den Jungen in die Vorpubertät. 14 % der 14- bis 17-jährigen Mädchen geben heute an, ihre erste Regelblutung mit elf oder früher bekommen zu haben. Das waren vor dreißig Jahren noch 8 %.[59]

Mädchen, die sehr früh in die Pubertät kommen, sind häufig geschockt und überrumpelt von dem, was in ihrem Körper – wie von geheimer Hand gesteuert – vor sich geht. Sollen sie den Brustansatz verdecken und weite Schlabberklamotten anziehen? Über den Weißfluss in der Unterhose schweigen? Was ist los? Manche schämen sich über die erste Blutung mit zehn und können nicht darüber reden.

»Meine Tochter ist manchmal total grantig gegen mich und dann wieder zu Tode betrübt und man kommt nicht an sie ran«, wundern sich Eltern und können sich nicht vorstellen, dass der Körper ihres Kindes schon im Umbruch begriffen ist. »Sie ist doch erst neun.« Manche Eltern empfinden die Sprachlosigkeit ihrer Töchter als kränkend. Sie fühlen sich selbst um die Zeit mit ihrer kindlichen Tochter betrogen. »Mit neun in der Pubertät, mit zehn die erste Periode«, fast verletzt stellen Eltern fest, dass ihre Tochter kein Kind mehr ist und dass sie niemand vorgewarnt hat.

Viele Eltern sind also überrascht und fühlen sich ebenfalls überrumpelt von den frühen Pubertätszeichen ihrer Mädchen. Sie trauern über die verlorene Kindheit und sind selbst noch gar nicht auf Ablösung eingestellt. Geschlechtsreife schafft Distanz zwischen Eltern und Kindern. Gleichzeitig beunruhigt die Eltern der Gedanke, ihre Töchter könnten zu frühe sexuelle Erfahrungen machen.

Mädchen, die früher die sexuelle Reife erreichen, haben laut Bundeszentrale für gesundheitliche Aufklärung, auch früher Sex. Und trotzdem ist das kein Grund zur Panik, denn es gibt noch viele andere Faktoren, die dazu beitragen, dass Mädchen früher den ersten Sex erleben, als sie es eigentlich verkraften können.

Warum früher als früher?

Viele Einflüsse sorgen offenbar dafür, dass sich der Körper heutzutage früher entwickelt und die Hormone früher das Signal kriegen, zu feuern.

Andere Ernährung Lebensmittel enthalten häufig Hormone und Antibiotika. Tiere bekommen sie ins Futter gemischt. Beim Kauf von Fleisch sollte man darauf achten, dass die Tiere mit Gras gefüttert wurden.

Zusammensetzung von Körperpflegemitteln Cremes, Haarfärbemittel und andere Kosmetika sind mit Chemikalien und hormonähnlichen Zusätzen hergestellt, die unseren Körperrhythmus durcheinanderbringen.

Stress und Reizüberflutung Umwelteinflüsse wie künstliches Licht und klimatische Bedingungen haben sich verändert.

Väter Amerikanische Forscher sehen eine überraschende andere Ursache für den frühen Eintritt von Mädchen in die Pubertät: abwesende Väter. Im Durchschnitt, so sagen sie, kommt ein Mädchen, das von seinem Vater getrennt lebt, bevor es zehn Jahre alt ist, fünf Monate früher in die Pubertät als ein Mädchen, das einen präsenten Vater hat, der sich in die Erziehung einmischt, sich für seine Tochter interessiert und ein positives Verhältnis zu ihr hat. Je mehr der Vater in die Erziehung eingebunden ist, desto später haben die Mädchen ihre erste Regelblutung, sagen die Forscher. In Bezug auf die Präsenz oder Abwesenheit der Mutter wurde kein Zusammenhang zur körperlichen Entwicklung festgestellt. Klingt fast so, als hätten Väter magische Fähigkeiten. Aber es gibt eine sehr einleuchtende Erklärung für diesen Zusammenhang: Mädchen, die sich innerhalb der Familie nicht an männlichen Vorbildern orientieren können, probieren sich früher außerhalb aus. Der Körper stellt sich darauf ein.[60]

Spagat zwischen Körper und Seele

Wie geht es einem Mädchen, das sich körperlich zur Frau entwickelt, aber seelisch noch mit Bibi Blocksberg beschäftigt ist? Einsam und unsicher fühlen sich manche, nicht richtig in ihrer Haut. Die gleichaltrigen Mädchen können nicht verstehen, was mit ihnen vorgeht, die Älteren rümpfen möglicherweise die Nase darüber, dass sie noch so kindliche Interessen haben. Andererseits können ältere Mädchen ziemlich gut nachfühlen, wie es jungen Frühstarterinnen geht:

»Ich denke, dass Frühstarter sich körperlich und geistig ihren Mitschülern und Gleichaltrigen nicht richtig zugehörig fühlen und dass es schwer für sie ist, mit ihrer Entwicklung klarzukommen und sich damit wohlzufühlen.«

LEONA, 17 JAHRE

—

»Frühstarter werden besonders von Gleichaltrigen wenig akzeptiert, weil sie nicht auf einer Ebene sind. Sei es nur körperlicher oder geistiger Art. Ich denke aber, dass vor allem die Erwachsenen solche Frühstarter überschätzen. Sie sehen nur einen körperlich weiter entwickelten Jugendlichen und schließen dann direkt darauf, dass dieser auch geistig schon sehr weit ist.«

JOELLE, 18 JAHRE

Das Dilemma ist, dass die Seele noch nicht so weit ist. Aber das sieht man von außen nicht. Mädchen in dieser Situation ziehen sich häufig in ihr Schneckenhaus zurück, weil sie sich überall unverstanden und nicht akzeptiert fühlen. Erwachsene behandeln sie mal als groß und mal als klein. Sie selbst wissen nicht, wie ihnen geschieht, wie sie sich verhalten sollen und wo sie auf Verständnis treffen.

Coach

Als Eltern können wir uns fragen: Wie würde es mir gehen, wenn ich mich nirgendwo richtig dazugehörig fühle? Wie lebt es sich in einer Welt zwischen den Stühlen? Wie habe ich mich damals gefühlt, als ich dachte: Jetzt geht da was los, ich weiß nicht was, aber geht es nur mir so? Keiner kann mich verstehen oder nachempfinden, was mit mir los ist.

Als Eltern können wir unsere Töchter unterstützen, indem wir ihnen signalisieren, dass wir etwas von ihrer Konfusion verstehen, dass es normal ist, verwirrt zu sein in dieser Zeit. Wir können ihnen sagen, dass ganz viel normal ist und dass die körperliche Entwicklung zu ganz unterschiedlichen Zeitpunkten losgehen kann.

Wenn Mädchen erleben, dass über Sexualität und Körper in der Familie geredet wird, wenn Kinder Worte haben und Fragen stellen dürfen, können Eltern ihren Töchtern ersparen, dass sie von ihrer körperlichen Entwicklung überrollt werden und sich nicht trauen, mit jemandem darüber zu sprechen.

Wenn wir die eigene Enttäuschung darüber, dass die Mädchen schon so früh keine Kinder mehr sind, reflektieren und nicht den Mädchen anlasten, dass sie schon Stimmungsschwankungen haben und manchmal nicht wissen, wohin mit sich, können wir ihnen offen begegnen. Die Mädchen brauchen ihre Eltern als sichere Säulen, die sie ernst nehmen und verstehen. Mütter und Väter, ganz gleich, ob sie mit ihren Töchtern zusammenleben oder nicht, können sich um einen guten Kontakt bemühen.

»Wahrscheinlich weiß das Kind selber nichts damit anzufangen, wenn es sich körperlich und geistig ganz früh entwickelt. Es könnte ihm peinlich sein und es traut sich nicht, darüber zu sprechen. Deshalb, finde ich, müssen Eltern den ersten Schritt machen und ihm anbieten, über Probleme zu sprechen. Dann kann das Kind selbst entscheiden, ob es das will.«

ANNA, 18 JAHRE

—

»Frühstarter befinden sich in einer schwierigen Situation und brauchen umso mehr den Rückhalt der Familie. Vor allem ist es wichtig, das Kind zu unterstützen, es gleichzeitig aber nicht zu überschätzen. Frühstarter sind zwar entwickelter als andere, jedoch haben sie ähnliche Bedürfnisse.«

KATRIN, 18 JAHRE[61]

Aufklärung

Was möchten 6- bis 12-jährige Mädchen über Körper, Liebe und Sexualität wissen? Die Sexualforscherin Renate Volbert hat herausgefunden: Achtjährige interessieren sich für Empfängnis und Geschlechtsverkehr, 9- bis 11-Jährige haben bereits ein Wissen darüber. In der WDR-Hörfunkreihe »Herzfunk«, die sich an Grundschulkinder wendet, fragen wir Kinder, was sie interessiert, und wir fragen neben erwachsenen Experten andere, gleichaltrige Kinder nach den Antworten. Die Fragen, die Kinder in diesem Alter am meisten interessieren, drehen sich um Liebe und Gefühle. Darum, wie man sich anderen annähert, wie man küsst und wie der Körper genau funktioniert: »Was passiert bei der Periode?«, »Wie lange leben Samenzellen?«,

»Wie wird man schwanger?«, »Wie mache ich jemanden in mich verliebt?«. In der Grundschule ist seit mehr als 30 Jahren der Sexualkundeunterricht im Lehrplan gesetzlich verankert. Manche Eltern finden das zu früh. Nimmt man das Interesse der Kinder und ihre Konfrontation mit sexuellen Themen als Maßstab, aber auch ihren Schutz, so ist das keinesfalls zu früh. Es ist gut, wenn junge Mädchen auf ihre Periode vorbereitet sind und sich nicht erschrecken und Sorge haben müssen, ob sie »todkrank« sind, wenn sie erste Blutstropfen in ihrer Unterhose entdecken. Es ist gut, wenn Eltern ihnen helfen, Bilder, Wörter und Symbole, die ihnen zum Thema Sexualität im Alltag begegnen, einzuordnen und Fragen, die sie haben, zu beantworten. Wir müssen den Mädchen keine Vorträge halten, das wollen sie auch nicht. Eine kurze Antwort reicht oder auch der Hinweis: »Ich weiß es auch nicht, ich bin mir auch unsicher, wir können ja mal zusammen in ein Buch gucken. Da können wir sehen, wie genau der weibliche und der männliche Körper aussehen.« So signalisieren wir: Man kann darüber sprechen, und Unsicherheit bei dem Thema ist ganz normal.

»Wir zwei sind eins« – Freundinnen

Tamara hat sich zu Karneval als Mädchen verkleidet – als ein besonderes Mädchen. Ihre Haare sind zu dunklen abstehenden Zöpfen frisiert, sie hat sich einen schwarzen Plisseerock genäht. Dazu trägt sie Strumpfhalter, an denen wiederum lange blau-schwarz gestreifte Strümpfe mit Spitze befestigt sind, und in ihren Augen leuchten rote Kontaktlinsen. Sie fällt auf. Und sie ist nicht allein. »Wir gehen als Zwillinge«, erklärt sie, bevor ihre Freundin Judith um die Ecke biegt, die ganz genauso ausgestattet ist: dunkle abstehende Zöpfe, schwarzer Plisseerock, Strumpfhalter, blau-schwarz gestreifte Strümpfe mit Spitze und rote Kontaktlinsen.

»Freundschaft ist eine Seele in zwei Körpern« befand der griechische Philosoph Aristoteles und er wusste, Freunde sind wichtiger als alles andere auf der Welt: *»Ohne Freunde möchte niemand leben, auch wenn er die übrigen Güter alle zusammen besäße.«*

Aristoteles hat offenbar ganz viel verstanden von dem Bedürfnis nach Nähe, nach Unterstützung, danach, sich im anderen zu spiegeln, etwas, das Mädchen – heute wie damals – mehr als alles andere beschäftigt. Freundinnen und Freunde sind einem nicht, wie Familienangehörige, in die Wiege gelegt. Freunde sucht man sich selber aus und für Mädchen sind Freundinnen ein Teil ihrer selbst. Sie finden sich im Dschungel des Schulalltags heraus, sie verlieben sich in sie, sie sind Seelenverwandte und sie sind exklusiv:

»Wenn ich Probleme habe oder Gefühle, die mich beschäftigen, kann ich sie eigentlich nur meiner Freundin erzählen. Sie ist die Einzige, die mich versteht.«

Carola, 12 Jahre

Freundinnen – manchmal auch gute Freunde – geben Mädchen Halt, sie können mit ihnen alles teilen. Sie vermitteln ihnen das Gefühl, verstanden zu werden, wertvoll zu sein. Sie sind Anker im großen Meer der Ungerechtigkeiten, die Eltern, Lehrer, Gleichaltrige einem antun. Sie teilen mit einem Kränkungen und Liebesleid, und sie verdoppeln die Freude über eine gute Arbeit oder einen gelungenen Flirt. Freundinnen machen einen groß und wichtig.

Viele Mädchen wünschen sich nichts dringender als eine beste Freundin. Die beste Freundin soll das andere Ich sein. Mit ihr möchte man verschmelzen zu einem großen Ganzen. So wächst die Gewissheit, gut zu sein, geliebt zu werden, richtig zu denken und zu handeln. Freundinnen verstehen einen, stärken das wackelige Selbstvertrauen, und der Gedanke: »Wir gegen den Rest der Welt«, gibt den Mädchen Kraft und Energie. Das beobachten schon Grundschullehrerinnen:

> *»Es kommen immer mehr Mädchen selbstbewusster in die Schule, aber die Mädchen kommen in der Regel mit einer Freundin oder in so einer Kindergartenclique, in der sie sich dann auch, die erste Zeit zumindest, am wohlsten fühlen.«*
>
> Nora Seidel, Grundschullehrerin

Freundinnen sind Stütze, Trost, und sie machen mutiger. Das wissen auch die Eltern von Mädchen, und die allermeisten sind sehr froh, wenn ihre Tochter eine Freundin gefunden hat. Wenn sie sich nicht traut, alleine etwas zu fragen oder zu unternehmen, fällt vielen Eltern als Erstes die Frage ein: Möchtest du nicht eine Freundin mitnehmen? Freundinnen verstehen die eigenen Gefühle, die Ängste und Sorgen. Sie kennen die Angst, der Lehrerin die Meinung zu sagen, an einen unbekannten Ort zu gehen, einen Jungen anzusprechen. Sie sind selbst sehr nah dran an den Dingen, die einen wirklich bewegen. Und wer versteht einen sonst? Niemand. Sie übernehmen den Job der besten Vertrauten, unterstützen einen, wenn Eltern nicht in der Nähe sein können. Sie bilden die Brücke ins selbstständige Leben.

Freundschaftsbändchen sind ein Zeichen, mit dem die Zusammengehörigkeit nach außen gezeigt wird. Noch relativ dezent, wenn man es mit dem Freundinnenkult vergleicht, den der Münchner Sprachforscher Martin Voigt im Internet ausgemacht hat. Mädchen, so meint er, stilisieren ihre Freundschaften zu Liebesbeziehungen. Auf Facebook geben sie als Beziehungsstatus »in einer Beziehung« an. Die SMS enden alle mit HDL oder HDGDL. Das Codewort ist ABFFL – »Allerbeste

Freundin fürs Leben«. Mädchen beteuern sich öffentlich ihre Liebe, schwören sich ewige Treue und stellen Fotos von sich ins Netz, auf denen sie sich auf den Mund küssen.[62]

Freundinnen als Übergangsobjekte

Ein Kult, der viele Möglichkeiten eröffnet: Dicke Freundinnen zu sein ist ein Signal an die Außenwelt und an sich selbst: »Ich bin wichtig. Ich werde geliebt.« Freundinnen bieten gleichzeitig die Möglichkeit zum Probehandeln, zur Selbstinszenierung und einen Schutz vor sexuellen Beziehungen, von denen Mädchen noch gar nicht wissen, was da auf sie zukommt und wie das, was kommt, eigentlich gehen soll. »Wir sind stark, wir brauchen niemanden«, ist das Signal.

Übergangsobjekte

Der Psychoanalytiker Winnicott nannte die Funktion von Kuscheltieren in der Zeit der Ablösung der Babys von der Mutter Übergangsobjekte. Sie erlauben, den Übergang von der ersten frühkindlichen Beziehung zur Mutter zu reiferen Beziehungen zu vollziehen. An ihnen kann ich ausprobieren, wie der Umgang später mit Fremden gehen kann. Manche Freundinnen übernehmen eine ähnliche Funktion.

Scherben

So unverbrüchlich Freundschaften sein sollen, so fragil sind sie oft.

»Ich weiß nicht, was ich machen soll. Meine beste Freundin hat mir gesagt, dass sie jetzt eine andere beste Freundin hat. Sie findet die viel cooler als mich«, klagt die 12-jährige Nicole. Sie ist traurig und gekränkt. Manchmal wird es nicht so deutlich ausgesprochen, aber dieses Gefühl kennen viele Mädchen. Sie haben mitbekommen, dass die Freundin sich mit einer anderen verabredet hat, und schon sind sie verunsichert, ob jetzt die ganze Freundschaft infrage steht. Sie fühlen sich ausgegrenzt und tief verletzt. Die Freundin hat das neue T-Shirt nicht genug gewürdigt, in der Pause mit einer anderen das Brot geteilt – alles Signale, die alles infrage stellen können. Aber es kann auch massiver zugehen. Lisas Mutter erzählt, dass ihre Tochter einige Monate lang keine neuen Kleider mehr haben wollte. Selbst im November geht sie noch mit ihren Sandalen in die Schule, alle Angebote, neue Schuhe zu kaufen, lehnt sie ab. Irgendwann, als der Mutter wieder auffällt, dass Lisas Pullover allmählich zu klein werden, spricht sie sie noch einmal an: »Was ist los?«, und da bricht es aus Lisa heraus: »Ich darf nicht. Anna hat es mir verboten. Sie lästert immer, wenn man neue Klamotten hat. Und Anna ist doch meine einzige Freundin.« – Natalie ist mit Janina ganz eng, aber sie bekommt mit, dass Janina bei anderen schlecht über sie redet. Sie sei so dick und so zickig. Natalie ist vom Donner gerührt. Bei Facebook darf sie noch nicht sein, aber andere erzählen ihr, dass Janina auch im Netz über sie lästert. Sie ist fassungslos, schweigt und weint, und dann »hämmert sie zurück«, indem sie über die »Freundin« lästert. Auf dem Schulhof aber ist jetzt erst mal niemand mehr, mit dem sie zusammen stehen kann …

Das Schlimmste auf der Welt

»Was ist das Schlimmste, das einem Mädchen passieren kann?«, habe ich Jungen und Mädchen einer achten Klasse gefragt. Die Antworten waren einstimmig:

»Wenn sie keine Freundin hat, dann können Mädchen mit niemandem über etwas reden, sie haben niemanden, mit dem sie etwas machen können, wenn man den ganzen Tag zu Hause sitzt, ist ja auch nicht so schön.« Das wussten die Jungen.

»Wenn die beste Freundin etwas gegen sie macht, wenn sie sie sozusagen im Stich lässt«, oder: *»Wenn die beste Freundin alle Geheimnisse ausplaudert oder über die Person halt lästert, das ist auch ziemlich scheiße«*, fanden die Mädchen.

Und was sie den Mädchen wünschen, darüber waren sie sich auch klar: *»Dass sie gute Freundinnen haben, die immer zu ihnen stehen.«*

Coach

Kaum auszuhalten sind für Eltern die Tränen unglücklicher Mädchen, die das Gefühl haben, von ihren Freundinnen ausgeschlossen zu werden. Meine Tochter hatte immer wieder Phasen, in denen sie sich verlassen, verraten und ausgegrenzt fühlte. Jedes Mal stürzte eine Welt ein. In Dreierfreundschaften sind solche Krisen – »Zwei sind drin, eine draußen« – an der Tagesordnung. Als Eltern können wir vor allem unsere Kinder trösten, Tränen trocknen und zuhören. Wenn Mädchen sich ausgeschlossen fühlen, haben sie oft den Eindruck, es gehe nur ihnen so. Es hilft ihnen, zu erfahren: »Jeder Mensch kennt das Gefühl, nicht dazu zu gehören. Auch deine Freundinnen haben, jede für sich, manchmal das Gefühl draußen zu sein. Du bist in diesem Tal nicht allein. Auch Erwachsene kennen das.« Wenn man mit der Tochter die anderen Mädchen aus der Klasse daraufhin durchgeht, so stellt sie fest, wie wechselhaft die Freundschaften auch bei anderen sind.

Mal ist die eine mit der eng, dann wieder mit einer anderen, und zwei Wochen später sind die beiden auch wieder auseinander. Freundschaften in diesem Alter sind brüchig – auch wenn die Mädchen bei jeder das Gefühl haben: Jetzt ist es für die Ewigkeit. Und Eifersucht ist auch ganz normal. Aber vielleicht lässt sie sich überwinden. Mädchen, die zu Hause immer mit ihren Geschwistern um den Rang bei den Eltern kämpfen müssen, die dort das Gefühl haben, benachteiligt zu werden, werden dieses Gefühl auf Freundschaften außerhalb übertragen. Eltern sollten darauf achten, dass sie die Konkurrenz zwischen den Geschwistern nicht schüren, nicht die eine der anderen als Vorbild hinstellen, nicht die eine immer vor der anderen in Schutz nehmen, wenn sie sich streiten. Bei Streit sollten Eltern die Kinder bestärken, selbst eine Lösung zu finden. Jedenfalls solange es nicht gewalttätig oder demütigend zwischen den Geschwistern zugeht.

Wie findet man Freundinnen? Vielleicht ist Ihre Tochter auch ganz schüchtern und weiß nicht recht, wie sie »andocken« soll. Hilfreich ist es, sie zu ermutigen, etwas von sich zu zeigen. So haben die anderen die Möglichkeit, sie so zu sehen, wie sie ist, und sie erhalten Anknüpfungspunkte. Kann sie gut Kuchen backen? Ist sie gut im Klettern? Hat sie einen besonderen Sinn für Geschichten? Leichter ist es, auf Einzelne zuzugehen als auf eine ganze Gruppe. »Wen magst du gern?«, »Was gefällt dir an ihm oder ihr?«, »Magst du das als Anlass nehmen eine Frage zu stellen und ins Gespräch zu kommen?« sind Fragen, die weiterhelfen.

Eine andere Hilfe kann es sein, mit der Tochter, die sich einsam in der Klasse und auf dem Schulhof fühlt, zu besprechen, wie sich eine Schulklasse zusammensetzt, dass Klassen wahllos zusammengewürfelt sind, im Prinzip wie Arbeitskollegen.

Wenn man dort eine beste Freundin findet, ist das eher ein großes Glück als der Normalfall. »Überlegen wir mal, wo du außerhalb deiner Klasse, in einer anderen Klasse, im Verein, in der Nachbarschaft Freundinnen finden kannst.«
»Falsche Freunde« sind eigentlich gar keine Freunde. Manchmal bekommen Eltern mit, dass ihr Kind von anderen wirklich ausgenutzt und verletzt wird. Das zuzugeben ist nicht so leicht. Aber sie können Anregungen geben: »Fühlst du dich wohl mit deiner Freundin? Kannst du ihr vertrauen? Lässt sie dich so, wie du bist?«, sind Fragen, die man in ruhiger Minute mit den Mädchen besprechen kann. Und: Alle Freunde sind willkommen. Eltern sollten die Freunde ihrer Kinder immer willkommen heißen. Verbieten lassen sie sich nicht. Da fällt mir wieder meine Tante Josi ein, die die Devise hatte: »Meine Kinder haben ihre Freunde ausgesucht. Wenn ich sie willkommen heiße, habe ich weiter guten Kontakt zu meinen Kindern.« – Ausnahme: Wenn die Freunde kriminell sind, wenn die Kinder bedroht oder unter Druck gesetzt werden, dann müssen Eltern sich einmischen und sich klar positionieren.

Wie Freundschaft geht, erfahren Mädchen zuerst zu Hause. Haben unsere Eltern Freunde? Werden sie eingeladen? Wie pflegen sie die Freundschaften? Sind sie schnell zu verunsichern, wenn die Freundin mal nicht anruft? Sind sie in der Lage, eine Unstimmigkeit mit der Freundin zu besprechen? Wie geht Beziehung? Das gucken Mädchen sich als Erstes bei ihren Müttern und Vätern ab – automatisch. Werden zu Hause Feste gefeiert und als schön erlebt, möchte man auch irgendwann seine Freundinnen einladen. Verabredet die Mutter sich mit ihrer Freundin zum »Quatschen« oder ins Kino, ist das ein

Signal: Freunde sind wichtig. Für Freundschaften kann man etwas tun. »So geht Freundschaft«, lernen Mädchen.

»Du bist dein eigenes Navigationssystem«, ist eine stärkende Nachricht, die Eltern ihren Töchtern mit auf den Weg geben können. »Wenn du jemanden gut leiden magst, obwohl er oder sie bei anderen nicht so angesagt ist, ist er oder sie vielleicht trotzdem ein guter Typ. Schau sie dir selber an. Es gibt überall Nette und Doofe, wir müssen selber gucken, an Äußerlichkeiten sind sie nicht zu erkennen.« Wir können Mädchen bestärken, ihrem eigenen Gespür zu vertrauen. »Wenn du das Gefühl hast, ein Kompliment ist nicht ehrlich, ein Mensch ist nicht so ganz echt, er trägt zu dick auf oder guckt immer zur Seite, wenn er mit dir redet – trau deinem Gefühl, schieb es nicht beiseite, sondern denk drüber nach und überprüf es.« »Du hast doch gute Antennen, fahr sie aus!«

Generation Topmodel

Als unsere Tochter vier Jahre alt war, ist sie einmal beim Spiel mit dem Wasserschlauch in der Kindertagesstätte vollkommen nass geworden. Die Erzieherinnen mussten sie komplett umziehen. Sie gaben ihr eine Hose und einen Pullover aus der dafür vorgesehenen Klamottenkiste des Kindergartens. Zähneknirschend ließ sie es mit sich geschehen, aber nicht, ohne ihre Abscheu gegen die Kleiderauswahl der Erzieherinnen kundzutun: »Tanja, das ist eigentlich nicht mein Stil« erklärte sie entschieden.

Ich vermute, Jana ging es darum, selber zu bestimmen, wie sie aussieht. Sie wollte eigenständig sein. Und sie fühlte sich kompetent. Kompetenter als die Erwachsenen. Womöglich war ihr ästhetisches Empfinden erheblich gestört durch das, was die Erzieherin für sie ausgewählt hatte. Was sie schön findet und was nicht, was in ihren Augen zusammenpasst und was nicht, den Blick dafür hat sie bis heute durchgehalten. Zufällig ist ihre Garderobe nie. Sie wählt aus und sie hat einen Stil, ihren Stil.

Eigensinn, im Sinne von Individualität und Selbstbestimmung, ist auch an Kleidung festzumachen. Für die Mädchen ist es ein wichtiger Schritt, wenn ihre Kleider nicht mehr von der Mutter ausgesucht werden, sondern sie selber bestimmen können, was sie anziehen und wie sie aus dem Haus gehen. Manche Eltern müssen ihren Aufschrei unterdrücken, wenn die jungen Damen Rosa mit Rot und dazu einen Tupfer Lila mit Orange kombinieren, aber: Aushalten! Kleider selbst auszusuchen ist ein guter Start in die Selbstbestimmung und Eigenverantwortung. Viele Mädchen lieben es, sich zu verkleiden, mit Freundinnen Kleider zu tauschen, sich vor den Spiegel zu stellen, sich auszuprobieren, sich zu verwandeln.

Die Fragen, die sie bewegen, sind wichtig und manchmal existenziell: Wie bin ich? Wie möchte ich sein? Wie wirke ich auf andere? Das beschäftigt die Gruppe der »Tweens« in besonderem Maß. Denn eines ist klar: Charaktereigenschaften wie die Frage, ob ich ein netter Mensch bin, hilfsbereit, tolerant und gut Pizza backen kann, sieht mir mein Schwarm nicht an der Nasenspitze an, aber Schönheit, die sieht man auf den ersten Blick.

Der Philosoph Arthur Schopenhauer erfasste ihre Wirkung in einem Satz:

»Schönheit ist ein offener Empfehlungsbrief, der die Herzen im Voraus für uns gewinnt.«

Arthur Schopenhauer

Aussehen ist alles andere als egal. Es ist wichtig – ein Ausdruck der Persönlichkeit. Das wissen Jugendliche und auch schon Kinder sehr genau:

»Kleidung, vor allem Markenklamotten, drückt für viele die Persönlichkeit aus.«

VIOLA, 14 JAHRE

Klar – ein Kleid ist mehr als ein zusammengenähtes Stück Stoff. Mit Kleidern, kann ich zeigen, was ich gut finde, wie ich bin, womit ich eher nichts zu tun haben möchte, wofür ich stehe. Ich kann ein Statement abgeben. Gruftie, Punk, Hip-Hopperin, Hippie, Model oder ganz eigener »Style«. Junge Mädchen sind auf der Suche nach sich selbst, auf der Suche nach ihrer Identität. Stundenlanges Stehen vor dem Spiegel, jeden Pickel begutachten, sich immer wieder umziehen, unermüdliches Durch-die-Stadt-Streifen, »Shoppen«, das alles gehört dazu.

Die englische Modedesignerin Vivian Westwood ist überzeugt, dass Kleidung zu »Großem«, befähigt:

»Gib einem Mädchen die richtigen Schuhe und sie wird die Welt erobern.«

Dabei sein und gesehen werden

Experimentieren mit Kleidern aus Papas Kleiderschrank oder aus der Karnevalskiste ist lustvoll und wie geschaffen, sich auszuprobieren. Das Spiegelbild gibt eine Antwort auf die Frage: »Wie sehe ich aus? Wie wirke ich?« Weitere Antworten kommen von Freundinnen, Klassenkameraden, Eltern und dem Vergleich mit Models in den Medien. Was tragen Schauspielerinnen, Sängerinnen, Fotomodelle? Sich selber zu finden, sich selber zu spiegeln in anderen, gesehen zu werden, anerkannt zu werden, auch dafür eignen sich Klamotten. Und in dieser Zeit trauen sich viele Mädchen etwas mehr als vielleicht später:

»Früher ist man auch schon so rumgerannt«, erinnern sich 14- bis 15-Jährige. *»Ich hatte so glänzende Fußballschuhe an«, »Ich hatte karierte Chucks mit Neon-Schnürsenkeln«, »Ich hatte meistens die Sachen von meinen Brüdern an, das fand ich cool«, »Ich hatte unterschiedliche Chucks, einen blauen und einen grauen, ich kam mir vor wie ein Trendsetter«.*

Kleidung, um sich auszuprobieren, aber auch, um sich zu präsentieren, anerkannt zu werden. Dazu eignen sich, sehr zum Leidwesen mancher Eltern, auch teure Markenklamotten. 27 % der Jugendlichen zwischen sechs und 19 Jahren finden, dass Markenklamotten sich am besten eignen, um anzugeben.[63]

Wie finde ich meine Persönlichkeit heraus? Einerseits durch Ausprobieren. Und die Anerkennung anderer stärkt mich: »Ich bekomme Bewunderung. Ich bin wer«, ist die Nachricht. Und das ist für Mädchen auf der Suche nach sich selbst eine wichtige Botschaft. Es geht darum, dazuzugehören. Von den anderen akzeptiert zu werden ist das Wichtigste überhaupt, und das funktioniert in der Erfahrung der jungen Mädchen über das Aussehen und die entscheidenden Accessoires.

Tweens – Ein Riesenmarkt

Tweens, die jungen Mädchen zwischen acht und zwölf, die auf der Suche sind, sind offen und – genau das hat die Modeindustrie erkannt – sie sind so beeinflussbar wie keine andere Gruppe.

Markenklamotten

77 % der Jugendlichen zwischen sechs und 19 Jahren finden Markenklamotten »in«, hat das Magazin »Focus-Schule« ermittelt.[64] Die Studie »Bravo Faktor 10«[65] hat herausgefunden: »Die 12- bis 13-Jährigen sind wahre Markenenthusiasten, die nach Orientierung suchen. Wer hier als Marke nicht stattfindet, hat es schwer, die Konkurrenz einzuholen.«

Wir sehen im Fernsehen und in der Werbung langhaarige, langbeinige, makellose Modelle, die sich alle ähnlich bewegen und dasselbe anhaben. Das prägt Jungen und Mädchen zwischen acht und zwölf in besonderer Weise:

»Für mich sind Mädchen schön, wenn sie lange Haare haben, hübsche Klamotten und gepflegte Haut, nicht stinken, keine Pickel haben …«

HENDRIK, 10 JAHRE

Die amerikanische Autorin Maggie Hamilton hat mit vielen Experten über das Konsumverhalten von Mädchen gesprochen. Die Psychologin Dr. Amanda Imber sagte ihr: Kinder unter zwölf Jahren denken, Werbung sei zur Information und zur Unterhaltung. »Sie sehen sie nicht mit einem kritischen Auge.«[66]

Und gleichzeitig ist diese Zeit zwischen acht und zwölf die Zeit, in der Verhalten und Werte maßgeblich geprägt werden.

»Schön sein«

Wenn ich die Sendung »Germanys Next Topmodel« sehe, wird mir übel. Wie Mädchen dort runtergeputzt werden, wenn sie nur versuchen, eine eigene Meinung zu vertreten, wie sie dressiert werden, einem bestimmten Schönheitsideal – 90–60–90 – zu entsprechen, aussortiert werden, wenn Heidi Klum sie »zu moppelig« findet, das ist alles andere, als ein Mut machendes, optimistisches Vorbild für junge Mädchen. Ab sechzehn dürfen Mädchen daran teilnehmen, viele erhoffen sich auf einen Schlag ein Leben mit Glitter und Glamour, die allerallerallerwenigsten schaffen es, und wenn, dann nur für ein Jahr. Eine längere Karriere hat noch keine Siegerin von Germanys Next Topmodel geschafft. »Angefixt« werden die Mädchen schon lange vor ihrem 16. Lebensjahr:

Kinder gucken Germanys Next Topmodel

210.000 Zuschauer des Halbfinales 2012 von Germanys Next Topmodel waren Kinder zwischen drei und 13 Jahren. Die Kinder waren damit die drittstärkste Altersgruppe nach den 14- bis 19-Jährigen und den 20- bis 29-Jährigen. Das ermittelte das Online-Branchen-Magazin »quotenmeter«.[67]

Das Gegenteil von Sex

Es klingt ein bisschen absurd, aber die Sexualisierung in den Medien und auch die Stylingbemühungen der jungen Mädchen können genau andersherum verstanden werden. Sie dienen nicht der frühen Sexualisierung, sondern deren Abwehr. Diese These begründet der Psychoanalytiker und Facharzt für Kinder- und Jugendpsychiatrie Professor Michael Günter in sehr anschaulicher Weise: Günter fragt, was junge Mädchen an Germanys Next Topmodel finden. Vordergründig gehe es den Mädchen darum, sich wie Aschenputtel in die Rolle der Prinzessin oder als Medienstar hineinzuträumen und sich darüber »narzisstisch aufzuwerten«. In der Sendung würden ähnlich wie in der Werbung und in vielen anderen Sendungen »Sexy-Sein« und sexuelle Attribute besonders herausgestellt. Dabei gehe es darum, sich selbst zu inszenieren, sich zu präsentieren. Gleichzeitig werde das »In-Beziehung-Gehen« weggehalten. Es sei nicht das Ziel, sich wirklich einzulassen auf andere, auf Gefühle, »auf eine libidinös aufgeladene Objektbeziehung«, sondern das »Sicheinlassen« abzuwehren. »Sowohl die zärtliche als auch die sinnliche Strömung werden zugunsten der narzisstischen Selbstdarstellung unterdrückt.« Nach Günter kommt es zu einer »Pseudosexualisierung«. Sexuelle Merkmale wie Brust, Bauch und Beine werden besonders herausgestellt. Andere Merkmale, die eher als primitiv angesehen werden, wie Scham- und Achselhaar, werden abrasiert oder verdeckt. Günter nennt das, worum es da geht, »eine inszenierte Selbstsicherheit in Bezug auf Sexualität, die märchenhafte Züge trägt«. Das Paradoxe ist: Das Sexuelle wird verleugnet. Diese Abwehr ist notwendig. Sie dient als »schützendes Rückzugsgebiet«, »wenn die Anforderungen der sexuellen Entwicklung und damit die Anforderung von Intimität und Nähe auf der einen Seite und von Ablösung und Verselbstständigung auf der anderen Seite zu heftig werden«.

Trotz dieses Mechanismus gegen die Angst ist die mediale Inszenierung nach Günter »ein schleichendes Gift«, weil die Ansprüche, denen junge Mädchen in Bezug auf sexuelle Attraktivität genügen müssen, immer höhergeschraubt werden. Das Problematische daran, dass Sexuelles abgewehrt werden muss, zeigt sich in »individuellen Abwehrformationen«, wie zum Beispiel der Magersucht oder der Bulimie, die Formen sind, solche Ängste »in Schach zu halten«.[68] (siehe nächstes Kapitel)

Coach

Wie wichtig ist uns selbst, dass unsere Tochter schön und »modisch« angezogen ist? Wie oft gehen wir shoppen und wie zufrieden sind wir selbst mit uns und unserem Äußeren? Das ist das, was die Mädchen als Erstes und als Entscheidendes zu Hause wahrnehmen, denn es wirkt unmerklich, unbewusst und damit umso mehr. Die Atmosphäre zu Hause wird »eingeatmet«.

Die Sicherheit: »Auch wenn alle etwas blöd finden, ich finde es aber gut«, müssen viele junge Mädchen erst noch finden. Manche haben schon eine Ahnung davon:

»Wenn man schön sein will, dann muss man selbst sein. Wenn man verliebt ist, finden viele Jungen es ja auch schöner, wenn man so ist, wie man ist, und nicht extra ganz toll auftritt.«

Marie, 11 Jahre

Schönheit kann ein Thema zu Hause sein. »Was ist eigentlich schön?«, »Was findest du schön?«, sind Fragen, die Mädchen beim Nachdenken über sich selbst helfen können. Zwecklos ist der Versuch, den Mädchen unsere Meinung aufzudrücken. Wir können sie durchaus äußern, denn auf diese Weise geben wir den Mädchen eine Orientierung, an der sie sich auch reiben können, aber wir sollten nicht auf Zustimmung pochen. »Du darfst etwas anderes schön finden«, ist auch eine Nachricht, die dazu beitragen kann, dass Mädchen auf sich selbst hören.

Große alte Männer haben zu der Frage, was schön ist, dazu weise Sätze gesagt, wie z.B. Dustin Hoffman oder der Schriftsteller Christian Morgenstern:

»Schön ist eigentlich alles, was man mit Liebe betrachtet.«

CHRISTIAN MORGENSTERN

—

»Ich glaube, dass die Spuren, die das Leben in unseren Gesichtern hinterlässt, etwas Schönes sind.«

DUSTIN HOFFMAN, 75 JAHRE

Eltern klagen häufig darüber, dass die Mädchen sich so abhängig machen von Moden, von anderen, dass sie so viel Bestätigung brauchen. Warum nicht? Bestätigung braucht jeder. Es ist nichts Schlimmes. Und Mädchen, die nach Bestätigung »lechzen«, geben vielleicht ihren Eltern Anlass, zu überprüfen: Was fehlt ihr eigentlich? Ist es vielleicht das sichere Gefühl: »Du bist gut, du wirst geliebt!«, »Du bist gewollt!«? Als Eltern können wir den Mädchen Bestätigung geben: »Du bist schön. Du bist gut, und zwar genau so, wie du bist.« Das sind heilende Sätze, die die Not, Bestätigung bei Fremden suchen zu müssen, lindern.

7

Im Wunderland

Dreizehn bis achtzehn Jahre

Im Wunderland

Dreizehn bis achtzehn Jahre

»Manchmal fühle ich mich, als ob ich vor Kummer sterbe, und dann wieder seh ich die Welt durch eine rosarote Brille! Es ist ein Chaos voller Gefühle und eine Achterbahn durch das Leben! Vieles ist verwirrend, aber es ist eine unglaublich aufregende Zeit!«

Louisa, 14 Jahre

»Sie haben eine Sehnsucht, aber sie wissen nicht, wonach« formulierte einmal eine Mutter aus einer Elterngruppe. Eine unbestimmte, starke Sehnsucht nach Leben, nach Unbekanntem, sich abwechselnd mit Melancholie und »Weltschmerz«. Das spüren Erwachsene, die mit ihnen zu tun haben. Die Jugendlichen pendeln zwischen Extremen hin und her: Die Welt retten und nur an sich denken. Superstar werden und keinen Ausbildungsplatz bekommen. Bäume ausreißen und das heulende Elend sein. Alles ist möglich und auch wieder gar nichts.

Alice im Wunderland

Aus dem sicheren Schoß ihrer älteren Schwester träumt sich Alice ins Wunderland. Sie sieht einen weißen Hasen, der sprechend an ihr vorbeieilt und dabei hektisch auf seine Westentaschenuhr schaut, und läuft ihm nach. Ohne über Konsequenzen nachzudenken, folgt sie ihm in seinen Bau und saust mit ihm durch einen schmalen, endlos langen Gang ins Wunderland. Und hier ist alles möglich. Sprechende Tiere, eine grinsende Katze, die auftaucht und wieder verschwindet, in Livree gekleidete Fische, die als Lakaien am Hof einer Königin arbeiten, ein Zaubertrank, der einen wachsen lässt, Kuchen und Pilze, die einen schrumpfen lassen. Es gibt keine gewohnten Ordnungen. Raum und Zeit sind aufgehoben. Der Hutmacher, den Alice bei seinem Fünfuhrtee antrifft, hat jetzt immer fünf Uhr nachmittags, seit er sich mit der Zeit zerstritten hat. Alice fügt sich wie selbstverständlich in diese Welt ein; neugierig, unbedarft und maßlos leert sie die ganze Flasche mit dem Zaubertrank und wird größer als das Haus, in dem sie sich befindet. Sie probiert aus und guckt, was passiert, immer in dem Vertrauen, dass schon alles gut gehen wird. Durch Versuch und Irrtum, nachdem sie mal zu groß, mal zu klein geraten ist, lernt sie erst, die richtige Menge zu trinken, um eine gute Größe zu erlangen, die es ihr erlaubt, sich hier zu bewegen. Während sie neugierig und mutig durch die Wunderwelt streift, stellt sie sich selbst philosophische Fragen nach ihrer Existenz: »Wenn ich nicht mehr dieselbe bin, muss ich mich doch fragen: Wer in aller Welt bin ich dann?«

Sie hält Zwiegespräch mit denen »da oben«, den Menschen aus der realen Welt, und fragt auch sie, wer sie ist. Sie möchte Bestätigung und eine Art Rückversicherung von ihnen auf der Suche nach sich selbst: »… und wenn es mir gefällt, wer ich bin, komme ich hierauf; aber wenn nicht, bleibe ich hier unten, bis ich jemand anderes bin.« Alice verfolgt in ihrem Traum ihren Weg – ohne ihre Eltern. Die sind nicht in der Wunderwelt, aber sie hat sie in Form ihres Über-Ichs dabei, und als sie traurig ist, ruft sie dieser Teil ihres Ichs zur Ordnung: »Du solltest dich schämen« …, »ein so großes Mädchen wie du« …, »und in einem fort so zu weinen! Sogleich hörst du damit auf«, ermahnt sie sich selbst. Die Welt hat sich verändert – nicht langsam, sondern plötzlich, von einem Tag auf den anderen: »Und dabei war gestern noch alles wie gewöhnlich«, fällt ihr auf.

Auf ihrer Reise durch das Wunderland erlebt Alice Grenzsituationen, die sie fast verzweifeln lassen. Unendliche Traurigkeit über ihre ausweglose Lage, darüber, dass sie durch den Trank so klein geworden ist, dass sie nicht mehr an den Schlüssel zur Tür in den wunderbaren Garten herankommt, lässt sie schon zu Beginn einen See von Tränen weinen. Sie meistert gefährliche Situationen. Manchmal ohne das Bewusstsein dafür, wie gefährlich sie sind. Das Mädchen geht mutig mit der Königin um, die ständig Leute köpfen lässt. Unerschrocken widerspricht sie ihr. Als es für Alice lebensbedrohlich wird, als die Königin ihr den Kopf abschlagen lassen will, flüchtet sie sich zurück in den Schoß ihrer Schwester.[69]

Alice kommt in eine bunte Welt der unbegrenzten Möglichkeiten. Um damit zurechtzukommen, braucht sie eine gute Ausstattung: Selbstbewusstsein, Unerschrockenheit, aber auch Feingefühl und einen Sensor für Gefahren. Und sie ist bestens ausgestattet: So hat sie ideale Voraussetzungen, erwachsen zu werden, auszuprobieren und sich zu entwickeln. Selbstbewusst kann sie die Welt erkunden und auf Neues zugehen. Jugendliche sind auf der Suche nach der Wahrheit, nach ihrer Wahrheit. Sie wollen echt sein und wie Alice fragen sie sich: »Wenn ich nicht mehr dieselbe bin, muss ich mich doch fragen: Wer in aller Welt bin ich dann?«

Alice nimmt die Wesen, die ihr begegnen, ernst, setzt sich mit ihnen auseinander und will Unwahrheiten nicht stehen lassen, denn »sie nahm es mit der Wahrheit sehr genau«, beschreibt Lewis Carroll seine Heldin. Als für Alice nichts mehr geht, als sie in Gefahr gerät, weil sie den Mund zu weit aufgerissen hat, kann sie zurückkommen in die Familie und noch mal neu anfangen.

Alice im Wunderland beschreibt, was Mädchen auf dem Weg in die Erwachsenenwelt durchmachen müssen, sie müssen sich ausprobieren, Abenteuer erleben, lernen, aus vielfältigen Angeboten auszuwählen. Dafür brauchen sie Menschen, die ihnen etwas zutrauen, die sie gut ausgestattet in die Welt gehen lassen und die ihnen das Gefühl geben, dass sie zu Hause immer einen Platz haben. Das sind in erster Linie die Eltern, aber es können auch andere sein, gute Lehrerinnen oder Lehrer, Freundinnen der Eltern, Nachbarn.

Coach

Es kann sein, dass Eltern in der Pubertät zeitweilig nicht den besten Kontakt zu ihren Töchtern haben. Die Tochter reagiert gereizt auf Sie und umgekehrt. Oder Sie haben wenig Zeit und sind gerade nicht da, wenn es »brennt«. Vielleicht traut sich Ihre Tochter auch nicht, zu Ihnen zu kommen, aus Angst, Sie hätten kein Verständnis für ihre momentane Lage. Umso besser ist es dann, wenn es noch andere Erwachsene gibt, denen das Wohl Ihrer Tochter am Herzen liegt. Das kann eine Freundin von Ihnen sein, es kann eine Tante oder eine Nachbarin sein. Wichtig ist, dass wir als Eltern diesen Kontakt zulassen, ihn gutheißen. Denn so kommen die Kinder nicht in Loyalitätskonflikte und können sich frei fühlen. Sie haben sozusagen die Erlaubnis: »Wenn du mit mir gerade nicht so gut kannst, sprich mit Tante Stefanie.« Ausgesprochen oder unausgesprochen: Wenn die Jugendlichen spüren, dass sie auch zu anderen Menschen als zu den Eltern einen guten Kontakt haben »dürfen«, dass es ihnen dort gut gehen darf, haben sie einen guten Halt, ein Netz, das sie auffängt, wenn sie »hinfallen«. Hier kann Ihre Tochter vielleicht ihren Liebeskummer loswerden, es gibt jemand Erfahrenen, der einfach nur zuhört und nicht »erzieht«. Das bereichert die Kinder, es tröstet sie, rettet sie vielleicht, wenn sie mal großen Kummer haben, und es entlastet im Zweifel auch die Eltern, ohne ihnen etwas wegzunehmen. Keine Sorge: Sie bleiben die Eltern.

»Die normale Familie ist für die Wertevermittlung nicht das Maß aller Dinge. Für ein Problem gibt es oft zwanzig verschiedene gute Lösungen.«

JOHANNES, 48 JAHRE, VATER VON VIER KINDERN

—

»Für mich war es die Rettung, dass ich eine Lehrerin hatte, die mich mochte und zu der man gehen konnte. Sie fuhr einen grünen Käfer, war oft schwarz angezogen und sehr lebensfroh. Das hat mir gut gefallen und mir gezeigt, es gibt noch andere Welten, als die eine zu Hause.«

SARAH, 42, ZWEI TÖCHTER

Eine Rolle rückwärts

»Als Mädchen fühle ich mich manchmal hässlich und immer ausgegrenzt.«

Gina, 13 Jahre

Mädchen in der Pubertät gehen meist nicht ungebrochen heiter, stark und mutig weiter durchs Leben. Mit ungefähr 13 erleben viele einen Knick. Mädchen, die gerade noch unerschrocken die Welt erobert haben, verlässt der Mut. Sie sind plötzlich auf allen Ebenen verunsichert: Sie zweifeln an sich selbst, daran, ob sie schön genug sind, ob ihre Freunde und Freundinnen sie wirklich mögen, ob sie gewollt sind. Der Psychologe Thomas Schauder hat eine Studie zur Entwicklung des Selbstwertgefühls von Kindern und Jugendlichen durchgeführt und sehr deutliche Unterschiede zwischen den 10- bis 11-Jährigen und den Zwölf- bis 13-Jährigen festgestellt. Einerseits gebe es im Vergleich zu vor zwanzig Jahren einen positiven Trend in Richtung Selbstwertgefühl bei den Mädchen. Dennoch sei in allen Lebensbereichen, ob Schule, Freizeit oder Familie, in dieser Zeit – bei Mädchen und Jungen – das Selbstwertgefühl gemindert. Dabei ist der Selbstwert ein menschliches Grundbedürfnis, eine existenzielle Motivation zum Leben:

»Ohne ein Minimum positiver Selbstwertschätzung würde ein Weiterleben sinnlos erscheinen.«[70]

Thomas Schauder, Psychologe und Familientherapeut

»Meine Tochter traut sich manchmal nicht, ihre Freundinnen anzurufen«, klagt die Mutter einer 13-Jährigen. *»Sie weiß nicht, ob sie gewollt ist.«*

Mädchen, die bislang ihre eigene Mode »kreiert« haben, unbekümmert in Papas Schlabberklamotten herumgelaufen sind, stellen ihre Individualität infrage. Sie fühlen sich nicht mehr wohl, wenn sie anders aussehen als die anderen.

»In der fünften und sechsten Klasse hatten wir ausgefallenere Sachen an, wir hatten mehr Mut, auszuprobieren. Mir war es egal, was die anderen machten, ich wollte anziehen, was ich schön fand.«

LENA, 15 JAHRE

Optisch gewinnt man den Eindruck, dass sich die Mädchen einander angleichen. Sie fangen an, sich ähnlich anzuziehen, zu frisieren, zu schminken. Sie kleiden sich wie die Models im Fernsehen und auf Plakaten – wie die anderen Mädchen. Der griechische Schriftsteller Christos Tsiolkas lässt in seinem Buch »Nur eine Ohrfeige« die Drehbuchautorin Anouk über die jungen Mädchen feststellen:

»Ich glaube, ich finde vor allem schlimm, dass sie so austauschbar sind, so hollywoodmäßig.« Die heutigen Teenager eiferten einem zynischen Desinteresse nach, das ihnen von den Medien vorgelebt würde. Das wäre purer Egoismus. Eine Welt außerhalb des Images existierte nicht.[71]

CHRISTOS TSIOLKAS: IN: »NUR EINE OHRFEIGE

Einheit gibt Sicherheit. »Wenn ich so aussehe wie die anderen, bin ich dabei, gehöre ich dazu«, scheint eine Idee zu sein, der viele Mädchen folgen.

»Früher sahen wir alle zusammen scheiße aus. Heute findet man das schön, was die anderen anhaben. Was modern ist. Ich finde das auch schön.«

Lena, 15 Jahre

Es gibt noch mehr Gründe, warum Mädchen genau beobachten, was die anderen machen, was »in« ist, was sie tun müssen, um dazuzugehören:

Mädchen-Druck

»Als Mädchen fühle ich mich manchmal etwas unter Druck gesetzt wegen des Aussehens und wegen der Klamotten.«

Vera, 13 Jahre

Jugendliche stellen fest, dass Mädchen einem großen Druck unter Gleichaltrigen ausgesetzt sind. Es gibt Konkurrenz, und die anderen beobachten einen genau, reden und bewerten ihre Altersgenossinnen:

»Ich finde, man wird total unter Druck gesetzt von anderen Mädchen, weil sie jeden Tag aufgestylt zur Schule kommen und du stehst so daneben und fühlst dich so, keine Ahnung … Die gehen immer so jede zweite Woche shoppen, und dann

kommen die mit neuen Klamotten nach Hause und stellen so Fotos rein und so – da wird immer viel gelästert über neue Klamotten und so.«

CLARA, 14 JAHRE

Gerade in einer Zeit, in der das Selbstwertgefühl wackelig ist, werden Hilfsmittel benötigt, um sich abzusichern. Schwierig wird es, wenn sich alles auf das Äußere fixiert, wenn Aussehen mit Glück gleichgesetzt wird. Jugendliche beobachten das, zum Beispiel der 13-jährige Mathew:

»Aussehen bei Mädchen ist sehr wichtig, denn wenn sie nicht so aufgestylt sind, denken sie, dass sie nicht gemocht werden, und sie wollen den anderen auch gefallen.«

MATHEW, 13 JAHRE

Druck unter Gleichaltrigen empfinden junge Mädchen in vielen Bereichen. »Es geht nicht darum, so gut zu sein, wie man kann, sondern besser zu sein als die anderen. Sportlicher, hübscher, besser in der Schule«, erzählt mir die 14-jährige Tabea. »Angesagt ist, wer ein großes Haus hat und Klamotten von Abercrombie und Hollister.«

Aber sie sehen auch, dass das nicht gut ist. Sie spüren, dass das nicht das »wahre« Leben ist. Ich habe mit Jugendlichen einer integrativen Gesamtschule gesprochen, und sie genießen es, dass es hier Anerkennung für soziales Verhalten gibt, dass jeder Mensch gleich geachtet wird – und dass Werte ein Thema sind.

Wer hört mir zu?

»Als Mädchen fühle ich mich manchmal negativ, tussig, störend, anstrengend.«

Lola, 13 Jahre

Wenn man 13- bis 15-jährige Mädchen fragt, wie sie sich manchmal fühlen, dann beschreiben sie unter anderem Empfindungen wie »nicht richtig zu sein, nicht zu passen«.

Vor einiger Zeit haben die amerikanischen Psychologinnen Lyn Brown und Carol Gilligan eine Studie durchgeführt, deren Ergebnisse heute genauso, wenn nicht ausgeprägter, zu beobachten sind.[72] Sie begleiteten die Entwicklung von rund 100 Mädchen zwischen sieben und 18 Jahren über fünf Jahre. Eindrücklich beschreiben hier die jungen Mädchen ihre Not, dass ihnen keiner zuhören will, dass sie Geringschätzung und Desinteresse erleben, dass sie Frustgefühle und Ärger gegenüber ihren Eltern und Freunden hinunterschlucken, um sie nicht zu verärgern. Sie fühlen sich ihrer selbst nicht sicher und wollen deshalb umso mehr gemocht werden. Die eigene Meinung scheint zu wackelig, besser hört man auf andere. Wie kommt das? Leben Mütter vor, dass sie in Auseinandersetzungen immer nachgeben? Schenken die Eltern selbst der Meinung von Männern oder Jungs mehr Beachtung als den Ansichten ihrer Töchter?

»Als Mädchen fühle ich mich manchmal unterschätzt. Manche glauben, dass Jungs vieles besser können, nur weil das Jungs sind.«

Clara, 14 Jahre

Gibt es zu wenig Raum und Zeit für Ideen der Mädchen, weil andere Sorgen in der Familie im Vordergrund stehen? Hat es mit brüchigen Lebenskonstellationen zu tun? Haben die Mädchen erlebt, dass man, wenn man zu heftig streitet oder seine Meinung sagt, verlassen wird oder selber gehen muss? Ein Schuldirektor erzählte mir, dass es heute sehr viele angepasste Schülerinnen und Schüler gibt. Haben sie aufgrund gesellschaftlicher oder familiärer Ungewissheiten Angst, jetzt auch noch Stress zu machen und dann verlassen zu werden?

Körper trifft Seele

Vom Mädchen zur Frau

Der Körper der jungen Mädchen nimmt jetzt weiter frauliche Formen an. Aus den Brustknospen entwickeln sich spätestens jetzt die weiblichen Brüste. Die Mädchen schießen in die Höhe und sind zu der Zeit häufig größer als gleichaltrige Jungen. Becken und Hüften werden breiter. Nach den Schamhaaren wachsen die Achselhaare. Und auch die inneren Geschlechtsorgane verändern sich. Die Scheidenwand wird dicker, die Gebärmutter wächst und die Eizellen reifen. Die meisten Mädchen haben ihre erste Periode, das offizielle Zeichen der sexuellen Reife liegt vor dem 14. Lebensjahr. Die Mädchen beschäftigt das sehr, denn es passiert etwas mit ihnen, das sie nicht steuern können. Andererseits gehören sie jetzt zur Welt der Frauen und machen körperlich einen großen Schritt in Richtung Erwachsenenwelt.

Für Frauenforscherinnen seit Simone de Beauvoir bis heute ist die Menstruation mit einem weiteren Knick in der Biografie der Mädchen verbunden. Die gesellschaftliche Entwertung des

Weiblichen ist an den Körper gebunden, insbesondere an die Menstruation. In Untersuchungen wurde herausgefunden, wie wenig sich viele Frauen »im eigenen Körper zu Hause fühlen«, wie sie die erste Menstruation zunächst als »toll«, weil sie jetzt zur Welt der Frauen »dazugehören«, und später als »lästig« und »nervig« ansehen. Sie ist ein »Hygieneproblem«, dass es wegzumachen gilt, wie es auch die Binden- und Tampon-Werbung verspricht.[73]

Eltern können dem etwas entgegensetzen, indem sie die Nachricht vom ersten Blutstropfen in der Unterhose nicht nur mit Hygieneanweisungen beantworten, sondern auch ihrer Freude Ausdruck verleihen und Raum geben, darüber zu sprechen. Es müssen keine Partys gefeiert werden, das empfinden viele Mädchen als peinlich »überdimensioniert«, aber ein kleines Zeichen – zusammen Eis essen gehen, ein Geschenk auf dem Kopfkissen – betont die andere, die lustvolle Seite der Menarche. »Frau sein ist etwas Tolles und du gehörst jetzt dazu«, ist die Botschaft, die mutig und stark macht.

»Ich habe meiner Tochter einen Stein in Herzform auf den Nachttisch gelegt. Den hütet sie seither wie ihren Augapfel.«

Elisa S., eine Tochter, ein Sohn

»Chaupadi«

Die Sitte »Chaupadi« verbietet es Frauen im Westen Nepals, sich im Haus oder in einem Tempel aufzuhalten, während sie ihre Tage haben.

Nach alter Tradition müssen junge Mädchen und Frauen während dieser Zeit in Kuhställen ausharren. Jedes Jahr sterben dort Frauen an Schlangenbissen, Unterkühlung oder Blutungen.

Und plötzlich ist da keiner mehr

Der Eintritt in die Pubertät ist für manche Jugendliche von Einsamkeit begleitet. Eltern denken oft: »Jetzt sind sie doch schon so weit, jetzt müssen sie doch wissen, was im Haushalt, in der Schule, in der Familie zu tun ist, jetzt brauchen sie mich nicht mehr so.« Und so ziehen sie sich vielleicht zurück. Manche Eltern beziehen die Launen der Mädchen auf sich und reagieren gekränkt.

Andere sehen ihre blühenden, hübschen Töchter gleichzeitig als Spiegel ihres eigenen Alterungsprozesses. Manche Väter gehen zu ihren körperlich entwickelten Töchtern auf Distanz. Die Mädchen verstehen das nicht. Sie empfinden ihrerseits das veränderte Verhalten der Eltern als gegen sich gerichtet.

Aufgrund solcher Missverständnisse und Gekränktheiten entwickelt sich bei ihnen manchmal eine große Leere. Dabei brauchen sie ihre Eltern dringend. Nicht mehr als ständige Begleiter, aber als Ansprechpartner, sie brauchen keine Kontrolleure, die ihnen keinen Spielraum lassen. Sie brauchen ihren eigenen Bereich und Vertrauenspersonen, »feste Säulen«, die ihnen helfen, durch die stürmische Zeit zu kommen.

Der Vater einer Tochter erzählte mir, dass seine Tochter in der Zeit, als sie ihre erste Periode bekam, sehr reizbar war und gleichzeitig sehr in sich gekehrt. Er habe sie nicht darauf angesprochen, sondern einfach »weiter im Text« gemacht. Es habe so eine Art Einvernehmen gegeben: »Ich weiß, dass du gerade daran knabberst, ich spreche dich nicht darauf an, aber ich bin bei dir und es ändert sich nichts zwischen uns.«

Mütter: Modell »Frau«

Mütter sind das erste weibliche Modell, das die Töchter kennenlernen. An ihren Müttern orientieren sie sich: Wie geht Frausein? Wie könnte, sollte, müsste, werde ich einmal werden? Und das sehen oder erahnen sie an allen Verhaltensweisen und Gedanken, die sie bei ihrer Mutter beobachten und ablesen. Daran, wie die Mutter über sich und über andere Frauen redet, wie sie sich selbst behandelt, erfahren sie: Mag sie sich? Und sie schlussfolgern daraus: »Sind Frauen sich selber etwas wert?« Sie bekommen mit: »Hat meine Mutter Humor? Sagt sie ihre Meinung, wenn ihr etwas nicht gefällt? Ist sie fürsorglich? Nimmt sie sich zurück für andere? Liebt sie ihren Beruf? Wie geht sie mit Jungen, mit Männern, mit Frauen, mit Mädchen um? Mag sie ihren Körper? Achtet sie permanent auf ihr Gewicht und spricht abwertend über ihren Körper oder steht sie vor dem Spiegel und ist zufrieden mit sich? Ist sie unglücklich mit sich, ihrem Leben, ihrem Aussehen, ihrer Rolle oder schaut sie grundsätzlich positiv in die Welt?« Das alles kriegen Mädchen mit, mit und ohne Worte. Sie »atmen« es ein und sie ziehen ihre Schlüsse daraus – bewusst oder unbewusst. Manche verhalten sich genauso wie ihre Mütter, andere wollen es extra anders machen. Das Selbstwertgefühl der Mutter transportiert sich geradewegs unter ihre Haut, unmerklich, und es wirkt umso effektiver.

»Meine Mutter achtet sehr auf ihr Äußeres, sie hat ständig Diäten gemacht, sie fand sich immer zu dick. Wenn wir gegessen haben, hat sie oft nicht mitgegessen. Heute achte ich auch darauf, dass ich z.B. abends mal nichts esse.«

HELENA, 15 JAHRE

Das Körperbild, die Zufriedenheit mit sich und ihrem Körper vermittelt die Mutter ebenso durch die Art, wie sie Mutter ist. Gibt es ein vertrauensvolles Verhältnis zu Hause? Sind die Rollen klar? Kann die Tochter sich anlehnen bei ihr als erfahrener stabiler Frau, die ihr Halt bietet, oder ist sie selbst sehr unsicher und kann der Tochter keinen geschützten Rahmen bieten?

»Ich hatte immer Angst vor einer Mutter-Tochter-Beziehung, weil ich selbst keine gute hatte. In der Pubertät war meine Mutter nicht da. Ich habe meine Freundinnen beneidet, dass sie mit ihren Problemen zu ihrer Mutter gehen konnten. Bei uns gab es kein Vertrauen.«

JOHANNA, 40, DREI JUNGEN UND EIN MÄDCHEN

Die Frage, wie wir unsere Mutterrolle ausfüllen, hängt entscheidend damit zusammen, was wir darüber selbst gelernt und erfahren haben. Wie sind wir ausgestattet? Hatten wir eine Mutter, die uns beschützt, gefördert, geliebt und unterstützt hat? Eine, die einen Beruf hatte, der sie ausfüllte? Eine, die zufrieden war, den Haushalt zu schmeißen und die Kinder zu erziehen? Eine, die ein respektvolles Verhältnis zu unserem Vater hatte? Hat sie uns mitgegeben, dass Frausein eine tolle Sache ist, und mochte sie sich selbst als Frau? Mädchen spüren in vielen Dingen, ob ihre Mutter mit ihrer Rolle als Frau im Einklang ist oder ob sie sich oft minderwertig fühlt. Vermittelt sie: »Sei schön brav und fang keinen Streit an«, oder sagt sie: »Deine Meinung ist wichtig, und wenn du in der Schule ungerecht behandelt wirst, kannst du dich dazu äußern«? – Nörgelt sie eher an Aussehen und Auftreten ihrer Tochter herum oder bestätigt sie sie und gibt ihr die Gewissheit: »Du bist gut so, wie du bist.«

Wenn Mädchen in die Pubertät kommen, wenn sie sich

vom Kind zur Frau entwickeln, ändert sich etwas: Sie sind jetzt selbst eine Frau, sie sind begehrenswert im erotischen Sinne, sie können vielleicht Kleider tragen, die wir nicht mehr anziehen können, sie führen uns vor Augen, dass sie jetzt dran sind. Das kann auch schmerzlich sein. Die Mädchen spüren sehr genau, wie ihre Mütter das erleben:

»Ich glaube, die Pubertät ist ein Problem für die Eltern. Denn wenn die sehen, wie wir erwachsen werden, dann spüren sie, dass sie alt werden. Es fällt ihnen sehr schwer, diese Realität zu akzeptieren.«

Janina, 16 Jahre

Junge Mädchen müssen sich ablösen von ihrer Mutter und einen eigenen Weg finden. Gleichzeitig sind wir als Mütter für junge Mädchen sehr wichtige Bezugspersonen. So sind Mütter für Mädchen mit Abstand die wichtigsten Personen der Sexualaufklärung. 68 % der Mädchen deutscher Nationalität geben sie als wichtigste Bezugsperson an. Das zeigt auch, dass es eine Vertrauensbasis zwischen den beiden gibt. Mädchen aus Migrantenfamilien bezeichnen ihre Eltern deutlich seltener als »wichtigste Bezugspersonen«.[74]

Coach

Für die Tochter ist es eine Riesenhilfe, wenn wir uns mit unserer Haltung uns selbst und unserer Tochter gegenüber auseinandersetzen. Wenn wir uns »minderwertig« fühlen, ist es eine hilfreiche Frage, wie wir daran etwas verändern können. Sehr viel hilfreicher, als dieses Minderwertigkeitsgefühl unreflektiert weiterzugeben. Konkurrenzgefühle, weil die Töchter jetzt »dran« sind, weil sie schön sind, schöner als wir, weil sie leichter den Vater um den Finger wickeln können, sind normal. Wenn wir uns darüber klar sind und sie reflektieren, können wir dafür sorgen, dass wir sie den Mädchen nicht weitergeben. Sie probieren sich aus und bereiten sich vor auf ihr Leben als Frau. Wir können uns ihnen zur Verfügung stellen – mit unserer Erfahrung, unserem Mitgefühl und unserer Haltung. Und wir können uns freuen, wenn es ein gutes Vater-Tochter-Verhältnis gibt. Väter nehmen Müttern nichts weg – im Gegenteil, ein gutes Verhältnis zwischen Vater und Tochter entlastet und bereichert die Beziehung zwischen Mutter und Tochter – die Mutter muss nicht alles können und sie muss nicht alle Bedürfnisse abdecken.

Was Mädchen sich von ihren Müttern wünschen:

»Dass sie stolz und zufrieden mit mir ist.«

(Clara, 14 Jahre)

»DASS SIE STOLZ AUF MICH IST.«

(Gina, 13 Jahre)

»DASS ICH IMMER ZU IHR KOMMEN KANN. MANCHMAL RUHE.«

(Gisa, 13 Jahre)

»Dass sie mich nicht so extrem beobachtet und alles wissen will.«

(Vera, 13 Jahre)

»Abstand, meine Ruhe, Vertrauen.«

(Lola, 13 Jahre)

»Dass sie immer zu mir hält und mich tröstet, wenn ich traurig bin.«

(Natalie, 13 Jahre)

Väter geben eine andere Farbe, und das ist gut

»Ich glaube, dass man als Vater für die Mädchen insofern wichtig ist, als man den Kontakt hält zur männlichen Welt und denen auch ein positives Männerbild geben kann. Ich glaube, das ist gut, wenn die sagen – kurzzeitig – :»Alles Idioten, aber Papa ist prima.« Es ist besser, sie finden einen Mann gut, als sie finden gar keinen mehr gut.«

MARIO, 43 JAHRE, ZWEI TÖCHTER

»Väter haben die Aufgabe, einen Keil zwischen Mutter und Kind zu treiben«, das hat mir die Psychoanalytikerin Franziska Langer erzählt, als ich vor Jahren mit ihr ein Interview zum Thema »Mutter–Tochter« geführt habe. Dieser Keil ist ein positiver Keil. Kinder/Töchter lernen: Es gibt noch ein anderes Modell davon, wie Leben sein kann, wie man das Leben sehen und nehmen kann, und das ist auch interessant und gut. So selbstverständlich es klingt, so neu ist es für manche Eltern: »Töchter – und natürlich auch Söhne – brauchen einen Vater, der sich für sie interessiert.« »Wie geht es dir?«, »Was beschäftigt dich?«, »Wo brauchst du meine Unterstützung?« sind Fragen, die Liebe und Wertschätzung eines Vaters markieren und den Mädchen Selbstbewusstsein vermitteln, »Ich bin wichtig.« – »Ich bin interessant.« Mädchen, die dieses Gefühl, speziell von ihren Vätern nicht kennen, laufen manchmal ein Leben lang der Anerkennung von Männern hinterher. Andere wenden sich vielleicht ganz von ihnen ab. Ein souveränes, normales Verhältnis zu ihnen zu entwickeln fällt vielen dann schwer.

»Ich möchte meinen Töchtern ein positives Verhältnis zu Männern vermitteln, ich will denen nicht dauernd sagen: ›Das sind alles Idioten.‹ Ich möchte denen zeigen: Auch Männer können sich für euch interessieren und nachvollziehen, was ihr denkt.«

MARIO, 43 JAHRE, ZWEI TÖCHTER

Wenn Väter präsent im Alltag vorkommen, nicht nur körperlich anwesend, sondern aktiv mitmischen, im Haushalt und in der Erziehung, wenn sie Standpunkte vertreten, Angebote machen, Interesse zeigen, bedeutet das gleichzeitig eine Wertschätzung der Tochter und der Mutter. »Wir kümmern uns zusammen«, ist die Botschaft. An einer respektvollen, wertschätzenden Haltung des Vaters der Mutter gegenüber sehen Töchter auch: »Frauen sind wertvoll.« Wenn Väter gleichwertig ihre Erziehungsaufgabe wahrnehmen, können sie zum Beispiel ausgleichen, wenn Mutter und Tochter gerade nicht so gut miteinander können, sie geben eine andere Farbe. Die Soziologin Karin Flaake berichtet von einem jungen Mädchen, die über ihren Vater sagt: »Mein Vater hat sich nicht so tief verletzen lassen. Es hat ihn einiges furchtbar gestört, ich hatte mit ihm heftige Auseinandersetzungen, aber die waren mehr auf einer sachlichen Ebene, es ging um Argumenteaustausch.« Flaake betont, dass der Vater einerseits die aufgeladene Mutter-Tochter-Beziehung entlasten und andererseits die Ablösungskämpfe der Tochter mildern konnte.[75] Wenn Väter ihre Rolle einnehmen, braucht es dafür manchmal Mütter, die einen Schritt zurücktreten, und es braucht gegenseitiges Vertrauen der Eltern zueinander. Wenn beide sagen können: »Der andere macht es anders« (was der Normalfall ist), »und er macht es auf seine Weise gut. Ich kann ihn in seiner anderen Art lassen und habe Vertrauen zu ihm/ihr«, dann gelingt die gemeinsame Erziehung bei getrennten und nicht getrennten Paaren.

»Ich möchte meine Tochter auch damit konfrontieren, dass ich Sachen oft anders sehe als sie, auch Probleme anders löse, als meine Frau sie lösen würde … manchmal finde ich es auch gut, ein bisschen harscher zu denen zu sein. Das finden die vielleicht in dem Moment blöd, aber dann wissen sie: »So kann die Welt auch sein. Damit muss ich auch umgehen können. Das ist auch eine Problemlösung.«

David, 45, ein Sohn, eine Tochter

Manche Väter ziehen sich gerade in der Pubertät der Töchter von ihnen zurück. Sie sind unsicher, wie sie sich ihrer Tochter, die jetzt körperlich entwickelt ist, gegenüber verhalten sollen. Sie fragen sich: »Darf ich sie noch einladen, auf meinem Schoß zu sitzen?«, »Darf ich noch ins Bad gehen, wenn sie gerade duscht?« Väter haben Angst vor zweideutigen Situationen, davor, dass ihre Tochter verführerisch auf sie wirkt. Dabei sehnen sich die Mädchen gerade in dieser Zeit sehr nach ihrer Präsenz. Eine Mutter erinnert sich:

»Gerade in der Pubertät hat mir das sehr zu schaffen gemacht, dass ich zu meinem Vater ein weniger warmherziges Verhältnis hatte. Ich glaube nicht, dass ich ihn unbedingt körperlich mehr gebraucht hätte. Ich hätte gern gehabt, wenn er gesagt hätte, dass ich Dinge gut mache oder dass ich gut aussehe oder so was. Das hätte ich mir gewünscht.«

Hilde, 42 Jahre, eine Tochter, ein Sohn

Was Mädchen sich von ihren Vätern wünschen:

»Dass er mir und meiner Mutter immer zur Seite steht, egal, was passiert.«

(Natalie, 13 Jahre)

»Dass er stolz auf mich ist.«

(Gina, 13 Jahre)

»Verständnis.«

(Lola, 13 Jahre)

»Dass er stolz auf mich und zufrieden mit mir ist.«

(Clara, 14 Jahre)

»Ich wünsche mir von ihm, dass er für mich da ist, dass er mich bei wichtigen Entscheidungen (z. B. Zukunftspläne ...) unterstützt. Ich finde, ein guter Vater sollte für einen da sein, aber einem auch Freiheit geben können.«

(Emma, 15 Jahre)

Coach

Wenn Väter spüren, dass ihre Tochter eine bislang gewohnte Nähe nicht mehr möchte, sollten sie das auf jeden Fall respektieren. Väter können ihre eigene Haltung und Empfindungen reflektieren. Wenn sie sich erregt fühlen, wenn die Tochter auf ihrem Schoß sitzt, dann müssen sie die Situation beenden. Doch mit einer klaren Haltung sich selbst gegenüber können sie die gewohnte Nähe weiter zulassen. Töchter würden es als Zurückweisung erleben, wenn der Vater sie plötzlich nicht mehr in den Arm nimmt, sobald ihr Körper sich verändert, sie würden es nicht verstehen. Väter müssen wissen, dass die Frage der Tochter: »Wie gefalle ich dir?«, an sie als Stellvertreter aller Jungen und Männer dieser Welt gerichtet ist, dass sie ihren Vater nicht real verführen will. Sie möchte lediglich in einem geschützten Rahmen, in dem die Rollen klar sind, ausprobieren, wie sie ankommt, sie möchte Komplimente hören und Bestätigung erhalten. Dieser Verantwortung sind sich manche Väter nicht bewusst. Eine unbedachte Äußerung bezüglich des Aussehens ihrer Tochter kann die Tochter sehr stark verunsichern. »Du bist aber moppelig«, ein solcher Satz sitzt tief, und wenn Väter ihn nicht ganz rasch wieder zurücknehmen, gräbt er sich ein und kann ein Mädchen in Diäten und im Extremfall in eine Essstörung treiben. Wichtig ist, dass einem Vater klar ist, dass sich seine Tochter an ihm ausprobieren möchte. Es geht für sie um ein Probehandeln in einem geschützten, sicheren Rahmen. So erfahren Töchter, wie sie auf Männer wirken, und

Interview mit Wolfgang Niedecken (BAP) darüber, Vater von zwei Töchtern zu sein

Wolfgang Niedecken,
Vater von zwei Mädchen
und zwei Jungen über Väter
als »Crashtest-Dummy«
und »Silberrücken«

»Mädchen sind die edleren Wesen«

Was ist wichtig bei der Erziehung von Mädchen?

Wenn ich mal zu Adam und Eva zurückgehe: Ich bin zwar mit reichlich Frauen aufgewachsen, aber nicht mit Mädchen. Die Frauen, mit denen ich aufgewachsen bin, die waren mehr oder weniger alle schon erwachsen. Insofern gab es in meinem Kosmos auf der Severinstraße 1 in diesem Lebensmittelladen lauter erwachsene Frauen, und ich war das Junghähnchen im

Korb und sie haben sich alle rührend um mich gekümmert. Aber ich hatte natürlich bis zu dem Zeitpunkt, als Mädchen für mich interessant wurden, bis ich in die Pubertät kam, überhaupt keine Ahnung, was Mädchen bis zu diesem Alter eigentlich tun. Das hat bei mir zu der Fehlannahme geführt, dass man Mädchen immer auf ein Podest stellen muss. Ich hab sie immer als die edleren Wesen angesehen, hab sie regelrecht vergöttert und überhaupt nicht den Gedanken gehabt, dass die auch gemein sein können, dass die auch böse sein können, dass die auch genauso ihre Fehler haben wie ich. Das ist mir eigentlich auch erst bewusst geworden, als ich selber Töchter hatte.

Abenteuer Mädchen

Als du wusstest, du würdest Vater eines Mädchens, was war das für ein Gefühl?

Als ich wusste, ich würde Vater eines Mädchens sein, war ich gespannt auf das, was da kommen würde.

Ich hab ja alle vier Kinder nach dem Wundertüten-Prinzip bekommen. Ich wollt nicht wissen, was es wird. Die Kinder kamen, und dann war der erste Gedanke: Ist es gesund? Und dann erst: »Es ist übrigens ein Mädchen.« Das war für mich: »Aha, jetzt bin ich also Vater einer Tochter.« Ich weiß noch, wie meine älteste Tochter zur Welt kam und mir durch den Kopf ging: »Jetzt bin ich Vater einer Tochter, mal gucken, wie das wird.« Ich war erst mal neugierig auf dieses Abenteuer. »Was passiert denn jetzt?« Und das hat sich auch durchgehalten. Noch heute sitze ich manchmal hier in unserem Familienzusammenhang rum und denke: »Irre, das hätte mir vor zwanzig Jahren mal einer sagen sollen, dass ich je in einem Haushalt, wenn ich den Hund dazu rechne, mit vier Weibern rumhänge.« Sensationell!

»Mädchen lieben andere Musik als Jungen«

Was hast du durch deine Töchter gelernt?

Über eine lange Zeit sieht es ja fast so aus, als wenn Mädchen dasselbe tun wie Jungs. Die buddeln Löcher in den Sand, wenn du mit ihnen am Strand sitzt, und machen nicht unbedingt irgendetwas, was einem besonders weiblich erscheint. Das ist natürlich auch von Fall zu Fall verschieden. Es gibt Mädchen, die sind mehr wie Jungs, und Mädchen, die sind von Anfang an wahrscheinlich eher mädchenhaft.

Ein Unterschied zwischen Mädchen und Jungen ist allerdings der Musikgeschmack. Das mag jetzt ein Klischee sein, aber ich behaupte: Mädchen wollen immer eine körperbetonte Musik haben, eine Musik, zu der sie sich bewegen können. Und bei Jungs ist das nicht unbedingt so. Den Jungs ist die Tanzbarkeit von Musik erst mal ziemlich egal. Hauptsache ist, sie können ihre Gefühle damit ausdrücken – ob das Aggression ist, Traurigkeit, Ausgelassenheit, Frustration, was auch immer. Männliche Musik ist meistens aggressiver. Bei meinen Söhnen war das ganz eindeutig; sobald sie selber entschieden haben, welche Musik sie denn jetzt zu ihrem Soundtrack ernennen, war das schon harte Musik. Das war schon irgendwie Crossover, Punk, auch Hip-Hop natürlich. Meine Jungs sagen zum Beispiel, die Musik meines Freundes Clueso sei was für Mädchen. Denen ist das zu soft. Wobei ich denke, dass die Herren da noch was kapieren müssen. Denn das stimmt nicht.

Aber ich kenn das eigentlich von allen Frauen, denen ich begegnet bin. Frauen tanzen einfach lieber. Ich kenne kaum Jungs, die gerne tanzen. Vielleicht hängt das aber auch damit zusammen, dass ich nur solche Jungs kenne. Vielleicht ist es ja auch nur ein übler Verdacht, aber in der Regel ist es so, dass Jungen, solange sie im Balzalter sind, halt tanzen gehen. Sonst kommt man ja nicht zu Potte. Aber ansonsten war ich immer froh, wenn ich nicht tanzen musste … um mal ganz ehrlich zu sein. Außerdem hab ich meistens in der Band gespielt und von der Bühne aus beobachtet, wie sich tanzende Jungs zum Affen gemacht haben.

»Ich bin sozusagen der Crashtest-Dummy«

Was ich natürlich bemerkt hab, ist, dass ich als einziger Mann in diesem Haushalt natürlich derjenige bin, an dem alles ausgetestet wird. Es wird zum Beispiel ausgetestet, wie man wo am besten durchkommt, wie man mit den Augen klimpert, um das und das zu kriegen, und das auch möglichst geschickt. Meine Frau sagt immer, ich würde überhaupt nichts merken, wenn sie mich austricksen. Natürlich merk ich das, ich lasse halt viel durchgehen, weil ich denke: »O.K., lass sie mal machen.« Ich bin sozusagen der Crashtest-Dummy, und das ist gut so, aber du musst auch viel Geduld haben. Unsere Töchter sind vom Temperament relativ verschieden, und jede von ihnen geht das unterschiedlich an.

Auf der anderen Seite merke ich, dass meine Töchter mir auch gerne gefallen möchten und dass sie sich zum Beispiel manchmal in einer Form kleiden, von der sie denken: »Das gefällt dem Papa.« Müssen sie gar nicht. Ich würde sie trotzdem klasse finden, auch wenn es mir natürlich schmeichelt.

Jungs

Sind Jungs anders als Mädchen?

Mit den Jungs hab ich das große Handicap, dass ich mit denen in dem Alter, wo sie dann vom Jungen zum Mann wurden, nicht mehr in einem Haushalt zusammengelebt habe. Also ich habe diesen Alltag nicht erlebt. Ich habe diese Vaterrolle teilweise auch versäumt. Der Vater, der sagen musste: »Nee, nee, so nicht, bitte anders.« Das hab ich leider versäumt und das tut mir heute sehr leid, weil ich genau weiß, dass sie es gebraucht hätten. Denn so, wie man an einem Vater als Mädchen alles Mögliche testet, so will sich ein Junge natürlich auch am Vater reiben. Das weiß der gar nicht, aber er will es. Der muss sich an seinem Vater ausprobieren können. Denn letztendlich ist der Vater die gütigste Männerfigur, die er antreffen kann, und wenn er sich nicht an dem reiben kann, wird er als Nächstes schon irgendwo vor die Pumpe laufen.

»Tief Luft holen und geistig um den Block gehen«

Ich denke, dass Erziehung ganz viel mit Güte zu tun hat, wo man als Eltern tief Luft holt, einmal geistig um den Block geht und sich dann sagt: »O.K., noch mal.« Das ist für beide Geschlechter so. Eltern sollten mit Weisheit und Güte auf ihre Kinder gucken. Ich mag gerne diese alten Begriffe dafür, die treffen es für mich.

Unterschied: Mütter–Väter

Wie unterscheidet sich die Position von Vätern und Müttern?

Natürlich bist du als Vater einer Tochter in einer anderen Position als die Mutter. Und trotzdem glaub ich, muss man sich da sehr, sehr sensibel verhalten. Die Töchter werden ihrem Vater nicht unbedingt sagen, wenn sie zum ersten Mal die Tage haben, und er sollte sie auch nicht darauf ansprechen.

Es ist sicher ein großer Fehler von mir, dass ich überhaupt selten nachfrage. Auf der anderen Seite kann das aber auch als respektvoll empfunden werden, wenn sie endlich mal in Ruhe gelassen werden. Mütter würden vielleicht immer weiter nachfragen.

Sie sind näher dran, wenn es z.B. um die körperliche Entwicklung geht, deswegen laufen sie auch Gefahr, schneller zu nerven. Aber durch diese Rolle müssen sie leider durch. Die Mutter ist bei der Tochter da einfach »reif«. Sie wird von den Mädchen viel eher verbal angegriffen. Meine Frau dürfte sich auf keinen Fall so verhalten wie ich, das würde nicht gehen. Dann würde ja keiner mehr fragen. Du lieber Gott, das wäre ja furchtbar. Durch sie erfahre ich natürlich ganz viel darüber, was die Kinder beschäftigt. Abgesehen davon könnte einem seine Zurückhaltung auch als Desinteresse ausgelegt werden. Es ist nur ein kleiner Schritt, dass die Kinder dann denken: »Der Alte interessiert sich nicht für mich. Der fragt mich ja nie.« Das wär sehr traurig. Manchmal darfst du den Moment nicht verpassen. Da musst du dich fragen: »Kann ich es jetzt wagen oder kann ich es nicht wagen?« Das ist eine Frage der Sensibilität.

Das größte Kompliment hab ich gekriegt, als ich zum 18. Geburtstag meiner Tochter hier im Haus sein durfte, während meine Frau nicht da sein durfte. »Weil der Papa nicht nervt.« Das war eines der größten Komplimente, die ich jemals gekriegt hab.

Humor

Welche Bedeutung hat Humor in der Erziehung?

Mädchen lesen ja seltener Comics – komischerweise. Woran das liegen mag, ist mir auch schleierhaft. Meine Frau hat nie einen Comic gelesen, wahrscheinlich, weil sie aus einer Lehrerfamilie kommt und Comics irgendwie als Schund galten. Aber gute Comics sind ja kein Schund. Gute Comics haben eine Form von hintergründigem Humor – im Gegensatz zu einem platten Humor. Das kannst du ja bis in Filme rüberziehen, »Das Leben des Brian« oder Monty-Python-Filme überhaupt. Ich glaube, es ist besser, die zu sehen, wenn man vorher schon mal gute Comics gelesen hat, damit man irgendwie weiß, wie sich so eine verdrehte Welt anfühlt.

Ich bin sehr froh, dass meine Töchter humorvoll sind, dass sie ironisch sein können, dass sie gerne lachen, vor allen Dingen über Situationskomik, dass sie humorvoll mit allem umgehen können. Humor hilft einem ja, vieles zu ertragen. Gelernt haben sie das vielleicht auch durch Vorleben, das ist sowieso die beste Erziehung. Also wenn die gemerkt haben, worüber die Eltern lachen, über Redewendungen beispielsweise. Das kann sich ja keiner antrainieren. Manchmal passiert es, selbst wenn es heiß hergeht, dass ich hoch in meine Etage gehe und lachen muss.

Comics haben meine Töchter natürlich bei ihren Brüdern mitbekommen. Wenn die Jungs Asterix oder Ähnliches gelesen haben und dann zusammenbrachen, dann waren die kleineren Schwestern natürlich neugierig: Worüber wird denn da gelacht? Und dann haben die Jungs das erklärt und es ihnen gezeigt. Es gibt geflügelte Worte hier im Haus, die aus Comics stammen, z.B. »zartfühlend und romantisch«. Das ist ein Zitat von Obelix. Es gibt diese Szene, wo er durch den Wald geht und Blümchen pflückt, weil er verliebt ist. Dabei stellt er fest, dass sich hinter einem Baum eine römische Patrouille versteckt und dabei die Blümchen zertrampelt, die er pflücken will. Ja, und dann haut er denen eine rein, weil, Zitat: »Das Blöde an euch Römern ist, dass ihr weder zartfühlend noch romantisch seid.«

Meine Frau hat auch unseren Humor, aber sie bemerkt Ironie manchmal erst beim zweiten Hinhören. Es passiert schon mal, dass meine Töchter sie dann darauf aufmerksam machen: »Mama, das war ironisch.«

Humor ist immer hilfreich. Je nachdem, was es für ein Witz ist, kannst du ihn ja auch auf dich selber anwenden. Über sich selber lachen ist sowieso das Allergrößte.

Warnung vor den »Frauenverstehern«

Wovor möchtest du deine Töchter schützen?

Es ist natürlich nichts dagegen zu sagen, wenn jemand Frauen versteht. Nur vor denen in Anführungszeichen muss man warnen.

Vor denen, die einem Honig ums Maul schmieren, die den Frauen einen vom Pferd erzählen, die sie immer nur bestätigen, so lange, bis sie am Ziel sind. Da muss man die Mädels natürlich warnen. Du brauchst deiner Tochter höchstens ein-, zweimal zu sagen: »Fall aber bloß nicht auf solche Typen rein, die Angeberautos fahren und die sich soundso anziehen«, dann hat die das kapiert. Es nützt überhaupt nichts, ihr ständig diese Predigt zu halten. Leider gibt es halt Typen, die erzählen einem das Blaue vom Himmel, und vor denen muss man warnen.

Das geht nur, wenn du positive Vorbilder lieferst. Außerdem müssen eventuell infrage kommende Typen es ja auch noch immer mit mir aufnehmen. Und natürlich haben die Mädchen auch im Hinterkopf: »Wie wird denn der Papa den finden?«

Original und Fälschung

Was ist dir wichtig, deinen Töchtern mitzugeben?

Überhaupt das Allerwichtigste ist es, den Kindern Kriterien für den Unterschied zwischen Original und Fälschung mitzugeben. Im Endeffekt ist das ja auch die Frage von Lüge und Wahrheit. Du könntest auch fast sagen von Gut und Böse, aber das klingt mir dann doch zu moralinsauer. Ich meine, den Kindern ein Gefühl dafür zu geben, was echt ist und was »gefaked« ist. Das ist sehr, sehr wichtig und das ist gar nicht so einfach, weil du in der heutigen Konsumwelt reingelegt wirst ohne Ende: Unechte Musik, es werden dir Labels vorgegaukelt, die nicht groß genug irgendwo draufstehen können, und trotzdem sind die Sachen in einem Billiglohnland hergestellt. Hauptsache ist, das Label stimmt. So ist es eben auch mit Gefühlen. Wie gehen Menschen mit einem um? Das ist die alles entscheidende Frage.

Wie bringt man den Kindern das bei?

Irgendwann kriegen sie die Kriterien schon mit. Irgendwann merken sie dann schon, wo ihr Vater oder ihre Mutter nicht drauf reinfallen würden, und sagen sich: »Fall ich dann mal besser auch nicht drauf rein.« Ich fand das immer sehr schön und es passiert auch heute noch ab und zu, dass die Mädels mit ihrem Laptop ankommen und wissen wollen, was ich von bestimmten Musikstücken halte, die sie gerade gut finden. Da muss ich natürlich ehrlich sein. Ich muss dann auch sagen dürfen, auch wenn das nicht immer angenehm ist, wenn ich es nicht gut finde und was ich daran nicht gut finde, denn manchmal zerstörst du soeben wohlmöglich auch gerade ein aktuelles Lieblingslied.

Oder es werden Klamotten vorgeführt. Die kommen nicht an und sagen: »Ich hab mir was Neues gekauft. Willst du mal gucken?« Sondern ich merke: »Aha, ich muss jetzt irgendwie was dazu sagen, das ist neu, und anscheinend will man meine Meinung dazu hören.« Da sag ich dann auch schon mal, was ihnen nicht steht. Unangenehm, aber ich bilde mir ein, das würde auf der anderen Seite auch mein Glaubwürdigkeitskonto erhöhen, wenn ich wirklich meine Meinung sage und nicht einfach nur frauenverstehend einen Scheiß erzähle.

»Ich wünsch mir, dass sie Leidenschaft für eine Sache entwickeln«

Was wünschst du dir für deine Töchter?

Ich wünsch mir, dass sie wirklich dahinterkommen, was für sie gut ist, dass sie eine Leidenschaft für etwas entwickeln, womit sie hoffentlich auch ihr Leben bestreiten können. Ich würde ihnen auch dabei helfen, bis zu einem gewissen Grad, ihre Leidenschaft zu verwirklichen. Irgendwann musst du spüren, wann das Vögelchen aus dem Nest will, und ihm dabei helfen, auch wenn es noch so harmonisch und wunderschön ist, wenn die Vögelchen möglichst lange im Nest bleiben. Du musst einfach helfen, dass sie fliegen lernen.

»Hart am Ball bleiben«

Wie hilft man den Kindern, dass sie »fliegen« lernen?

Wie das geht, die Kinder für etwas zu interessieren, darüber zerbreche ich mir selber den Kopf. Wie ich es beispielsweise schaffe, ja vielleicht auch so kleine Samen einzulegen, für die sie sich dann interessieren könnten. Ich versuche Angebote zu machen, das ist aber gar nicht so einfach. »Gehst du mit in ein Konzert?«, »Gehst du mit ins Kino?«, das findet momentan kaum noch statt. Museum haben wir ihnen anscheinend ausgetrieben, weil wir sie als Kinder zu viel in Museen geschleppt haben. So, das haben wir anscheinend schon mal falsch gemacht. Man braucht auch das nötige Fingerspitzengefühl. Vielleicht in der Art wie: »Eh, komm, Mädchen, jetzt gehen wir ins Kino und ich schlag einen Film vor. Nächste Woche gehen wir dann in einen Film, den du vorschlägst.« So müsste es eigentlich gehen, aber da kommt dann oft: »Meinste echt?« Da musst du schon hart am Ball bleiben, aber ohne zu nerven.

Silberrücken

Hebst du deine Töchter auf ein Podest?

Ich hebe meine Töchter nicht auf ein Podest. Hab ich ja durch sie gelernt, dass das falsch ist. Aber natürlich sind das die

Mädels, für die ich zuständig bin. Wenn ich das mit archaischen Bildern beschreiben würde, dann würde ich sagen: Ich bin hier immer noch der Silberrücken. Ich hab dafür zu sorgen, dass hier keinem was passiert. Silberrücken sind die männlichen Gorillas mit dem silbernen Rücken, die großen Clan-Chefs. Ich hab dafür zu sorgen, dass wir alle durchkommen. Natürlich empfinde ich für keine anderen weiblichen Wesen so wie für meine Töchter, das ist natürlich auch klar, aber ich empfinde auch für keine anderen Männer so viel wie für meine Söhne.

Und natürlich bewundere ich sie auch. Die haben alle vier eine Menge Fähigkeiten, die ich nicht habe. Die verblüffen mich oft mit irgendetwas, von dem ich keine Ahnung habe.

Die sind sensationell! Ich hätte wirklich was versäumt, wenn ich keine Kinder hätte. Mal gucken, wie das alles weitergeht.

Planet »Ich«

»Wir stehen vor ihr und schlagen Purzelbäume und sie ist auf ihrem Planeten ›Ich‹«, so beschreibt die Mutter einer 16-Jährigen die Dynamik, die sich in der Familie entwickelt, wenn gar nichts mehr geht. Eltern klagen über das Desinteresse der Töchter an der Familie, über ihre absolut egoistischen Verhaltensweisen. Sie machen, was sie wollen, bedienen sich der Handys, Portemonnaies und des Kleiderschrankes der übrigen Familienmitglieder, halten sich nicht an Absprachen bezüglich ihrer Ausgehzeiten und beteiligen sich nicht an Haushaltspflichten. Das treibt Eltern und Geschwister manchmal zur Verzweiflung. Dann gibt es aber auch Momente, da sind sie wieder »zuckersüß«, spielen mit dem kleinen Bruder und kochen das Abendessen. Keiner weiß, was gerade dran ist.

Die 15-jährige Lena erklärt das so:

»Ende der siebten, Anfang der achten Klasse hat das angefangen. Meine Eltern wollten halt abends noch zusammensitzen und über Familie oder Schule reden. Ich wollte lieber mit meiner Freundin telefonieren, was jetzt mit ihrem ›Vielleicht-Freund‹ ist. Meine Familie hat dann gesagt: ›Dich interessieren ja eh nur deine Sachen.‹ Ich fand es langweilig, wenn meine Eltern von der Arbeit erzählten. ›Du musst sitzen bleiben‹ – wenn sie das gesagt haben, hab ich gesagt: ›Nö!‹, weil es ein Zwang war, wie Schule, wie Mathe. Ich war wahrscheinlich ein bisschen egoistisch, aber irgendwie hab ich versucht, mich gegen meine Eltern zu stemmen.«

Lena, 15 Jahre

Die Flüge auf den Planeten »Ich« kommen immer wieder mal vor und sie können viele Gründe haben. Mädchen fühlen sich verlassen, unverstanden, ungeliebt oder eingeschränkt in ihrem Drang nach Freiheit und Selbstbestimmung. Sie wollen etwas Eigenes entwickeln, etwas, das anders ist, als die Eltern es sich vorstellen. Und damit haben sie genug zu tun. Der Raum, mit den Erwachsenen mitzufühlen, ist in diesem Alter manchmal stark eingeschränkt. Für Eltern und Kinder ist das oft eine harte Probe.

Mädchen, die in dieser Zeit versuchen, sich von ihren Eltern zu befreien, machen das, was sie tun müssen. Sie rebellieren, sie »stemmen« sich dagegen, wie Lena sagt. Das ist ihre Aufgabe. Die Aufgabe der Eltern ist eine andere: Sie müssen sagen, was geht und was nicht geht. Ihr Job ist es, ihren Standpunkt zu vertreten – und sei er auch noch so konservativ –, denn so bieten sie Halt. Sie sind der Leuchtturm, an dem die Mädchen sich immer wieder orientieren können, in welche Richtung sie *ihr* Schiff lenken wollen.

Die Pubertät ist schuld – Hormone und Nervenbahnen

Für manche Familien es ist sehr entlastend, zu wissen: Der Körper der jungen Mädchen ist im Umbruch. Die zusätzliche Hormonproduktion und die komplette Neuverkabelung der Nervenverbindungen im Gehirn lassen sie Achterbahn fahren. Keiner kann etwas dafür.

Im Gehirn wird der Startschuss für die Produktion zweier Hormone gegeben: Das luteinisierende Hormon (LH) und das follikelstimulierende Hormon (FSH). Die zwei sind in den Eierstöcken aktiv. Das beginnt schon mit etwa acht Jahren. Sie bewirken, dass die Eizellen reifen. Und sie regen die Sexualhormone an: die Östrogene und das Testosteron. Während der gesamten Pubertät steigt dann die Konzentration der Sexualhormone. Erst wenn sie so hoch ist wie bei einem Erwachsenen, schaltet sie auf »Normalbetrieb«. Und im Gehirn werden ständig neue Verbindungen zwischen den Nervenbahnen gelegt. Diese sogenannten »Synapsen« bilden sich wieder zurück, wenn sie nicht gebraucht werden. Es ist also schwer was los, und dazu kommt: Die gesamte Reifung des Gehirns geschieht von hinten nach vorn, das heißt vom Kleinhirn bis zum Stirnlappen. Vernünftige Entscheidungen werden im Stirnlappen getroffen, behaupten Neurowissenschaftler. Aber: Die Reifung des jugendlichen Gehirns ist noch nicht so weit. Das führt dazu, dass der Mandelkern, die sogenannte Amygdala, aushilft. Sie ist aber der Bereich im Gehirn, der Gefühle wie Angst oder Wut reguliert. Und das wiederum ist der Grund, warum Jugendliche ihre Entscheidungen nicht rational treffen, sondern sich, trotz besseren Wissens, impulsiv, gefühlsgeleitet und risikoreich verhalten.[76]

Bei Lena fand schon, als sie fünfzehn war, eine Wandlung statt. Sie hat zumindest für sich einen Weg gefunden, mit der Ablösung von den Eltern gelassener umzugehen:

»Heute reg ich mich nicht mehr so auf, wenn sie sagen, ich wär egoistisch. Früher wollte ich nicht ›Nein‹ sagen. Dann habe ich stattdessen gesagt: ›Ich bin mal schnell auf der Toilette‹ und bin nicht wiedergekommen. Jetzt kann ich besser ›Ja‹ und ›Nein‹ sagen. Man muss für sich einen Weg finden, mit Familie, mit Freunden, das ist bei jedem anders.«

Lena, 15 Jahre

Wenn die Fetzen fliegen

Die 15-jährige Sina möchte am Wochenende auf eine Party gehen und dort auch übernachten. Der Gastgeber ist achtzehn, und Sinas Eltern kennen ihn nicht. »Übernachten kommt nicht infrage«, sagt der Vater. »Wieso nicht, alle anderen dürfen doch auch«, entgegnet Sina. »Weil wir die Leute nicht kennen, und außerdem sind sie viel älter als du«, argumentiert der Vater. »O Mann, immer das Gleiche«, empört sich Sina. »Ja, so ist es.« Der Vater bemüht sich um eine ruhige Stimme. »Arschloch«, rutscht es da der Tochter raus, und dann geht es auch mit Sinas Vater durch: »Jetzt ist aber Schluss! Du spinnst wohl! Was fällt dir ein, so mit mir zu reden?« Sina legt nach: »Du Asi, nie darf ich etwas«, und jetzt ist der Vater auf 180: »Du unverschämtes Stück, mach dass du auf dein Zimmer kommst!«

Was ist passiert? Sina war nicht einverstanden mit der Entscheidung der Eltern und sie macht ihrem Ärger Luft. Erst, indem sie ihnen klarmacht, dass sie die »dooferen« Eltern sind, denn »Alle anderen dürfen auch«, dann, indem sie genervt ist und den Vater beschimpft. Der Vater lässt sich provozieren und mit in den Strudel hineinziehen. Er begibt sich auf die gleiche Ebene wie seine Tochter und beschimpft sie seinerseits. Am Ende hat keiner gewonnen. Beide bleiben hilflos zurück, es gibt zwei Verlierer. Die Tochter zieht sich wütend zurück, der Vater ist sauer. Der Kontakt ist abgebrochen.

Der israelische Psychologe Haim Omer benennt in Anlehnung an den amerikanischen Anthropologen Gregory Bateson zwei mögliche Eskalationsarten, in die Eltern und Kinder geraten können. Die eine ist die symmetrische, das ist die zwischen Sina und ihrem Vater, Feindseligkeit erzeugt Feindseligkeit. Die andere ist die komplementäre: Nachgiebigkeit erzeugt gesteigerte Forderungen. Wenn Eltern und Kinder in eine solche Schleife geraten, kann es eskalieren.[77]

Coach

Eltern können etwas tun, um nicht in solche Endlosschleifen zu geraten, und zwar sofort: »Bleiben Sie bei sich«, ist eine Position, die ihnen hilft. »Lassen Sie sich nicht mit hineinziehen in die Eskalation.« »Das ist aber nicht einfach«, sagen viele Eltern. Das stimmt, es ist manchmal das Schwerste für Eltern, aber es hilft. Wenn wir uns als Eltern nicht angegriffen fühlen und ruhig, aber klar bleiben, kann es nicht eskalieren. Gleichzeitig ist es nicht hilfreich, wenn wir alles tun, was die Kinder von uns wollen, in der Hoffnung, dann kehre Ruhe ein. Auch da ist es wichtig, dass wir bei unserer Haltung bleiben, am besten in Ruhe, unaufgeregt und klar. Einzige Ausnahme: Wir erfahren wirklich, dass eine Vorgabe, die wir aufstellen, von den Kindern deshalb so schwer einzuhalten ist, weil sie nicht mehr altersgemäß ist und einfach nicht mehr passt. Eine 14-Jährige, die nur bis acht Uhr abends rausdarf, lehnt sich zu Recht dagegen auf. Dann müssen wir etwas verändern. Wenn wir wie Prinz Eisenherz stur an Vorgaben festhalten, würde das andererseits die Kinder frustrieren. Das führt dazu, dass sie sich resigniert zurückziehen, weil sie das Gefühl haben: »Ich habe keine Einwirkungsmöglichkeit.« Kontakt zu den Kindern geht nicht über Schemata, denen alle folgen sollen, sondern über Beziehung, über echtes Interesse.

Auseinandersetzungen zuzulassen und unterschiedliche Positionen zu vertreten ist eine Art von Kontakt. Entscheidend dabei ist, dass beide Seiten respektvoll bleiben. »Du Zicke«, »Du Schlampe« sind herabwürdigende Formulierungen, die einfach nur verletzen. Es klingt anders, wenn Eltern sagen: »Das, was du da machst, finde ich nicht gut«, als wenn sie sagen: »Du bist nicht gut.« Im ersten Fall kritisieren sie eine Sache, im zweiten die ganze Person. Manchmal geht das

Heruntermachen sehr subtil vonstatten. Wenn wir als Eltern die Jugendlichen oder auch die Dinge, die sie lieben, ihre Freunde, ihre Musik, ihre Kleidung schlechtmachen, ist das verständlicherweise ein »Kontaktkiller«. Die Jugendlichen haben dafür eine feine »Antenne«:

> ***»Respekt gegenüber Erwachsenen, Eltern ist etwas, was schwer einzuhalten ist, vor allem, wenn es nicht auf Gegenseitigkeit beruht.«*** (Annika, 14 Jahre)

Wenn wir einen guten Kontakt zu unseren Töchtern haben möchten, funktioniert das nicht über Vorwürfe. »Sitzt du schon wieder am Computer?«, »Musst du dich immer so stark schminken?« – bei dieser Art von Fragen können Sie die Klappe förmlich fallen hören. Auch Wörter wie »immer« und »schon wieder« lassen dem anderen keinen Ausweg.
Ebenso geht es mit dem Abfragen von Schulleistungen. Die Frage »Wie war es in der Schule?« wird auch deshalb oft einhellig mit »Wie immer«, beantwortet, weil die Jugendlichen sehr genau spüren, dass die Eltern eigentlich an etwas anderem interessiert sind, nämlich zum Beispiel der Frage: Hast du die Mathearbeit zurück? Und weniger daran, wie es ihnen wirklich ergangen ist, was sie in der Pause erlebt haben und ob sie einen guten Tag hatten.
Kontakt geht nicht auf Knopfdruck und nicht durch Verhöre. Aber wir müssen auch keine Hochleistungen erbringen, uns teure Ausflüge ausdenken, um die Mädchen zu »ködern«. Entscheidend ist, dass wir uns bereithalten und immer wieder Angebote machen, und das können manchmal ganz einfache sein: »Sollen wir mal zusammen Plätzchen backen?«, oder: »Was hältst du von einer Fahrradtour oder einem Ausflug ins Freibad?« Und wenn die Mädchen ablehnen,

probieren wir es wieder und wieder – ohne uns von der Ablehnung kränken zu lassen. Andere Kontaktmöglichkeiten sind kleine Autofahrten: »Fährst du mit mir in die Stadt?« Wenn sie es einrichten können, tun sie es. Auch im Auto – wenn man sich nicht direkt in die Augen schaut – kommt es manchmal leichter zu einem Gespräch. Als meine Tochter in die Pubertät kam, hatte ich das Gefühl, jetzt müsste ich mehr Zeit zu Hause verbringen als früher. Einfach, um mehr Situationen möglich zu machen, in denen sich mal etwas ergibt. Wenn die Mädchen etwas auf dem Herzen haben, können sie in die Küche kommen oder ins Wohnzimmer, wenn sie wissen, dass dort jemand ist.

Mädchen sind manchmal anders, als ihre Eltern sich das vorstellen

Es klingt so einfach und trotzdem ist es manchmal schwer. Wenn die Mädchen nicht so sind, wie wir es uns erträumt haben, wenn sie anders sind, dann ist das auch für die Eltern erst mal enttäuschend und kränkend. Sie ist nicht so begabt, dass sie so locker die Schule schafft wie die Nachbarstochter, sie ist nicht so sportlich, nicht so kommunikativ, nicht so musikalisch, all das können Gründe für Enttäuschungen sein. Und das ist verständlich. Ein Vater eines Mädchens mit Trisomie 21 erzählte mir einmal, dass er auch gern ein gesundes Mädchen hätte, mit der er mal ins Theater gehen kann, das man »vorzeigen« kann. Andere Eltern möchten auf keinen Fall, das die Nachbarn erfahren, dass ihre Tochter sich mehr zu Mädchen hingezogen fühlt und auch schon eine erotische Beziehung zu einer Freundin hatte. Das sind ehrliche Gefühle, auch wenn es schwerfällt, dazu zu stehen.

Coach

Enttäuschungen müssen wir nicht wegreden und so tun, als gäbe es sie nicht. Das spüren die Mädchen sowieso, und es hilft niemandem. Ebenso wenig nützt es, wenn wir probieren, unsere Tochter doch noch dahin zu kriegen, dass sie bestimmte Leistungen erbringt oder dass sie beispielsweise ihre lesbische Neigung versteckt. Wenn wir uns mit unseren Enttäuschungen auseinandersetzen, wird der Blick frei für das, was da ist, was gut ist, was unsere Tochter ganz persönlich ausmacht, was sie unverwechselbar und einzigartig macht. Erst dann kann sie sich so angenommen fühlen, wie sie ist, und sich öffnen. Mit der Sicherheit: »Meine Eltern lieben mich so, wie ich bin«, kann sie wirklich selbstbewusst werden.

Königin bei Facebook

»Mir ist das Internet sehr wichtig, um auf Facebook z.B. mit Freunden zu chatten oder in Youtube Musik zu hören oder Videos anzugucken. Ab und zu benutze ich es für die Hausaufgaben – Google-Übersetzer.«

EMMA, 15 JAHRE

Wie nutzen Mädchen Medien?

Für die meisten Mädchen sind Medien sehr wichtig. In erster Linie benutzen sie das Handy (95 %), an zweiter Stelle stehen das Internet und der Fernseher mit jeweils 90 %. 49 % der Mädchen lesen täglich oder mehrmals in der Woche Bücher. Gefragt, welche Medienfunktionen ihnen subjektiv am wichtigsten sind, nennen Mädchen an erster Stelle »Musik hören« (92 %), gefolgt von »Internet nutzen« (88 %) und Handy (87 %).[78]

Mädchen sind Kontaktexpertinnen

Mädchen interessieren sich für Geschichten, in denen sie etwas darüber erfahren, wie Kontakt geht. In Daily Soaps, ihrem Lieblingsfilmgenre, können sie sich dabei zurücklehnen. Aus sicherem Abstand der Couch erfahren sie quasi stellvertretend, wie Kontakt geht, wie erwachsenes Leben geht, wie man gut damit klarkommt, und auch, wie man weniger gut durchkommt, wie man scheitert. Das alles gucken sie sich gerne an, ohne selbst aktiv werden zu müssen.

Im Alltag gebrauchen Mädchen hauptsächlich ihr Handy. Dicht darauf folgen Fernseher und Computer. Handy und Computer nutzen sie vor allem zur Kommunikation. Sie simsen, chatten, verbreiten Meinungen oder Nachrichten und lesen Neuigkeiten. Sie sind Netzwerkerinnen im wahrsten Sinne des Wortes. Sie können verbinden, vermitteln, sich mitteilen. Sie sind gute Kommunikatorinnen. Sie schätzen es auch, mit Menschen Kontakt zu halten, die weiter entfernt wohnen. Das ist die eine Seite. Andererseits kann das Kommunizieren auch das Handeln verhindern. »Erst mal drüber reden.« Mädchen wollen sich absichern, sie suchen Bestätigung, bevor sie aktiv werden. Sie versichern sich immer wieder, bevor sie sich entscheiden. »Soll ich das rote oder das blaue Top anziehen?«, »Bist du schon da?«, »Ich habe gerade eine SMS an ihn formuliert, kann ich die so losschicken?« Dadurch sichern sie ihre Entscheidungen ab. Mal ist das hilfreich, mal vielleicht eine Unsicherheit, die sie auch blockiert.

Mädchen wollen dabei sein und mitkriegen, was läuft, was die anderen denken, was die machen. Um dazuzugehören, müssen sie bei Facebook sein. Dort erfahren sie, wer gerade was macht, denkt, liket, postet. Sie sind auf dem Laufenden, werden bestätigt und haben ihre »Geheimwelt«.

»Wenn ich kein Internet und kein Handy hätte, fände ich das ziemlich schlimm, da ich eigentlich jeden Tag im Internet bin und mein Handy sehr wichtig ist, um in Kontakt mit anderen zu sein.«

Ella, 15 Jahre

Facebook-Gruppen sind mittlerweile auch für Schwimmvereine oder Partyveranstalter das Medium, über das bekannt gegeben wird, ob der Unterricht ausfällt und wann gegrillt wird. Wer das aufgibt, muss stark sein, denn er erfährt nicht mehr, was läuft, ist gegebenenfalls auf Partys mal nicht dabei.

»Es gibt zwei Gründe, warum man nicht bei Facebook ist: Einmal weil Facebook ein Zeitfresser ist und man sich selbst ›Entzug‹ verordnet oder weil man rebellieren möchte gegen den Facebook-Zwang.«

Isabella, 17 Jahre

Lady Gaga hat 10 Millionen Freunde auf Facebook. Damit liegt sie vor Barack Obama. Und Freunde zu haben ist wichtig. So wichtig, dass es Menschen gibt, die sich Freunde im Internet kaufen. 1.000 Freunde für 100 Euro bieten manche Firmen an. Seit Facebook müsste der Begriff »Freunde« eigentlich neu definiert werden. Was sind Freunde? Wenn man Mädchen das fragt, nennen sie ganz detaillierte Eigenschaften, die sie besitzen müssen: »Sie müssen verlässlich sein«, »Sie müssen immer zu einem stehen«, »Sie dürfen keine Geheimnisse weitererzählen«, »Mit ihnen möchte man alles teilen«. Die 500 Freunde auf Facebook sind eine andere Art von Freunden. Ein Drittel davon kennen die Mädchen gar nicht persönlich.

Facebook-Freunde sind auch Freunde, vor denen Mädchen sich zeigen möchten, sie wollen ihr Profil modellieren. Dazu laden sie Kinderfotos von sich hoch, den neuesten Partyschnappschuss oder ein selbst gedrehtes Video, das die anderen dann »liken« sollen. Bekommt man viele »Likes«, ist man trendy, angesagt. In ständiger Erwartung neuer Tweets und Posts gehen manche mit dem Handy ins Bett. Wessen »Post« »geliked« wird, der ist wer. Wehe, wenn keiner seinen Smiley an das neue Foto macht und man nicht »bestätigt« wird! Dann kann die Stimmung auch umschlagen.

»Durch Facebook ist der User nicht nur ein Künstler am eigenen Selbstbild, sondern er erlebt sich auch als Autor oder Herausgeber. … Jeder kann mit minimalen Möglichkeiten seinen Freundeskreis aktivieren, informieren, sensibilisieren oder begeistern«, betont der Kölner Psychologe und Medienforscher Stephan Grünewald die Bedeutung von Facebook.[79]

»Mit jedem persönlichen Foto, das ich platziere, mit jedem klugen eigenen Beitrag, mit jedem Verweis auf selbst Gelesenes oder selbst Geleistetes, mit jeder ironischen Replik und selbst mit meinen gut gewählten Gefallensbekundungen gestalte ich das Wunschprofil meiner selbst.«

Stephan Grünewald, Diplom-Psychologe

Durch die detaillierten Updates der Freunde entsteht das Gefühl, dass man den anderen besonders nah sei. »Ambient Awareness«, Umgebungsbewusstsein, nennen es amerikanische Sozialwissenschaftler. Es ist das Gefühl, »als sei man einer

Person nicht nur physisch nah, sondern auch gleichzeitig in der Lage, ihre Stimmung mittels kleiner Hinweise – Körpersprache, Seufzer, beiläufiger Kommentare – aus dem Augenwinkel heraus wahrzunehmen.«[80]

Dunbar-Zahl

»Zu etwa 150 Menschen kann ein Mensch zur selben Zeit persönlich soziale Kontakte haben.« Das vermutete 1998 der Anthropologe Robin Dunbar, zu mehr sei das menschliche Gehirn nicht in der Lage. Psychologische Studien bestätigten Dunbars Hypothese.[81]

Die Möglichkeit, über das Internet zu vielen Menschen Kontakt zu haben, hat Vor- und Nachteile. »Weak ties«, schwache Bindungen, nennen Forscher die entfernteren Kontakte (wie z.B.: »Ein Mädchen aus einer anderen Stufe hat mich angeschrieben, ich habe persönlich noch nie mit ihr geredet«). Vorteil der »weak ties« sei, dass sie unser Problemlöseverhalten verbessern. Zufällige Bekanntschaften um Rat bei der Jobsuche zu fragen sei unter Umständen hilfreicher als nahe Freunde, die uns zu ähnlich seien und von denen wir unter Umständen keine neuen Hinweise bekämen. Auf der anderen Seite verbrauchen Beziehungen zu entfernteren Personen einen Teil unserer »emotionalen Kapazitäten« und verdrängten Menschen aus dem echten Leben.[82]

Meine Freunde treffe ich online

Die 13-jährige Signe hat es durchgesetzt, dass der Computer auf dem Esstisch im Wohnzimmer steht. Dort sitzt sie nach der Schule, hört Musik, chattet, postet, liket, schaut Videos auf Youtube und ist »on«. Dabei macht sie ihre Hausaufgaben. Wenn ihre Mutter heimkommt, bleibt sie sitzen. Die Mutter macht Essen. Sie essen zusammen am Computer und sie unterhalten sich ein bisschen. Dann geht die Mutter zum Sport. Ihr Vater wohnt weit weg. Signe bleibt sitzen. Ihr Kontakt zur Außenwelt ist das World Wide Web – fast rund um die Uhr.

»Meine Eltern sagen, dass ich zu viel im Internet bin, aber fast alle in meinem Alter machen das. Das hat aber auch Nachteile, man trifft sich nicht mehr so oft.«

TABEA, 14 JAHRE

In Elterngruppen sorgen sich zunehmend Eltern um die Mediennutzung ihrer Kinder. Was machen die da? Wie lange sitzen sie am Computer? Wieso können sie ihr Handy nicht mehr aus der Hand legen, selbst, wenn in der realen Welt Freundinnen vor ihnen sitzen und mit ihnen reden wollen?

Mädchen, die drei Stunden am Tag am Computer sitzen oder das Handy unters Kopfkissen legen, sind nicht gleich süchtig. Die Frage ist, was sie im Internet machen und was sonst noch. Bearbeiten sie am Computer ihre Fotos, schneiden sie einen selbst gedrehten Film oder suchen sie verzweifelt nach Anerkennung, Kontakt und einem Mittel gegen ihre Einsamkeit? Gefährlich wird es, wenn der Computer zum Trostspender wird, wenn es nur noch virtuelle Kontakte gibt, wenn andere Interessen vernachlässigt werden, wenn das Dabeisein zum Zwang wird, wenn Essen und Unterhaltungen nur noch nebenbei an zweiter Stelle stattfinden. »Gaming the hurt away«, »den Schmerz wegspielen«, nennen es Experten. Bedürfnisse danach, gesehen zu werden, in Kontakt zu sein, bestätigt zu werden, finden in der realen Welt nicht genug Befriedigung, das

Internet bietet einen vorläufigen Ersatz. Hier hat man Erfolge, findet andere, die mit einem »reden«. Unter Umständen sind es alles andere als Freunde:

Auf eine traurige Weise wurde die 15-jährige Kanadierin Amanda Todd berühmt. In der siebten Klasse, gerade mal zwölf Jahre alt, setzte sie sich vor eine Webcam, um neue Leute zu treffen und zu reden. Sie bekam Anerkennung für ihr Aussehen, sie sei »toll«, »schön«, »perfekt«, sagte ihr ein »Freund«. Dann wollte ihr vermeintlicher Bewunderer, dass sie sich entblößt, und sie tat es. Und dann wurde sie erpresst. »Wenn du keine Show für mich hinlegst, schicke ich deine Titten rum.« Und so ging es los. Sie bekam Angst, Panikattacken, und der Typ baute eine Facebook-Seite mit ihrer nackten Brust als Profilfoto. Er schickte das Bild an ihre Freunde, Mitschüler und Verwandte. Klassenkameraden versendeten es sich auf ihren Smartphones. Amanda hatte nirgendwo Rückhalt, alle sahen das Foto, sie wurde in der Schule beschimpft, gemobbt, mit abfälligen Bemerkungen bedacht. Sie wechselte die Schule. Dreimal. In der neuen Schule saß sie allein. Als sie sich mit einem Jungen einließ, trommelte seine Freundin 15 Leute zusammen, sie beschimpften Amanda, schlugen sie zusammen, filmten das Ganze und stellten es ins Internet. Sie machte einen Selbstmordversuch. Als sie aus dem Krankenhaus nach Hause kam, las sie bei Facebook, sie solle ein anderes Bleichmittel nehmen, mit dem sie dann hoffentlich sterben würde. Dann hat sie eine Überdosis genommen, kam wieder ins Krankenhaus und wurde nach zwei Tagen entlassen. Sechs Wochen später hängte sie sich in ihrem Zimmer auf.[83]

Die traurige Geschichte von Amanda ist extrem und lässt einen fassungslos zurück. Der 13-jährigen Amerikanerin Megan Meier erging es ähnlich. Sie hatte sich in eine Internetbekanntschaft verliebt. Irgendwann wandte sich der virtuelle Freund von ihr ab und hetzte die Onlinegemeinde MySpace gegen sie auf. In Wahrheit steckten hinter dem Profil des Jungen eine ehemalige Freundin und deren Mutter. Auch Megan nahm sich das

Leben.[84] Selbst wenn der Psychoterror nicht dieses Ausmaß annimmt: Mobbing und sexuelle Übergriffe im Internet passieren täglich und Mädchen machen häufiger unangenehme Erfahrungen im Internet als Jungen.[85]

Internetmobbing

17 % der 12- bis 19-jährigen Mädchen sagen, dass es ihnen schon passiert ist, dass jemand peinliche oder beleidigende Bilder oder Videos von ihnen im Internet verbreitet hat. Ein Viertel hat es schon erlebt, dass im Internet jemand gezielt von der »Peergroup« fertiggemacht wurde.[86]

Handy-Mobbing

Natascha ist dreizehn Jahre alt und sie erzählt in der Beratung, was ihr über das Handy passiert ist. Sie sei bei »What's App« immer wieder in eine Gruppe hineingekommen, obwohl sie das nicht wollte. Sie sei immer wieder ausgestiegen. Der »Gruppenleiter«, das ist in der Regel der, der eine solche Gruppe bei »What's App« gründet, habe sie immer wieder reingeholt. »Komm, lass uns Natascha in die Gruppe holen und sie dann wegmobben«, hatte er die Parole ausgegeben.

In der Gruppe waren Freunde ihrer Klassenkameraden. Die Mitglieder der Gruppe haben ihr dann massiv auf verhöhnende Weise ihre Liebe erklärt. »Mich hat das fertiggemacht«, erzählt Natascha, »ich bekam 500 Nachrichten in der Stunde.« Sie sei dann aus der Gruppe raus und habe alle gesperrt. Außerdem habe sie die Lehrerin informiert.

Handys werden auch benutzt, um gewalttätige oder pornografische Filme zu verschicken. Eine bedrückende, Angst machende und verstörende Möglichkeit, die Medien bieten. Andere

Menschen runterzumachen ist Kult, und Fernsehsendungen, in denen junge Menschen bloßgestellt und erniedrigt werden, haben hohe Einschaltquoten. Darüber hinaus eröffnen Medien die Möglichkeit, dass Mädchen (und Jungen) sexuelle Gewalt sehen, bevor sie selbst die Möglichkeit hatten, sich vorsichtig an Sexualität mit einem Partner oder einer Partnerin heranzutasten und Sexualität als etwas Schönes, Normales, Sensibles kennenzulernen. Man bekommt Bilder zu sehen, die man gar nicht sehen möchte.

»Ich finde es gut, dass man im Internet alles findet, zum Beispiel wenn man Fragen hat. Es ist doof, dass bei manchen Seiten so komische Pornoseiten kommen, die man gar nicht sehen will.«

LENA, 15 JAHRE

Coach

Manchmal hat man als Eltern den Impuls, radikal alle Medien zu verbieten und die Kinder nur Naturerfahrungen machen zu lassen. Einfacher wär das, aber Schwarz-Weiß-Malerei hilft nicht.

Die Medien zu verteufeln und von der heilen Blumenwiese zu schwärmen ist keine Lösung für den Umgang mit Neuen Medien. Beides braucht seinen Platz. Medien sind so lange gut, wie sie uns nützen, solange wir uns nicht zu ihren Sklaven machen. Probleme, die in und mit den Medien entstehen, bestehen auch ohne sie. Medien eröffnen die Hoffnung auf Lösung von Problemen, auf Erlösung.. »Nur meine Internet-Freundin versteht mich wirklich«. Wenn Mädchen zu sehr in

der virtuellen Welt abtauchen, wenn Handy und Laptop zu den besten Freunden werden, ergeben sich drei Fragen: Was fehlt in der realen Welt? Wie können wir unserer Tochter einen guten Umgang mit den Medien beibringen? Und: Wie können wir sie unterstützen, sich in der realen Welt wohl und wertvoll zu fühlen?
Selbstbewusstsein und Selbstwertgefühl helfen, selber zu entscheiden, wann ich an- und ausmache, was ich mitmache, und zu wissen, wer reale Freunde sind. Wer sich auskennt, kritisch ist und ein Leben führt, das Anerkennung bereithält, ist souverän in der Lage, gezielt mit den Medien umzugehen. Das ist nicht leicht in der Pubertätszeit, in der manche Mädchen labil sind, unsicher, sich gerade selber finden und dringend Orientierung suchen.

»Medienpädagogen haben die Erfahrung gemacht: ›Viele Eltern empfinden diesen Zwiespalt, dass sie die Chancen sehen, die Risiken teilweise nicht richtig abschätzen können und sich dann einfach überfordert fühlen, ihren Erziehungsauftrag zu erfüllen.‹

Martin Müsgens, klicksafe[87]

Medienerziehung ist auch ein Balanceakt zwischen Begleiten und Loslassen. Jugendliche Mädchen brauchen Geheimnisse, sie wollen nicht alles mit den Eltern teilen und sollen das auch nicht. Auf die Frage ihres Vaters, ob sie ihn bei Facebook als »Freund« akzeptieren würde, sagen Mädchen zu Recht »Nein«.

Im Umgang mit Medien ist es wie im »realen Leben«: Ein guter Kontakt und Vertrauen zwischen Eltern und ihren Töchtern sind das Wichtigste. Sagen Sie Ihrer Tochter: »Wenn dir etwas komisch vorkommt im Internet, sprich mich an.« Was nur funktioniert, wenn es keinen Ärger gibt. Das heißt: Eltern müssen dieses Versprechen abgeben und sich im Ernstfall daran halten.

Dilek Atalay von klicksafe, einer Initiative der Europäischen Gemeinschaft für mehr Sicherheit im Netz, weiß, dass Kinder und Jugendliche spüren, wenn ein solches Versprechen nur ein Lippenbekenntnis ist:

»Wenn Kinder Sorge haben, dass sie Ärger bekommen, wenn ihnen im Internet etwas Komisches passiert ist, dann werden sie sich nicht trauen, den Eltern zu sagen, wenn mal etwas schiefläuft.«

DILEK ATALAY, KLICKSAFE[88]

Eltern müssen selbst informiert sein. So können sie mit ihren Kindern besprechen, was bei einem Profil zu beachten ist, dass sie keine persönlichen Daten ins Netz stellen, dass Mobbing im Internet strafbar ist usw. Broschüren für einen sicheren und verantwortungsbewussten Umgang mit dem Internet gibt es für Eltern und Kinder bei www.klicksafe.de. Manche Eltern haben eine diffuse Angst davor, was ihre Kinder im Internet machen, und die kann zwei Gründe haben: Einmal kann es daran liegen, dass sie wenig von ihren Kindern erfahren, andererseits wissen sie vielleicht selbst nicht Bescheid und wehren deshalb pauschal alles ab. Gute Elternkurse, um in der Internet-Welt der Jugendlichen fit zu werden, bietet die Bundeszentrale für politische Bildung www.bpb.de.

Es gibt Einstellungen, die verhindern, dass man ungewünscht auf Seiten weitergeleitet wird, die man nicht sehen möchte. Es ist beispielsweise möglich, einen Add-Blocker herunterzuladen und zu installieren, der dann Werbung unterdrückt. Die meisten Mädchen werden darüber erleichtert sein.

Eltern sind Vorbild. Wie benutzen Sie selbst die Medien? Telefonieren oder Simsen Sie, wenn Ihnen Ihre Tochter am Tisch gegenübersitzt? Machen Sie, wenn Sie nach Hause kommen, zuerst den Computer an, bevor Sie Ihre Tochter begrüßen und sie fragen, wie es ihr geht? Treffen Sie selbst Ihre Freunde mehr online als in der Realität? Läuft ständig der Fernseher?

Gibt es eine klare Haltung zu den Medien und klare Regeln? Unterstützen Sie manchmal, dass die Kinder am Computer oder Fernseher sitzen, weil Sie dann selbst Ihre Ruhe haben, und meckern Sie in anderen, für Ihre Kinder unnachvollziehbaren Situationen herum?

Alle Jugendlichen, die ich gefragt habe, betonen, dass es feste Regeln geben sollte. Nicht willkürlich, sondern klar.

»Die Eltern sollten immer ein Vorbild für die Kinder sein und daher den Computer auch nicht zu lange nutzen. In der Familie sollten klare Regeln gemeinsam mit den Kindern ausgemacht werden, wie lange der PC am Tag genutzt werden darf.«

VERA, 17 JAHRE

—

»Ich würde mein Kind dabei unterstützen, einer Freizeitbeschäftigung nachzugehen, z.B. Sport. Ab ca. 15 Jahre, finde ich, sollten Kinder selber entscheiden können, wie lang sie an den Computer gehen.«

ALEXANDRA, 17 JAHRE

—

»Computerzeiten sind erforderlich.«

TAMARA, 17 JAHRE[89]

Grenzen zu setzen geht oft nicht ohne Auseinandersetzung. Für erschöpfte Eltern ist es erst mal einfacher, die Mädchen gewähren zu lassen. Die Sorge wird damit jedoch vergrößert. Wenn Ihre Tochter abends nicht ohne Handy im Bett liegen kann, schließen Sie mit ihr ein Abkommen, vereinbaren Sie, dass sie selbst das Handy abends vor dem Zubettgehen auf den Küchentisch legt, und vereinbaren Sie auch, dass sie, wenn es nicht klappt, zu einer vorher vereinbarten Zeit kommen und es abholen. Nicht um sie zu ärgern, sondern um ihren Schlaf zu sichern.

Coach

Wenn Ihre Tochter gemobbt wird, sei es im Internet oder im »realen« Leben, dann ist es wichtig, sie zu unterstützen, und zwar mit ihrem Einverständnis. Oft möchten Jugendliche, die gemobbt werden, nicht, dass Eltern sich einschalten und Lehrer informiert werden, aus Angst, das Mobbing werde noch schlimmer. Sprechen Sie mit Ihrer Tochter. Sagen Sie ihr, dass das Gegenteil der Fall ist. Mobbing, das verschwiegen und geduldet wird, lädt die Mobber ein, immer weiter zu gehen. Alle müssen informiert werden, die Situationen sollten genau dokumentiert werden, Bildschirmfotos im Internet gemacht werden und, ganz wichtig: Ihre Tochter braucht Schutz. Besprechen Sie mit ihr, welche Personen in den nächsten Monaten bei ihr sein können und sie auf dem Schulweg oder auf dem Schulhof, in allen gefährlichen Situationen stärken können. Ob im Internet oder in der realen Welt, das Mobbing muss aufhören, und das geht nur, indem es öffentlich gemacht wird, gegebenenfalls über eine Anzeige bei gleichzeitigem Schutz der gemobbten Personen.

Modellierung: Brazilian Cut, Tunnel und Drachen

Es hat sich etwas gewandelt und das begann bei uns so etwa in den 90er-Jahren. Mädchen von heute bringen es z.B. so auf den Punkt:

> *»Früher haben es die Mädchen, das glaube ich, nicht gemacht, aber heutzutage machen das fast alle.«*
>
> LUCY, 14 JAHRE

Die Rede ist von Haarentfernung, speziell der Schamhaarentfernung. »Alle machen das«, da sind sich 14- bis 15-jährige Mädchen sicher. Und Studien bestätigen sie.

Forscherinnen des Sexualforschungsinstituts der Universität Hamburg befragten 160 Jugendliche im Alter von 16 bis 19 Jahren. 94 % der jungen Frauen und 81 % der jungen Männer gaben an, dass sie sich teilweise oder ganz die Schamhaare entfernen.[90]

Warum entfernen sich Mädchen Schamhaare?

»Um sich wohlzufühlen und weil es ›normal‹ ist und besser aussieht, wenn man im Bikini ist usw.«

(Rosa, 15 Jahre)

»Weil sie stören, wenn man schwitzt, und dann jucken, und um peinlichen Momenten im Schwimmbad aus dem Weg zu gehen, wenn da mal Haare rausgucken.«

(Tabea, 14 Jahre)

»ICH FINDE ES NICHT SCHÖN, WENN MAN VIELE HAARE HAT, UND MAN FÜHLT SICH WOHLER, WENN MAN SIE NICHT HAT.«

(Lina, 14 Jahre)

»Wenn ich mich nicht rasiere, fühle ich mich unwohl, und vielleicht auch wegen der Jungen, weil die das von einem erwarten.«

(Lena, 15 Jahre)

»ICH FINDE ES SCHÖNER UND BEI MIR SELBER HYGIENISCHER.«

(Emma, 15 Jahre)

»Vielleicht, weil es ihnen peinlich ist.«

(Jonas, 15 Jahre)

»Es ist gepflegter und für mich gehört es zur Körperhygiene.«

(Julius, 15 Jahre)

Junge Mädchen möchten »normal« sein, dazugehören, akzeptiert werden und einem Schönheitsideal entsprechen. Sie möchten nicht verlacht werden wegen aus der Bikinihose hervorblitzender Schamhaare und sie möchten den Erwartungen der Jungen gerecht werden. Das alles sind Dinge, die ihnen wichtig sind:

»Die wichtigsten Themen sind Jungen, Aussehen und Beliebtheit.«

LINA, 14 JAHRE

Woher sie davon erfahren haben, dass das ein Ideal ist, dass das alle machen? »Es hat sich so herumgesprochen.« Ein offenes Geheimnis. Jeder macht es, aber darüber sprechen ist gar nicht so einfach und sehen tut es ja auch nicht jeder. Nur für den Fall, dass …

Mütter und Väter finden es oft befremdend. »Warum rasieren sich junge Mädchen die Schamhaare?« ist die Frage besonders jener Eltern, die noch zur Zeit der Hippie-Bewegung aufgewachsen sind, in der gerade das »Natürliche« Kult war. Nichts verändern, die Haare wachsen lassen, wie die Natur es vorgesehen hat. Das ist ihre Tradition. Mütter und Väter haben noch andere Vorbehalte: Die jugendlichen Mädchen und Jungen sehen im Intimbereich aus wie Kinder. Bei manchen Eltern weckt das Assoziationen an Sexualität mit Kindern. Ein alarmierender Gedanke. Forscher der Universität Leipzig bieten zwei Erklärungen für die Schamhaarrasur an: Dem Wunsch, im Intimbereich »vorpubertär« auszusehen, könne eine Angst vor Sexualität zugrunde liegen. Durch die glatten Schamlippen werde sexuelle Unreife und damit Ungefährlichkeit signalisiert. Es entstehe der Eindruck eines verletzlichen, bedrohten Kindes, und dieser Eindruck bestärke bei Männern das Überlegenheitsgefühl. Wenn die These stimmt, hätte es mit Angst vor Sexualität und gleichzeitig mit Unterwerfung zu tun. Die gegenteilige These begreift die Haarentfernung im Intimbereich als Zeichen »gesteigerter weiblicher Emanzipation«. Es gehe darum, visuelle Anreize zu schaffen und die Genitalien der Frau sichtbarer und damit bewusster zu machen. Die Forscher/-innen betonen, dass man den Einzelfall genau betrachten müsse, um ein Urteil zu fällen.[91]

Schamhaare bedecken die weibliche Scham. Umso erstaunlicher scheint die Beobachtung eines portugiesischen Geschichtsschreibers vor über 500 Jahren:

Der portugiesische Geschichtsschreiber Pero Vaz de Caminha erkundete im Jahr 1500 Brasilien. Er notierte, dass die Einheimischen im Intimbereich haarlos seien, und schlussfolgerte, dass sie sich ihrer Nacktheit nicht schämen würden.[92]

Es geht um die Scham. Muss man sich nicht mehr schämen, wenn die Scham offen gezeigt wird – ist das ein Zeichen von

Selbstbewusstsein? Vielleicht. Wenn Mädchen erzählen, warum sie ihre Schamhaare entfernen, stellt sich die Frage: Muss man sich seiner Scham schämen, wenn sie nicht so aussieht wie die der anderen? Vielleicht hat das Modediktat auf die Bikinizone übergegriffen. Scham taucht auf, wenn Haare sichtbar werden, wo andere keine haben. Wild und ungepflegt zu wirken ist nicht so einfach, wenn es doch vor allem darum geht, normal zu sein, dazuzugehören, so zu sein wie die Models in der Werbung.

Mit oder ohne Schamhaare

In manchen Teilen Südamerikas werden die weiblichen Schamlippen als vertikales Lächeln der Frauen bezeichnet. Es soll sichtbar sein und nicht von der Schambehaarung versteckt werden. Schamhaare dagegen werden als animalisch angesehen.

»Die Intimrasur wird zu einem gefühlten Muss«, bringt es Bettina Niederleitner von der pro familia auf den Punkt. »Nur was glatt, perfekt und beherrschbar ist, ist akzeptabel.«[93]

Oder ist das modische Augenmerk auf die Scham lediglich eine Ausweitung des Bedürfnisses, sich selber zu modellieren und seine Persönlichkeit darzustellen? Schamhaarfrisuren von »Iro« (Irokesenschnitt), dem vertikalen Strich in der Mitte (Brazilian Cut), bis zum Dreieck, einer Raute, einem Pfeil, einem Blitz oder einem Herzen kann man gestalten und das stehen gelassene Haar mit Henna färben. »Blank ziehen« (Hollywood-Cut), ist die Variante, in der alle Haare entfernt werden.

Der Sozialwissenschaftler Elmar Brähler erklärt die Ausdehnung der Mode auf den Schambereich durch die »neue« Sichtbarkeit der äußeren weiblichen Genitalien. Die Intimzone ist sichtbar und so ist man aufgefordert, sie zu gestalten.

Blume der Nacht

In Japan machen junge Frauen das Gegenteil. Schulmädchen und junge Bräute kaufen sich Schamhaarperücken, weil sie sich schämen, dass sie nur einen schwachen Haarwuchs am Schambein haben. Die Perücken sind aus echtem Menschenhaar hergestellt und werden an der Scheide getragen. Japanische Experten sehen die Schamhaarperücke als Hilfe für den Übergang in die Erwachsenenwelt. Auch bei uns gibt es mittlerweile Schamhaarfriseure und Schamhaarperücken.

Eselsfett und Fledermausblut

Eselsfett und Fledermausblut benutzten vor 4000 bis 3000 Jahren vor Christus die Menschen in den frühen Hochkulturen in Mesopotamien und Ägypten zur Schamhaarentfernung. Sie verwendeten auch geschliffene Steine und Muscheln.

Für Muslime sind es religiöse Gründe, die sie dazu bewegen, sich regelmäßig die Schamhaare zu entfernen. »Wenn du betest, das zählt auch nicht, wenn (das Schamhaar) so lang ist« zitieren die Hamburger Forscherinnen Matthiesen und Mainka einen männlichen Interviewpartner.[94]

Im Islam gehört die Schamhaarentfernung gemäß der Fitra, dem Menschenbild der Muslime, zur natürlichen Veranlagung des Menschen, ähnlich wie die Beschneidung, die Entfernung der Achselhaare und das Schneiden der Fingernägel. Männer und Frauen müssen sich nach den islamischen Reinlichkeitsregeln alle 40 Tage enthaaren. Frauen machen es häufiger.

Gehen wir das Thema unaufgeregt und sachlich an, ergeben sich im Grunde nur folgende Risiken: Wenn es nicht so »glatt«

geht, kann es passieren, dass die Mädchen sich beim Rasieren in die Schamlippen schneiden. Es können Pusteln und Entzündungen entstehen. Manchmal kapseln sich Haarballen ein und bilden kleine Knubbel in den Schamlippen.

Bleibende Spuren

Tätowierungen müssen wehtun

Tätowierungen gehören bei manchen afrikanischen Völkern zum Übergangsritual vom Jugendlichen zum Erwachsenen. Dabei kennzeichnet nicht nur das Zeichen an sich den Erwachsenen. Erst das Ritual mit den damit verbundenen Schmerzen lässt das Kind zum Mann oder zur Frau werden.

Schon vor Jahrtausenden schmückten die Menschen ihren Körper mit Ringen, Ketten und Bemalungen. So wurde z.B. Stammeszugehörigkeit oder der Übergang in ein reiferes Entwicklungsstadium symbolisiert. Bei uns benutzten eine Zeit lang bestimmte Gruppen, wie Seeleute, Prostituierte, Punker, Schwule, Ohrringe zur Identitätsstiftung. Heute ist es eine weitverbreitete Mode, Ringe durch Ohren, Lippen, Augenbrauen oder Schamlippen stechen zu lassen. Das Aussehen soll gestaltet werden – in zwei Funktionen: Junge Mädchen möchten so sein wie die anderen, aber auch ganz individuell. Manche Eltern haben Angst davor, dass ihre Tochter auf die Idee kommt, sich Ringe und Knöpfe durch Ohren, Nase, Lippen oder Brustwarzen zu ziehen, dass sie ihre Hüften oder Oberarme gern auf Dauer mit einer Schlange, einer Rose oder einer Meerjungfrau verheiraten möchte. Und dann?

Tattoos und Piercings

In der Shell-Studie 2010 wurden Jugendliche zwischen 12 und 25 Jahren nach Tattoos und Piercings befragt: 16 % der Mädchen gaben an, mindestens ein Piercing zu haben, 11 % haben ein Tattoo.

Rechtlich klingt alles ganz einfach: Mädchen unter 18 Jahren brauchen die Einwilligung ihrer Eltern, um sich piercen oder ein Tattoo stechen zu lassen. Aber manche Mädchen lassen sich von dieser Regelung nicht abschrecken.

»Ich habe meiner Tochter verboten, sich Löcher durch die Lippe machen zu lassen, dann hat sie es selber mit einer Nadel gemacht.«

MUTTER, 40 JAHRE, DREI TÖCHTER

Je nach Power der Kinder können Eltern es nicht verhindern, dass die Mädchen ihren Körper auf Dauer schmücken. Eine Zeit lang waren Tunnel im Ohr modern. Zu Anfang bekommt man einen kleineren Ring und wenn das Ohr sich entsprechend geweitet hat, kann er gegen immer größere ausgetauscht werden.

»Es gab eine Zeit, da waren bei uns an der Schule Tunnel total angesagt, da hat das fast jeder Zweite hier gehabt, fake, aber auch richtige, und dann gab es eine Zeit, wo das nicht mehr so war, und dann hatten alle dieses Loch und wollten es nicht mehr.«

EMMA, 15 JAHRE

Coach

Körperrasur und Körperschmuck sind ein Mittel, sich selber zu gestalten. Ein wichtiger Schritt, ein Probefeld bei der Abnabelung vom Elternhaus. Mit der Frage: »Darf ich ein Piercing?«, stellen Jugendliche auch die Frage: Darf ich mich selbst gestalten?

Es gibt gute Gründe, wenn Eltern ihr Einverständnis zu einer dauerhaften Körperveränderung verweigern. Sie sollten diese Gründe ihren Töchtern, die sich anschicken, bleibenden Körperschmuck anzulegen, nicht vorenthalten. Tattoos, heute frisch gestochen, sehen später auf schrumpeliger Haut nicht mehr so gut aus, Lippenpiercings können sich entzünden, Allergien hervorrufen und bleibende Narben verursachen. Und Tunnel hinterlassen Löcher. Ausprobieren geht auch mit Strassknöpfen und Tattoos zum Aufkleben oder mit Magnetohrringen.

Die 14-jährige Tabea erzählt von den Erfahrungen ihrer Cousine, die sich unbedingt ein Tattoo stechen lassen wollte:

»Meine Cousine war im Tattoo-Studio um sich ein Tattoo machen zu lassen, und die haben zu ihr gesagt: ›Leg das mal ein halbes Jahr neben dein Bett, und wenn du es dann noch sehen kannst, dann komm wieder, und wenn nicht, dann lass es sein.‹ Und die hat es dann auch nicht gemacht, weil die es dann auch nicht mehr sehen konnte. Das fand ich ganz gut.«

TABEA, 14 JAHRE

Wenn Eltern »Nein« zum Piercing oder zum Tattoo sagen, schützen sie ihre Kinder. Sie können eher übersehen, dass das langfristige Entscheidungen sind, die man zu späterer Zeit bereuen kann, oder dass medizinische Risiken etwas sind, zu dem Eltern nicht ohne Not »Ja« sagen sollten. Ein oder zwei Ohrlöcher könnten ein Kompromiss sein.

Ich gegen mich: Hungern, Ritzen, Komasaufen

Essen hat viele Bedeutungen. Nahrungsaufnahme, um zu überleben, ist nur eine davon. Es geht um mehr: Wenn auf Elternabenden in Kindergärten oder Schulen über das Essen geklagt wird, schwingt in den Reden häufig auch so etwas wie der Wunsch nach Mitbestimmung, nach mehr Einwirkungsmöglichkeiten seitens der Eltern mit. Essen in der Familie ist ein Symbol für Zusammengehörigkeit, das Zubereiten von Mahlzeiten gilt als Liebesbeweis. In liebevoll geschmierten Schulbroten steckt die Botschaft: »Ich möchte dir etwas Gutes mitgeben.« Für viele Kinder ist es eine wohltuende Geste. Essen mit Freunden eröffnet die Möglichkeit, sich zu treffen, seine Zuneigung zu bekunden oder eine angenehme Atmosphäre für ein schwierigeres Thema zu haben. »Leg die Hände auf den Tisch«, »Man spricht nicht mit vollem Mund« sind gesellschaftliche Werte, die beim Essen vermittelt werden. Was Essen für jeden persönlich bedeutet, hängt maßgeblich davon ab, mit welchen Erlebnissen er es verbindet. Kommen Köstlichkeiten auf den Tisch, wird beim Essen viel gelacht, kann ich sein, wie ich bin? Oder wird die gemeinsame Mahlzeit dazu benutzt, die Kinder zu erziehen, zu verhören, zu kontrollieren, an ihnen herumzunörgeln. »Iss noch mehr« oder »Nimm nicht so viel«. All diese Erlebnisse und Erfahrungen prägen unser Verhältnis zum Essen. Und umgekehrt: Darin spiegelt sich, ob wir es uns wohl sein lassen können oder nicht. Im Übrigen: Essen macht nur freiwillig Spaß: »Ich bestimme, was ich zu mir nehme und wie.« »Nur ich weiß, wann ich Hunger habe und wann genug ist.«

»Nur ich weiß, was mir schmeckt.« Lebensfreude und Genuss kann man nicht verordnen, aber vorleben. Hinzu kommt, dass sich die Esskultur bei uns stark verändert hat. Seit Fast Food und Schnellimbiss, seitdem oft beide Eltern berufstätig sind, findet in vielen Familien seltener ein gemeinsames Essen statt. Jeder pickt für sich, wann es gerade passt. Essen wird zur Nahrungsaufnahme. Aus Hunger, aus Frust, aus Gier, aus Kummer, aus Notwendigkeit.

Essproblematiken gehören zum Alltag vieler Mädchen. Jede kennt etwas davon: Entweder achtet sie selbst sehr auf ihr Gewicht, macht schon mal eine Diät, verbietet sich, abends nach 18 Uhr noch etwas zu essen, oder sie kennt ein Mädchen im Familien- oder Bekanntenkreis, die magersüchtig oder zumindest essgestört ist. Die 14-jährige Tabea formuliert das so:

»Bei Germanys Next Topmodel ist es so: Ich guck mir die Sendung an und sage: ›Poh, die sollten echt mal was essen.‹ Und es gibt Mädchen, die das sehen und dann sagen: ›Ich muss abnehmen, ich muss abnehmen‹.«

TABEA, 14 JAHRE

Essstörungen

Essstörungen zählen im Kindes- und Jugendalter zu den häufigsten chronischen Krankheiten. 21,9 %, mehr als ein Fünftel der Kinder und Jugendlichen zwischen 11 und 17 Jahren, zeigen Symptome einer Essstörung. Im Alter von 11 Jahren sind Jungen und Mädchen noch etwa gleich häufig betroffen. Ab da steigt der Anteil der Mädchen auf 30,1 %, der der Jungen sinkt auf 12,8 %.
Kinder und Jugendliche aus Familien mit Migrationshintergrund haben doppelt so häufig Symptome von Essstörungen als andere.[95]

Zu dick oder zu dünn: Welche Essstörungen gibt es?

- Die häufigste und zugleich gefährlichste Essstörung ist die Magersucht (Anorexie). 10 % aller Erkrankten sterben daran.
- Dann folgt die Ess-Brech-Sucht (Bulimie). Die Betroffenen verspüren einen Heißhunger und reagieren mit exzessiven Essorgien. Anschließend stecken sie sich den Finger in den Hals, fasten und nehmen Abführmittel.
- Bei der Binge-Eating-Disorder hat man Episoden von »Fressanfällen«. Große Mengen von Essen werden heruntergeschlungen, aber nicht wieder ausgeglichen. Oft sind »Binge-Eater« übergewichtig.
- Die Adipositas (»Fettsucht«) ist eine Ernährungs- und Stoffwechselkrankheit mit starkem Übergewicht. Die Betroffenen essen zu viel, sie ernähren sich falsch und sie bewegen sich zu wenig. Aber es gibt auch genetische Ursachen und seelische Gründe für die Fettleibigkeit. Viele Übergewichtige essen aus Kummer und essen sich im wahrsten Sinne des Wortes einen Schutzring an.

Essstörungen: Warum?

> *»Man selbst findet sich immer zu dick – selbst wenn man nur so ein ganz klein bisschen Speck hat, meint man, das muss weg.«*
>
> ALEXA, 12 JAHRE

Es gibt viele Gründe, warum ein Mädchen eine Essstörung entwickelt. Grundsätzlich können wir davon ausgehen, dass eine Essstörung immer der Versuch ist, ein Problem zu lösen. Wenn auch ein Versuch, der scheitert.

- Junge Mädchen suchen nach ihrem Stand in der Welt, sie sind offen und beeinflussbar. Sie sehen, dass es zum gesellschaftlichen Ideal eines perfekten Mädchens gehört, schlank zu sein. Schlankheit wird verbunden mit Leistung, mit Schönheit, mit Anerkennung, mit Erfolg, und da wollen sie dabei sein.
- Essstörungen beginnen häufig mit der Pubertät. Wenn Mädchen zu wenig essen, bleibt ihre Periode aus oder sie entwickelt sich erst gar nicht. Eine Magersucht kann eine Weigerung sein, erwachsen, fraulich, ein sexuelles Wesen im erwachsenen Sinne zu werden. – Warum? Manche Mädchen haben Angst davor. Sie sehen nicht, welche Vorteile das haben soll. Vielleicht haben sie kein positives Beispiel. Vielleicht hadert auch ihre Mutter mit ihrer Weiblichkeit oder sie gibt ein Vorbild ab, das die Tochter nicht erstrebenswert findet, weil sie sich selbst nicht mag oder weil sie vom Vater runtergemacht wird. Vielleicht spürt sie einen Druck auf sich zukommen, der ihr nicht erstrebenswert erscheint.
- Mädchen mit Essstörungen sind nicht selten »Träger einer Familienkrankheit«. In der Familie gibt es Probleme, Trennungen, Streit zwischen den Eltern, finanzielle Sorgen, ein oder beide Elternteile übertragen ihre Ängste, ihre Unzufriedenheit oder ihren Leistungsanspruch auf die Tochter. Sie wird »überbehütet«, an ihr wird rumgenörgelt oder sie wird nur nach Schulnoten »bewertet«. Sie hat es schwer, sich abzugrenzen und sich selber zu entwickeln. Sie erhält wenig Anerkennung dafür, dass sie so ist, wie sie ist.
- Faktoren aus der Familiengeschichte können eine Rolle spielen. Etwa dass ein nahes Familienmitglied an einer psychischen Krankheit, wie z.B. Depressionen oder starken Ängsten, leidet. Es kann auch die eigene Geschichte sein, dass z.B. schon Probleme beim Füttern als Baby aufgetaucht

sind und das Essen mit »Stress« bei Mutter oder Vater und Kind verbunden war.

- Bei Mädchen mit Migrationshintergrund könnten Gründe für die Essstörung darin liegen, dass sie sich mit westlichen Normen und Werten überidentifizieren oder dass ihnen die Anpassung hier aus verschiedenen Gründen großen Stress bereitet.

Die Vorstellung vom Übergewicht

44 % aller jungen Frauen sind der Meinung, dass sie zu viele Pfunde auf den Knochen haben.[96]

Für viele junge Mädchen bedeutet Essen nicht nur Nahrungsaufnahme. Der Körper verändert sich und sie möchten das beeinflussen. Vor allem, wenn sie das Gefühl haben, durch die Eltern ständig kontrolliert zu werden, beziehen sie ihre Einwirkungsmöglichkeit auf die Körperausmaße: »Über das Essen kann ich steuern, wie dick oder dünn ich bin. Das ist etwas, bei dem ich wirklich selbst bestimmen kann, was läuft. Diese Kontrolle habe ich und das werde ich so gestalten, wie ich es will. Ich bestimme, was ich zu mir nehme oder was ich in mir halte.« So trifft die Magersucht besonders Mädchen, die wenig Raum haben, sich auf anderen Gebieten selbstständig zu entfalten.

Immer jünger

Eigentlich hätte das Thema Essstörungen schon im vorigen Kapitel stehen können. Denn die Magersucht geht immer früher los. In dem Maße, in dem es schon für sehr junge Mädchen wichtig wird, schön und schlank zu sein, haben auch die

»Nebenwirkungen« der Schönheitssucht zugenommen. »Schon Fünfjährige leiden an Magersucht«, fanden britische Forscher der Londoner Universität UCL heraus.[97]

Vor nicht allzu langer Zeit hatten wir in der Beratungsstelle ein 9-jähriges magersüchtiges Mädchen in der Gruppe für Kinder, deren Eltern sich getrennt haben. Maria war sehr unglücklich darüber, dass ihr Vater sich wenig für sie interessierte, und ihre Mutter war so mit ihren eigenen Sorgen beschäftigt, dass sie Marias Not nicht sehen konnte. Ihr Bruder drangsalierte sie. Maria fühlte sich allein, desorientiert und übersehen. Maria funktionierte – in der Schule hatte sie gute Noten. Um Sicherheit für sich zu bekommen, fing sie an, ihre Mutter, ihren Bruder und sich selbst zu kontrollieren. Maria war dünn – sehr dünn, und sie hatte verschiedene Essensunverträglichkeiten. Regelmäßiges Essen zu Hause gab es nicht mehr, die Mutter musste viel arbeiten. Maria aß immer weniger und sie wurde immer trauriger. Der Arzt attestierte ihr starkes Untergewicht. Es war sehr schwierig, für sie einen passenden Platz in der Klinik zu finden. Die meisten psychosomatischen Kliniken gehen davon aus, dass Essstörungen erst ab 14 auftreten, und so sind in der Regel erst ab diesem Alter Plätze für Magersüchtige vorgesehen.

Sissi-Syndrom

Die österreichische Kaiserin Elisabeth, bekannt als »Sissi«, pflegte einen extremen Körperkult. Sie hungerte oft wochenlang, schlief mit feuchten Tüchern um die Hüften, trank Mixturen aus rohen Eiern, gepresstem Saft aus rohem Fleisch und literweise Milch, von der man annahm, dass sie schlank mache. Sissi trieb Sport im Übermaß und setzte sich nie hin. Sie verzichtete auf Stühle und erledigte die meisten Beschäftigungen im »Auf-und-ab-Gehen«. Als Sissi-Syndrom bezeichnet man das Zusammentreffen dieser Verhaltensweisen.

Woran erkenne ich, ob meine Tochter eine Magersucht entwickelt?

Eine Mutter erzählt von ihrer 13-jährigen Tochter, um die sich die Eltern nie Sorgen gemacht haben. Sie war gut in der Schule, angepasst zu Hause, sie machte keine Schwierigkeiten. Das einzige Problem seien ihre Essgewohnheiten:

> *»Johanna ist 1,67 groß und wiegt 47 Kilogramm. Sie isst seit einiger Zeit nur noch ganz kleine Häppchen. Sie hat entschieden, dass sie nach 6 Uhr abends gar nichts mehr zu sich nimmt, allerhöchstens ein Knäckebrot. Wenn wir abends Gäste zum Essen eingeladen haben, isst sie nicht mit. Sie will schlank bleiben, so wie ihre Klassenkameradinnen.«*
>
> MARITA, 45, ZWEI TÖCHTER

- Ein deutlicher Hinweis, darauf, dass etwas nicht stimmt, ist das Gewicht, d.h. wenn ein Mädchen seit längerer Zeit nicht mehr zunimmt.
- Ein weiteres Indiz ist die Selbstwahrnehmung. Wenn sie selbst ihren Körper ganz anders wahrnimmt, als ihre Umgebung: Sie sieht sich immer weiter als zu dick, während Außenstehende sie zu dünn finden.
- Wenn sie nicht mehr gern an den Mahlzeiten teilnimmt, häufig sagt, sie habe schon gegessen, immer mehr Speisen aussortiert.
- Wenn sie sich aus sozialen Kontakten zurückzieht, ihre Freunde nicht mehr trifft und sich nicht mehr für ihre Lieblingsbeschäftigungen interessiert.
- Wenn sie über Einschlafstörungen klagt.
- Wenn sie ständig Wasser trinkt, um keinen Hunger zu verspüren, und wenn sie übermäßig Sport treibt.

Manche Mädchen suchen in ProAna-(Pro-Anorexie) und Pro-Mia-(Pro-Bulimie)-Foren Gleichgesinnte, sogenannte Zwillinge. In sie projizieren sie das Bild der idealen Freundin, die sie wirklich versteht – denn im nahen Umfeld gibt es niemanden mehr, der die Auffassung teilt, dass sie zu dick sind und noch weiter abnehmen müssen. Diese Seiten sind gefährlich, weil sie die Mädchen unterstützen, so wenig Nahrung wie möglich zu sich zu nehmen.

Coach

Es ist essenziell, dass Eltern ihrer Tochter, gerade in der Zeit, in der sich der Körper verändert, das Gefühl geben: Du bist gut so, wie du bist. Manchmal machen Eltern eine unbedachte Bemerkung: »Du bist ganz schön pummelig« – ein solcher Satz des Vaters (und auch der Mutter) kann fatale Folgen für die Tochter haben. Falls er schon gefallen ist, dann ist es wichtig, sich sofort dafür zu entschuldigen und ihn zurückzunehmen.

Was, wenn sie eine Essstörung hat?

Keine Vorwürfe Manche Eltern können nicht verstehen, dass ihre Tochter so etwas macht. »Wieso isst sie nicht?«, fragen sie und sie schämen sich vielleicht auch vor Freunden und Bekannten oder vor der Familie für ihre Tochter, die nicht »funktioniert«. Sie fühlen sich bestraft von ihr: »Warum tut sie uns das an?« Essstörungen sind eine Krankheit und ein Appell: »Schau mal, hier stimmt etwas nicht – mit mir, mit der Gesellschaft, mit meinem Körper, in der Familie oder in der Schule. Ich brauche Hilfe.«

Keine Selbstvorwürfe Manche Eltern machen sich selbst große Vorwürfe und grämen sich über ihre Mitschuld an der schweren Krankheit der Tochter. Das Gute an der Erkenntnis, dass Essstörungen häufig auf ein Problem in der Familie hinweisen, ist aber, dass wir als Eltern etwas dagegen unternehmen können. Wenn Eltern sich dieser Herausforderung stellen, sich ebenfalls beraten lassen und sich in eine Therapie mit einbeziehen lassen, signalisieren sie ihrem Kind: »Du bist nicht allein verantwortlich. Wir machen auch etwas dafür, dass du wieder gesund wirst. Wir sind an deiner Seite.«

Eltern sind Modell Wie essen Sie selbst? Stehen Sie nur in der Küche, wenn die Familie isst, und vermeiden es, sich selber in Ruhe hinzusetzen und am Essen teilzunehmen? Reden Sie häufig darüber, dass Sie sich zu dick finden, oder machen Sie häufiger Diäten? Das alles nimmt Ihre Tochter wahr und sie nimmt es als Vorbild.

Essverhalten in der Familie

Wenn Sie schon Anzeichen bemerkt haben, dass Ihre Tochter sich in Bezug auf Essen »anders« verhält, fällt es schwer, keine Kommentare beim Essen zu machen und die Kinder nicht zu kontrollieren, sondern sie einfach zu lassen. Ein Gespräch über das Essverhalten sollte man sowieso nicht beim Essen führen. Das Essensritual in der Familie sollte eine Oase der Entspannung sein, in der jeder in Ruhe essen kann und selber entscheiden kann, ob er noch mehr möchte oder nicht.

Es geht um Selbstbestimmung Vielleicht braucht ihre Tochter Bereiche, in denen sie mehr Freiheit hat. Vielleicht braucht sie mehr Anerkennung und mehr Mitsprache bei der Aufstellung von Regeln, die sie betreffen. Überprüfen Sie, wo Sie zu viel kontrollieren und wo Sie locker lassen können.

Professionelle Beratung Wenn Sie sich Sorgen machen, sprechen Sie Ihre Tochter an. In einem ruhigen Gespräch reden Sie von sich und hören Sie, ob es etwas gibt, das sie bedrückt, dass sie sich so aufs Essen fixiert. Machen Sie ihr keine Vorwürfe und ermuntern Sie sie, mit Ihnen zu einer Beratungsstelle oder zu einer Ärztin zu gehen, die sich mit psychosomatischen Krankheiten auskennt. In Gesprächen mit »Profis« können Ursachen geklärt werden und falsche Kaloriennahrung durch richtige Seelennahrung ersetzt werden. So bietet die »Störung« auch eine Chance, eine Familiendiskussion anzustoßen, die seit Langem ansteht und deren Klärung für die ganze Familie hilfreich ist.

Diät

Die Deutsche Gesellschaft für Ernährung ermittelte: 18% der Mädchen ab 12 Jahren haben bereits eine Diät durchgeführt.

Körperschmerz gegen Seelenschmerz

Vera trug seit einiger Zeit immer langärmelige Pullover oder T-Shirts, auch im Sommer – egal, wie heiß es war. Schon zweimal ist ihrer Freundin Carla aufgefallen, dass sie den Unterarm verbunden hatte. Ihre Katze habe sie gekratzt, hat sie ihr erklärt. Carla fand es komisch, aber Vera war schon seit einiger Zeit komisch – genauer gesagt, seit ihre Eltern sich getrennt hatten. Da wusste sie nicht mehr ein noch aus. Sie fühlte sich ohnmächtig vor Schmerz, hat sich im Bad eingeschlossen und die Nagelschere hervorgeholt. Sie hatte Angst, aber der Schnitt hat gutgetan. Als das Blut floss, konnte sie aufatmen. Später hat sie es immer wieder so gemacht, wenn der innere Druck kam, nahm sie eine Schere, ein Messer, einen Kronkorken, Scherben gingen auch. Das entlastete – erst mal – Körperschmerz gegen Seelenschmerz.

Für manche Menschen ist es unvorstellbar. »Wie kann man so etwas machen?«, fragen sich Freundinnen oder Eltern. »Das ist doch bescheuert«, »Sie will nur Aufmerksamkeit«, »Das ist verrückt«, wenden sich manche verständnislos, vielleicht auch angstvoll ab.

Aggressionen gegen sich selbst gerichtet

Mädchen wenden ihre Aggressionen eher gegen sich selbst. In einer Studie der Universitätsklinik Heidelberg klagt ein Drittel der Mädchen zwischen 14 und 16 Jahren über depressive Stimmungen. 8% haben schon mal versucht, sich umzubringen. 6% trinken wöchentlich oder häufiger Alkohol. Im Vergleich zu 12% der Jungen. Ein Drittel aller Schülerinnen hat sich schon einmal absichtlich verletzt. Rund 18% der Mädchen und 8% der Jungen schneiden sich regelmäßig selbst in die Haut.[98]

»An meiner Schule gibt es wahrscheinlich 50%, die sich selber schneiden. Nicht viele von ihnen zeigen das. Es ist wirklich traurig. Es sind deine Stimmungsschwankungen. Du kriegst Druck von deiner Familie, hast Streit mit deinen Freunden, dann denkst du, es ist alles dein Fehler.«

Lilly, 13 Jahre[99]

Es ist nicht so, dass Ritzen nur eine »Modeerscheinung« ist, wie manche gerne glauben würden. Wenn jemand mit dem Messer gegen sich selbst vorgeht, seine eigene Körpergrenze überschreitet, macht er das nicht zum Spaß. Es ist ein Hilfeschrei –

manchmal versteckt unter langärmeligen Pullovern, manchmal ganz offen. Aufmerksamkeit, ja, das ist richtig, es geht um Aufmerksamkeit und die ist notwendig. Die anderen sollen herschauen, sie müssen herschauen und sie müssen helfen. Menschen, die sich ritzen, geht es nicht gut. Sie sind verzweifelt. Sie wissen keinen Ausweg mehr. Die Trennung der Eltern, Probleme in der Familie, das Mobbing in der Schule, Gewalt oder sexueller Missbrauch sind häufig Gründe dafür, dass sie das tun. Sie fühlen sich zerrissen und sie geben sich selbst die Schuld für ihre Lage. Sie bestrafen sich selbst. Und das funktioniert – für eine kurze Weile jedenfalls. Denn der Körper schüttet während der Verletzung Endorphine, also Glückshormone aus. Sie unterdrücken kurzzeitig den Schmerz. Danach fühlen sich die Mädchen dumpf und leer.

Manche richten die Wut gegen sich, indem sie sich die Wimpern ausreißen, ihre Hand auf die Herdplatte legen oder mit dem Kopf gegen die Wand schlagen.

Coach

Manche Eltern reagieren entsetzt und machen ihren Kindern Vorwürfe: »Wie kannst du so etwas machen?« Oder: »Wie kannst du uns das antun?« Es ist wichtig, sich klarzumachen, dass es nicht die Absicht der Mädchen ist, ihren Eltern etwas antun zu wollen. Wenn Eltern bemerken, dass ihre Tochter sich anders verhält, dass sie häufig traurig ist, sich zurückzieht, immer langärmelige Pullover trägt, sich ständig an den Armen kratzt und dafür Mückenstichen die Schuld gibt, können das Signale sein.

Nicht selten ritzen sich Mädchen über Monate, manchmal sogar Jahre, bevor es bemerkt wird. Wenn Sie feststellen, dass Ihre Tochter sich auffällig verhält, sprechen Sie sie an. Fragen

Sie ganz direkt: »Was hast du an den Armen?«, aber machen Sie ihr keine Vorwürfe. Probieren Sie, möglichst ruhig zu reagieren und zu hören, was ist. Wenn sie sich zurückzieht, lassen Sie sich nicht abhalten und seien Sie, nicht gekränkt, probieren Sie es wieder. Auf jeden Fall sollte man das Ritzen ernst nehmen und Experten, Psychotherapeuten oder Kinder- und Jugendlichenpsychiater um Rat fragen.

Trinken

»Mama, um acht kommen ein paar Leute zum Vortrinken«, eröffnet Lisa ihrer Mutter. Heute Abend ist große Party, getrunken wird vorher. »Weil es billiger ist«, erklärt Lisa. »Und warum müsst ihr überhaupt trinken?« »Weil es dann lustiger ist.« So einfach ist das.

Alkohol trinken, um lustiger zu sein, ist ein Grund, warum Jugendliche trinken. »Um Spaß zu haben«, »Weil es alle machen«, ein anderer. Manche Mädchen wollen sich Mut antrinken, um lockerer zu werden, auch gegenüber Jungs. Andere trinken, weil sie Kummer haben. Sie trinken gegen ihre Traurigkeit, darüber, dass sie zu Hause oder in der Schule abgewertet werden, dass sie sich einsam fühlen, dass sie in der Schule keine Erfolge haben, dass sie sich nicht verstanden fühlen.

Jugendliche müssen ihr Verhältnis zum Thema Alkohol und Drogen ausloten. Das ist normal. Sie wollen wissen: Wie geht das, wenn man was merkt? Was passiert im Kopf? Was erlebt man? Wie viel vertrag ich? Mag ich das überhaupt? Hilft es mir vielleicht sogar als Mutmacher oder Trostspender? Kann ich damit Grenzen überschreiten?

»Die Erfahrung mit Alkohol ist Teil unserer Entwicklung und trägt dazu bei, die eigenen Grenzen zu erkennen.«

KATRIN, 18 JAHRE

Wenn man Diskussionen über das Thema Alkohol und Jugend hört, dann schwanken die Meinungen zwischen »So'n Rausch ist doch nicht so schlimm – die müssen doch schließlich ihre Erfahrungen machen« und »Alkohol ist gefährlich, die Hauptdroge unserer Gesellschaft«. Schaut man sich Statistiken an, klingt das so:

Alkoholkonsum

Knapp 6% aller Mädchen zwischen 14 und 16 Jahren trinken wöchentlich oder häufiger Alkohol. Diese Zahl ist rückläufig.
Nicht rückläufig ist die Zahl derjenigen, die einfach zu viel trinken. Seit 2000 stieg die Zahl der Kinder und Jugendlichen im Alter von 10 bis 19 Jahren an, die wegen akuten Alkoholmissbrauchs stationär im Krankenhaus behandelt wurden.[100] 2011 waren es 354 mehr als im Vorjahr. Bei den 10- bis 14-Jährigen sind 52% Mädchen.[101] Ab da holen die Jungen auf. Fast zwei Drittel der ab 15-Jährigen sind Jungen und junge Männer.

»Zehn ›Feiglinge‹ hat meine Tochter mit ihrer Freundin geleert«, erzählt eine Mutter. »Komasaufen«, »Flatrate-Partys« und »Binge-Drinking« sind neue Begriffe. »Binge« das heißt: »Trinken, bis man in die Gosse kippt«. Drogenberater beobachten seit einiger Zeit, dass junge Mädchen häufiger als Jungen volltrunken ins Krankenhaus eingeliefert werden. Die Jungen trinken mehr, aber die Mädchen landen eher im Krankenhaus. Sie vertragen weniger Alkohol und bauen ihn langsamer ab.

Norbert Beuchel-Wagner arbeitet mit Jungen und Mädchen zwischen 12 und 15 Jahren, die mit Alkoholvergiftungen in die Kinderklinik kamen.

»Es hat sich in der Gesellschaft etwas verändert. Junge Mädchen wollen zeigen, dass sie mithalten können beim Erwachsenwerden, und da hat es durchaus einen Wert, etwas vertragen zu können. Den Satz: ›Gekotzt habe ich auch schon mal‹, sagen manche mit einem gewissen Stolz.«

NORBERT BEUCHEL-WAGNER, SUCHTTHERAPEUT

16- bis 17-jährige Mädchen haben eher einen »kontrollierten Kontrollverlust«. Sie trinken unter Umständen auch viel, aber sie können in dem Alter die Grenze schon eher einschätzen. »Ich glaube, dass im Grunde alle jungen Leute den Wunsch nach ›Entgrenzung‹ haben und den Rausch bewusst erleben wollen. Aber keine von ihnen trinkt sich absichtlich ins Koma«, weiß Drogenberater Beuchel-Wagner.

Die eigenen Grenzen werden gesucht und auf die Probe gestellt. Eltern wissen oft nicht so genau, wie sie mit dem Thema umgehen sollen. Wie gesagt: »Einerseits … andererseits«. Eine Mutter erzählte mir aufgebracht, dass ihr Exmann ihre Tochter und deren Freundin nachts um zwölf mit einer Flasche Sekt geweckt hatte, um auf den 12. Geburtstag der Tochter anzustoßen. Manche Eltern wetteifern um die Gunst ihrer Kinder und gefallen sich selbst in der Rolle des »besten Freundes«, mit dem man auch mal einen trinken kann. Das ist keine gute Idee. »Wie gehe ich damit um, wenn meine 15-jährige Tochter Alkohol auf ihrer Geburtstagsparty anbieten möchte?«, fragt ein Vater. »Manche ihrer Freundinnen sind schon 16 und die Tochter möchte auch ihnen gegenüber ›cool‹ sein.« In diesem Fall gibt es eine einfache und hilfreiche Gesetzesregelung:

Trinken und Rauchen laut Gesetz

Ab 14 Jahren dürfen Jugendliche in einem Lokal leichten Alkohol trinken, wenn ein »Personensorgeberechtigter« dabei ist, d. h. Vater, Mutter oder Vormund. Ab 16 Jahren dürfen sie sich eigenständig Bier oder Wein bestellen. Schnaps und andere hochprozentige Getränke gibt es ab 18 Jahren. Rauchen ist erst ab 18 Jahren erlaubt. Für die Partys zu Hause heißt das: Wenn alle 16 Jahre und älter sind, sind Bier und Wein gesetzlich erlaubt.

Schaut man sich Zahlen an, ist die tödlichste Droge der Tabak. 123.000 Menschen sterben pro Jahr an Tabakkonsum, 70.000 an Alkoholkonsum, insgesamt 1.000 an illegalen Drogen. Zusammengenommen sinken die Zahlen der Konsumenten von Tabak, Drogen und Alkohol. Es gibt immer mehr Jugendliche, die ihrerseits den Eltern Vorwürfe machen, dass sie rauchen – und Eltern, die heimlich rauchen(!). Junge Mädchen mögen häufig keine Zigaretten, anders ist es mit der Shisha. Sie schmeckt – ähnlich wie die mit Limonade gemischten hochprozentigen Alkopops – nicht nach »Gift«. Shisha-Rauchen macht man in der Gruppe. Sie hat das Flair einer Friedenspfeife.

»Shisha rauchen ist für manche junge Mädchen, die ansonsten Rauchen widerlich finden, eine Brücke zum Zigarettenrauchen. Gerade junge Mädchen mögen das gesüßte Aroma und den kühleren Rauch.«

NORBERT BEUCHEL-WAGNER, SUCHTTHERAPEUT

Bei den illegalen Drogen ist Cannabis die »Hauptdroge«. Dazu muss man wissen, dass ein Joint heute härtere Substanzen als noch vor dreißig Jahren enthält. Auch chemische Drogen wie

Ecstasy und Amphetamine kursieren in neuen und stärkeren Kombinationen. Heroin ist immer weniger gefragt. Es gilt als »Loser-Droge«.

Bei den Jugendlichen gibt es weniger, die Zigaretten rauchen, und so auch weniger, die Cannabis rauchen, das stellt die Bundeszentrale für gesundheitliche Aufklärung erfreut fest.[102] Junge Mädchen können in den Drogenkonsum »reinrutschen«, durch Freunde, Klassenkameraden, Fremde auf Partys oder auf dem Schulhof. Und: Einmal an einem Joint zu ziehen macht noch nicht gleich süchtig.

Wenn Ihre Tochter Drogen nimmt, können Sie das möglicherweise daran erkennen, dass sie zu nichts mehr Lust hat. Sie hockt nur noch in ihrem Zimmer, bricht Freundschaften ab, zieht mit einer meist älteren Clique umher, schafft nichts mehr und ist zu nichts mehr zu motivieren. Das sind keine eindeutigen Hinweise. Hinter diesen Verhaltensweisen können auch andere Ursachen stecken. Auf jeden Fall sollten Eltern sie als Warnsignale sehen und sich um ihre Tochter kümmern. Manche Drogen, wie Ecstasy bewirken extreme Erschöpfungszustände, Schmerzen in der Nierengegend, Appetitverlust, Depressionen und Angstzustände.

Coach

Ganz klar. Die gesetzlichen Grenzen machen Sinn. Alkohol ist die legale Droge unserer Gesellschaft. Sie kann schwere Folgen für die Gesundheit haben. Bei Kindern und Jugendlichen ist die körperliche Entwicklung noch nicht abgeschlossen, bereits geringe Mengen können zu schweren Vergiftungen führen. Organe können geschädigt und die Gehirnreifung beeinträchtigt werden.

»Die Suchtgefahr ist gerade in der Verschaltungsphase des Gehirns besonders gefährlich. In dieser Zeit kann man schnell abhängig werden. Die gute Nachricht ist, Jugendliche können eine Abhängigkeit auch schneller wieder überwinden.« (Norbert Beuchel-Wagner, Suchttherapeut)

Alkohol wirkt enthemmend. Betrunkene sind risikobereiter und die Gefahr, einen Unfall zu haben, ist größer. Jugendliche unter Alkoholeinfluss gehen auch in sexueller Hinsicht mehr Risiken ein und verzichten eher auf Verhütungsmittel. Betrunkene Mädchen werden leichter Opfer sexueller Übergriffe.

Eltern können es nicht verhindern, dass Jugendliche ihre Bekanntschaft mit Alkohol machen, aber sie sollten ganz klar Position beziehen: »Vor deinem 16. Lebensjahr gibt es zu Hause kein Bier«, und sie sollten ihr eigenes Verhalten überprüfen. Schon bevor die Kinder 14 sind, ist es gut, wenn Eltern mit ihnen über die angenehmen und über die gefährlichen Seiten von Alkohol sprechen.

Trotzdem: Wenn es passiert ist, wenn Ihre Tochter sturztrunken nach Hause wankt, machen Sie nicht noch zusätzlich »Stress«. Es wird ihr schlecht genug gehen. Ein Gespräch am nächsten Tag macht sehr viel mehr Sinn. Statt mit Vorwürfen, sollte es mit Fragen beginnen: »Was war los?«, »Hast du Kummer?«. Hören Sie zu und geben Sie in Ruhe klare Informationen zur Gefährlichkeit und zu Ihrer Haltung. Je früher Eltern sich darum kümmern und ihrem Kind Hilfe anbieten, umso besser.

Ganz wichtig: Eltern sind Modell: Was in erster Linie wirkt, ist das, was die Eltern vorleben. Fragen Sie sich: Wie gehen wir mit Alkohol um? Steht bei uns bei jeder Gelegenheit die Flasche auf dem Tisch? Oder trinken wir nur zu besonderen Anlässen? Brauchen wir Alkohol, um unsere Sorgen herunterzuspülen, oder ab und zu aus Genuss und in Maßen? Wie reden wir über Alkohol? Nötigen wir andere mitzutrinken oder ist es durchaus normal, ein Wasser anzubieten?

> ***»Ich denke schon, dass Eltern die Jugendlichen an Alkohol/Drogen heranführen sollten, aber erst in einem angemessenen Alter, um Sucht zu verhindern. Wenn die Kinder lernen, mit Alkohol umzugehen und Alkohol als etwas Normales und nicht als Nervenkitzel anerkennen, wird es z. B. zu Komasaufen kaum kommen.«*** (Leona, 17 Jahre)

Wenn Sie sich Sorgen machen, dass Ihre Tochter Drogen nimmt, sprechen Sie sie direkt drauf an – ohne Vorwürfe, aber klar, bieten Sie Ihre Unterstützung an: »Ich bin an deiner Seite, ich will dir helfen« und gehen Sie mit ihr in eine Drogenberatungsstelle. Wenn Sie sich Sorgen machen, dass Ihre Tochter Drogen nimmt, sprechen Sie sie direkt drauf an – ohne Vorwürfe, aber klar, bieten Sie Ihre Unterstützung an: »Ich bin an deiner Seite, ich will dir helfen«, und gehen Sie mit ihr in eine Drogenberatungsstelle

First Love

»Von Jungen wünsche ich mir …«

»… dass sie weniger fußballbesessen sind.«

(Clara, 14 Jahre)

»… Zeit, Einfühlsamkeit, Vertrauen.«

(Gisa, 13 Jahre)

»… ZEIT, VERSTÄNDNIS, EHRLICHKEIT, VERTRAUEN.«

(Lola, 13 Jahre)

»DASS SIE IMMER GLEICH SIND, EGAL OB DIE KUMPELS ODER FREUNDINNEN DABEI SIND.«

(Vera, 13 Jahre)

»dass sie ihr wahres Ich mal zeigen und sich nicht durch Coolness verstecken.«

(Natalie, 13 Jahre)

Können Sie sich noch erinnern, als Sie zum ersten Mal verliebt waren? Bei mir war es mit zwölf. Er hieß Matthias und war auch zwölf. Er hatte einen Lockenkopf und wir haben zusammen Musik gehört. Einmal sind wir zusammen ins Kino gegangen und haben »Händchen gehalten«. Ich war froh, dass es dunkel war, so mussten wir uns nicht noch angucken und er konnte meine roten Wangen nicht sehen.

Es kann schon im Kindergarten passieren, dass zwei Kinder beschließen: »Wir werden später einmal heiraten.« Vielleicht verabreden sie sich niemals nachmittags zum Spielen, aber beide wissen Bescheid – der Hochzeitstermin steht fest. Ab der Pubertät ist es etwas anderes. Da geht es darum, in Kontakt zu kommen, Zeit miteinander zu verbringen, sich auszutauschen, sich zu berühren, sich die Liebe zu gestehen. Und das ist spannend – nicht nur für die Betroffenen, auch die Eltern fiebern mit, heimlich vielleicht, wohlwollend oder abwehrend. Es kommt darauf an, wie Eltern ihre Tochter sehen, wie sie dazu stehen, dass sie »schon« einen Freund hat, welche Sorgen sie sich machen, was sie selbst für Erfahrungen gemacht haben, welche Verlustängste sie vielleicht bei sich selbst spüren, welchen kulturellen oder religiösen Hintergrund sie haben und – wenn sie ihn dann kennenlernen – wie sie ihn finden.

»Den ersten fessle ich bei uns vor dem Haus an die Birke, als Abschreckung für alle anderen«, sagte mein Mann scherzhaft zu mir, als Jana ungefähr zwölf war.

Denn für Väter kommt Konkurrenz ins Haus. Ein anderer Mann. Ihre Position als »einziger Mann im Leben der Tochter« (falls es nicht noch einen Bruder gibt) gerät ins Wackeln. Eltern formulieren selten direkt, dass sie sich selber betroffen fühlen: »Meine Tochter ist kein Kind mehr. Sie hat jetzt einen weiteren Bereich, der uns erst mal nichts angeht. Es gibt jetzt definitiv jemanden, dessen Meinung mehr zählt. Und wenn der Zeit hat, wird unsere Tochter bestimmt nicht mit zu Oma und Opa fahren wollen.« Mütter schwanken manchmal zwischen ihren abwehrenden Gefühlen darüber, dass ihre bislang »kleine« Tochter jetzt »groß« sein soll und ihrem eigenen Wunsch, teilhaben zu wollen an der jungen Liebe. Sie wollen alles erfahren und ein bisschen »mitleben«. Beides ist nicht angesagt. Eltern müssen jetzt für sich selber einen neuen Platz finden und die Beziehung zu ihrem Kind teilweise neu definieren. Das »Kind« braucht jetzt mehr Raum für sich und hat vielleicht mehr Geheimnisse als vorher. Eltern müssen einen Schritt zurücktreten:

»Ich finde, dass es Eltern überhaupt gar nichts angeht. Grundsätzlich, wenn man Sex hatte oder sich geküsst hat oder sonstiges gemacht hat, müssen sie es nicht wissen.«

Lia, 14 Jahre

Nicht wenigen Eltern fällt das »Zurückstecken« erst mal total schwer. Wenn sie über den ersten Freund ihrer Tochter sprechen, dann sorgen sie sich häufig: »Meine Tochter ist noch zu jung«, »Was da alles passieren kann«, »Sie hängt nur noch mit dem zusammen und vernachlässigt alles andere«, »Schule ist überhaupt kein Thema mehr«. Was befürchten sie, was da alles passieren kann? Manche Eltern drucksen dann herum, wenn sie das gefragt werden, und sagen: »Sie könnte zu früh Sex haben. Sie könnte zu früh schwanger werden.«

Es stimmt. Der erste Freund ändert etwas zu Hause. Er hat Einfluss auf unsere Tochter und er sitzt plötzlich mit bei uns am Tisch, übernachtet vielleicht bei uns und sieht uns im Bademantel oder im Schlafanzug. Wenn zum ersten Mal die Frage kommt: »Darf er hier übernachten?«, fühlen sich manche Eltern ratlos. Einerseits erinnern sie sich an früher: »Das hat es bei uns nicht gegeben«, andererseits machen sie sich Sorgen: »Dass da ja nichts passiert!«, und außerdem möchten sie nichts falsch machen. »Was ist angemessen?«, ist eine Frage, die sie sich stellen. Eine andere: »Was passt für unsere Tochter?« Und: »Wo sind unsere eigenen Grenzen?« Oft sind Eltern überrascht, wenn sie feststellen, dass ihre Tochter einerseits gern möchte, dass der Freund bei ihr übernachtet, dass sie andererseits aber selber darüber ziemlich aufgeregt und unsicher ist. Und sie sind noch überraschter, wenn sie sie fragen, was denn ihr eigenes Gefühl zu diesem Thema ist.

Vielleicht erfahren Sie, dass sie selber erleichtert ist, wenn Sie anbieten, dass ihr Freund erst mal im Nachbarzimmer oder auf einer eigenen Matratze schlafen kann.

Selbstverständlich steht mit der ersten Liebe früher oder später das Thema Sexualität im Raum, aber ganz häufig nicht in dem Tempo, in dem Eltern es vermuten. Die meisten Mädchen heute überlegen sehr genau, wem sie ihr Herz schenken und mit wem sie ihr erstes Mal erleben möchten.

Die Bundeszentrale für gesundheitliche Aufklärung befragte Mädchen zwischen 14 und 17, ob ihr erstes Mal geplant oder zufällig stattgefunden hat. 17 % der deutschen Mädchen antworteten, dass es völlig überraschend passiert sei, 24 % der Mädchen mit Migrationshintergrund.[103] Damit hat sich der Anteil der deutschen Mädchen, die nicht überrascht wurden, im Vergleich zu den Vorjahren erhöht, bei den Mädchen mit Migrationshintergrund ist er leicht gesunken. Mädchen unter 14 Jahren erleben den ersten Geschlechtsverkehr häufiger überraschend als Mädchen ab 15 Jahren.

Entscheidend dafür, dass Mädchen vorbereitet sind und sich nicht überrumpelt fühlen oder in etwas hineingeraten, das sie nicht absehen können und nicht wollen, ist laut Bundeszentrale für gesundheitliche Aufklärung die Frage, ob zu Hause über Sexualität gesprochen wird und ob sich Mädchen zu Hause ernst genommen fühlen.

In unserer WDR-Aufklärungsreihe »Herzfunk« werden wir häufiger von Jugendlichen gefragt: »Ab wann ist Sex erlaubt?« Das ist auch für manche Eltern eine wichtige Frage:

Ab wann ist Sex erlaubt?

Wenn einer der Partner unter 14 Jahre ist, darf der andere nicht 14 Jahre oder älter sein. Sind beide ungefähr gleichaltrig, also beide 14 oder beide zwischen 16 und 18 und wollen beide miteinander Sex haben, ist das rechtlich o. k. Ist einer der Partner unter 16 und der andere über 21 Jahre alt, ist das strafbar, wenn der Ältere es ausnutzt, dass der andere nicht fähig ist, selbst zu bestimmen. Bei allen Partnern über 16 gibt es keine strafrechtlichen Konsequenzen, sofern der Sex in beiderseitigem Einverständnis geschieht.

Coach

- Wenn Mädchen sich zum ersten Mal verlieben, sind sie gleichzeitig auch sehr unsicher. Es ist das erste Mal! Was passiert da gerade? Und sie sind sehr verletzlich. Umso wichtiger ist es, dass Eltern sie in ihren Gefühlen ernst nehmen und auch nicht auslachen.
- Seien Sie nicht persönlich gekränkt, wenn jetzt einiges anders wird. Es geht nicht gegen Sie. Es geht um die Entwicklung Ihrer Tochter.
- Überprüfen Sie, was Ihre Ängste sind und welche Ängste mit der Realität Ihrer Tochter zu tun haben. Wenn Sie Ihre Haltung kennen und Ihre Vorbehalte darauf abklopfen, was sie wirklich mit Ihrem Kind und nicht mit Ihren eigenen Erlebnissen, Wünschen, Enttäuschungen zu tun haben, ist das hilfreich. Die innere Haltung, die Sie haben, wenn Sie etwas verbieten, sich aufregen, bewerten, nehmen die Kinder mit ganz feinem Sensor wahr.
- Spätestens jetzt zahlt es sich aus, wenn ein vertrauensvolles Klima zu Hause herrscht. Wenn Ihre Tochter die Erfahrung gemacht hat, dass sie Ihnen trauen kann, dass Sie zu Ihrem Wort stehen, nicht über sie bei anderen reden und dass sie mit ihren Sorgen zu Ihnen kommen kann. Wenn sie das bis jetzt erfahren hat, wird sie sich auch Ihnen gegenüber öffnen. Vielleicht nicht direkt, wenn sie verliebt ist, aber wenn sie etwas wissen muss, wenn sie sich sorgt.
- Wenn Sie mit etwas nicht einverstanden sind oder sich Ihrerseits Sorgen machen, sprechen Sie Ihre Tochter ruhig drauf an, aber nicht vorwurfsvoll, sondern indem Sie von sich sprechen: »Ich mache mir Sorgen.« Es gibt Eltern denen es unheimlich wird, wenn ihre Tochter eine Beziehung zu einem Jungen eingeht und sich dann

ausschließlich nur noch mit ihm befasst – auch nach der Phase der ersten Verliebtheit. Eltern, die feststellen, dass ihre Tochter sich von allen anderen Freunden abwendet, dass niemand mehr Zugang zu ihr findet und sie jede freie Minute mit ihrem Freund verbringt, müssen sich weiter zur Verfügung halten. Der Moment, in dem sie gebraucht werden, wird kommen. Aber sie sollten auch der Tochter ihre Sorge mitteilen und ihr klarmachen, dass es wichtig ist, noch andere Freundinnen und Freunde zu haben, für die Beziehung, für sie selbst und falls sie mal Kummer mit dem Freund hat.

- Sensibilität ist gefragt, um herauszufinden, was das richtige Maß ist, einerseits zu erkennen: Was geht mich nichts an?, andererseits um mitzubekommen: Wo werde ich gebraucht?

Sexy Girls

»Was sollen wir machen, wenn unsere Tochter mit viel zu kurzen Röcken, knappen Tops und weitem Ausschnitt aus dem Haus geht?«, fragen Eltern manchmal. Und: Warum will sie so augenscheinlich die Jungen und Männer provozieren?

Mädchen, die schon körperlich entwickelt sind, eine Brust haben und weibliche Hüften, und die dann noch knapp gekleidet ausgehen, vermitteln Eltern ein Bild, das ihnen Angst macht. »So gehst du mir nicht aus dem Haus«, rufen manche verzweifelt hinter ihren Töchtern her. Die Reaktion auf diesen Satz ist ebenso verzweifelt: »Ohren zu und Tür zu.« Oft ist den jungen Mädchen ihre Wirkung nicht bewusst, sie probieren sich aus und zu knappe Kleidung kann auch ein missglückter Versuch sein, sich zu zeigen und den eigenen Stil zu finden.

Wenn Eltern ihre Tochter zu »sexy« gekleidet finden, dann können sie sich einmischen – nachdem sie vorher überlegt haben: »Was stört mich eigentlich und warum ist das so?«, »Wie ist meine Haltung?«, »Schwingt neben meiner Sorge um meine Tochter auch ein Funken Neid mit?«, »Jetzt gehört meine Tochter zu den schönen jungen Frauen, die die Männer angucken?« Oder muss der Vater zähneknirschend feststellen: »Papas Liebling wird jetzt zur Frau.« Einmischen ist erlaubt, um die Sorge klarzumachen: »Du möchtest ausprobieren, aber du übersiehst, wie du auf manche Männer wirkst.« Ein kurzer Rock und ein zu knappes Oberteil fordern blöde Anmache heraus, auch wenn das nicht beabsichtigt ist.

Mädchenliebe

Wenn Sie sich vorstellen, wie unsicher und empfindlich junge Mädchen sind, wenn sie sich in einen Jungen verlieben, wenn sie erste sexuelle Erfahrungen machen, können Sie ermessen, wie unsicher sie erst sind, wenn sie ahnen, dass sie vielleicht Mädchen lieben – und zwar mehr als die beste Freundin, beziehungsweise anders. Lesbisch sein oder lesbisch werden, für diese Lebensweise gibt es für die meisten jungen Mädchen wenige Vorbilder. Wie geht das jetzt? Und was sagen die anderen? Wie gesteh ich meine Liebe? Und: Bleiben meine Freunde dann noch meine Freunde? Diese zum Teil bangen Fragen entstehen noch zusätzlich zur Unsicherheit, die jede erste Liebe begleitet. Die 22-jährige Nicole erinnert sich daran, wie es war, als sie feststellte, dass sie in ein Mädchen verliebt war:

»Es war erst mal total verwirrend, weil ich nicht wusste, was das jetzt soll mit meinen Gefühlen, ob das jetzt einfach nur Freundschaft ist oder wirklich Liebe, das muss man

erst mal herausfinden, beim ersten Mal, na ja, auf jeden Fall Durcheinander.«

NICOLE, 22 JAHRE

Wir hatten in einer Mädchengruppe ein Mädchen, von der wir wussten, dass sie über zwei Jahre richtig verliebt in ein anderes Mädchen war, nicht wie unter besten Freundinnen, sondern zärtlich, körperlich. Als Eva in der Gruppe anfing, davon zu erzählen, wurde das schnell abgewehrt von einer anderen: »Lesbisch, Iiehh.« Obwohl wir versucht haben, das Thema auf eine größere Plattform zu stellen und allgemein darüber zu sprechen, wie es ist, anders zu sein, hat Eva sich nicht wieder getraut, davon zu reden. Wie wäre Ihre Haltung dazu?

Die meisten Eltern stellen es sich auch anders vor. Sie wollen ein Mädchen wie die anderen auch, eine, die begehrt wird von Jungen, eine, die man vorzeigen kann, ohne bei anderen auf Vorbehalte zu stoßen. Vielleicht fragen sie sich auch, was sie »falsch« gemacht haben, dass ihre Tochter nicht »normal« ist. Vielleicht haben sie Schuldgefühle. Und was entsteht daraus? Wenn wir mitbekommen, dass unsere Tochter lesbisch ist, und wenn wir dann Luft holen müssen und uns das eher fremd ist, ist das absolut o.k. Dieser Gedanke ist für uns vielleicht auch neu und wir müssen uns damit vertraut machen. Das sollten wir auch wahrnehmen. »Politische Korrektheit«, die nur im Kopf passiert, aber im Herzen nicht ankommt, ist nicht langfristig hilfreich. Wichtig ist, dass wir uns unsere Haltung ehrlich vor Augen führen und uns damit auseinandersetzen und dass wir alles daransetzen, damit zurechtzukommen. Ein klares Signal an unsere Tochter, dass sie selbstverständlich weiter unsere geliebte Tochter ist, für die wir uns vor allem wünschen, dass sie glücklich wird, wird ihr helfen, ihre eigene Verwirrung und Unsicherheit zu überwinden. Das ist für die meisten Eltern ein längerer Prozess und das ist o.k. Aber sie müssen sich auf den

Weg machen, wenn sie ihre Tochter nicht verlieren wollen. Sie hat es möglicherweise schwer genug.

»Böse« Krankheit: HPV

Seit einigen Jahren wird von der ständigen Impfkommission in Deutschland für junge Mädchen zwischen 12 und 17 Jahren die HPV-Impfung empfohlen. HPV, das bedeutet Humanes Papilloma Virus. Dieses Virus wird beim Geschlechtsverkehr übertragen und einige der über 100 HPV-Typen können Gebärmutterhalskrebs auslösen. Die Impfung besteht aus drei Spritzen in den Oberarm im Abstand von ein bis zwei Monaten und einem halben Jahr. Manchmal wirkt der Impfschutz schon nach der zweiten Impfung, als zuverlässig gilt er aber erst vier Wochen nach der dritten. Bedingung für die erfolgreiche Wirkung ist: Geimpft werden muss vor dem ersten Geschlechtsverkehr.

Als der Impfstoff auf den Markt kam, war Jana 13. Wir Eltern mit Töchtern dieses Alters haben uns viele Gedanken darüber gemacht, ob wir unsere Tochter impfen lassen sollen, ja vielleicht sogar impfen lassen müssen, wenn wir sie damit vor Gebärmutterhalskrebs schützen können. Wir diskutierten unter anderem mit befreundeten Kinderärzten, deren Tochter ein Jahr älter war und die sich für die Impfung ihrer Tochter entschieden hatten. Sie hatten auf Ärztetagungen erfahren, dass die Impfung eine gute, bahnbrechende Neuerung ist, mit der man seiner Tochter eine mögliche Krebserkrankung ersparen kann. Nachdem Paula ihre zweite Impfung erhalten hatte, brachen sie das Projekt ab. Nunmehr hatte es in der Ärzteschaft kritische Stimmen gegeben, die Impfung wirke nur gegen ganz wenige Viren, durch die der Gebärmutterhalskrebs ausgelöst werden kann – gegen die meisten nicht. Eine andere sehr einfache Verhütung dieser Krankheit sei das Benutzen von Kondomen. Eine regelmäßige Krebsvorsorge, bei der eine solche Erkrankung früh festgestellt werden kann, ist ein weiterer Schutz, denn wenn der Krebs früh erkannt wird, ist er behandelbar. Den Ausschlag aber hatte wohl gegeben, dass immer klarer wurde, dass die Nebenwirkungen noch unklar waren. Es waren Verdachtsfälle auf schwere Impfkomplikationen bekannt geworden wie Nervenlähmungen, Erkrankungen des Gehirns und des Rückenmarks. Die Langzeitwirkungen sind noch nicht erforscht. Andererseits gibt es viele Mädchen, die die Impfung selbst erst mal komplikationslos überstehen.

Schaut man auf seine junge Tochter, die gerade dabei ist, erste Liebesbande zu knüpfen oder sich vielleicht auch noch gar nicht dafür interessiert, stellt sich auch die Frage: Möchte ich sie jetzt, bevor sie überhaupt etwas mit Sex mit dem anderen Geschlecht zu tun hat, erst mal mit dieser negativen Seite konfrontieren? Will ich erst mal vermitteln: Sex kann Krebs machen? Auch das ist ja eine Botschaft, die sie erhalten müsste, wenn wir ihr den Sinn dieser Vorsorge erklären.

Coach

Die Entscheidung, ob Ihre Tochter gegen HPV geimpft werden soll oder nicht, wird Ihnen keiner abnehmen. Ärzte empfehlen Unterschiedliches, je nachdem welcher Argumentationslinie sie eher zugänglich sind. Auf jeden Fall ist es gut, sich darüber zu informieren und mit mehreren Menschen darüber zu diskutieren. Einen Informationsflyer dazu hat die profamilia-Beratungsstelle herausgebracht. Man kann ihn herunterladen unter: www.profamilia.de

8

Die Welt erobern

Achtzehn plus

Die Welt erobern

Achtzehn plus

»Erwachsensein ist, die Freiheit, die man als Kind hatte, zurückzugewinnen. Mit dem Unterschied, dass man als Kind denkt, dass sich die ganze Welt um einen dreht. Als Erwachsener erkennt man, dass es auch noch die anderen gibt. Und dass man mit denen nach bestimmten Regeln umgehen muss. Auch wenn es sehr gute Freunde sind.«

Nina, Rapperin[104]

Mit achtzehn sind sie erwachsen. Erziehung ist jetzt »fertig«. »Reinreden«, wenn es darum geht, wie lange sie ausgehen, wann sie lernen, mit wem sie sich anfreunden, ist überhaupt nicht mehr angesagt. Im Gegenteil. Erziehung im klassischen Sinne ist jetzt auch »amtlich« vorbei. Manche Eltern haben Angst vor dieser Zeit. Sie haben Angst vor dem Alleinsein, davor, dass sie nicht mehr zuständig sind und keinen Einfluss mehr auf ihr Kind haben. Eine Mutter, deren Tochter gerade ausgezogen ist, schildert das so: »Ich vermisse die Morgen mit meiner Tochter, wenn ich Kaffee für uns beide kochte. Ich vermisse ihre Socken und die angerotzten Tempos, die überall in der Wohnung verteilt waren. Ich vermisse selbst ihre Freunde, von denen manche mit mir sprachen, als sei ich die Putzkraft in ihrer WG.«[105] Andere Eltern fiebern diesem achtzehnten Geburtstag ihrer Kinder entgegen, weil sie dann endlich frei sind und die Verantwortung abgeben können. Sie stellen sich vor, dass ihr »Job« erledigt ist. Jetzt müssen die Kinder selber sehen, wie sie zurechtkommen. Und sie freuen sich auf neue eigene Freiheiten. Eine Mutter schrieb in einer Zeitung: »Jetzt habe ich freie Bahn. Ich kann mich auf mein Sofa legen, das nicht mehr von ihr besetzt ist, und Musik hören, ohne dass jemand meinen schlechten Geschmack kommentiert. Ich muss nicht mehr kochen, nach der Arbeit nicht in den Supermarkt hetzen, um den Kühlschrank zu füllen, und keine Gespräche führen, obwohl ich meine Ruhe haben möchte.«[106] Die meisten Eltern, deren Töchter ausziehen, kennen beide Seiten. Und sie müssen sich zwischen den beiden Polen erst einpendeln. »Neue Pläne für mich selbst machen, mehr arbeiten, mehr Freizeit mit dem Partner, eine Weltreise, ein eigenes Zimmer, einen Hund kaufen, ein Studium anfangen«, sind Ideen, die Eltern in den Gruppen für Eltern pubertierender Jugendlicher für ihre Zukunft haben. Sie müssen sich auf die Suche nach neuen, eigenen Beschäftigungen machen und gemeinsam mit den Kindern neue Formen finden, wie sie sich jetzt begegnen und Kontakt haben können.

Power-Mädchen

Welches Bild haben Sie von jungen Mädchen heute? Viele Erwachsene sind begeistert und erstaunt darüber, was Mädchen sich heute zutrauen, wie sie auftreten und wie selbstbewusst sie sind. »Die machen Dinge, die ich mich in dem Alter nie getraut hätte.« Ich finde es auch manchmal verblüffend, wie selbstständig viele junge Mädchen sind, wie souverän sie ihren

Alltag planen. Wie mutig viele nach ihrem Schulabschluss an das andere Ende der Welt reisen, ein soziales Jahr in Südafrika oder Indien antreten, mit Rucksack nach Australien oder Neuseeland fahren und dort in Gemüseplantagen ihr Reisebudget verdienen.

»Ein Jahr nach Afrika, in eine fremde Kultur, ganz alleine, das hätte ich mich in dem Alter nie getraut«, erinnern sich erstaunte Erwachsene mit Bewunderung.

Zielstrebig planen manche Mädchen ihren Weg ins Berufsleben. Schaut man sich das von außen an, so hat man den Eindruck: Die »neuen« starken Mädchen erobern die Welt. Mehr Mädchen als Jungen beenden ihre Schullaufbahn mit Schulabschluss. Häufiger als Jungen erzielen sie einen mittleren Abschluss oder sogar die Hochschulreife. Knapp die Hälfte aller Studienanfängerinnen sind junge Frauen.

Viele Mädchen gehen mit sehr viel Power ins Leben. Sie sind mit einigem Selbstvertrauen ausgestattet und blicken optimistisch in ihre Zukunft. Die Autoren der 16. Shell-Jugendstudie resümieren fast erstaunt: »Das am meisten überraschende Ergebnis der 16. Shell-Jugendstudie ist sicherlich, dass die Jugendlichen auf schwieriger werdende Rahmenbedingungen nicht mit Resignation reagieren, sondern weiterhin ›Kurs halten‹.« Den Mädchen bescheinigen sie nicht nur sehr gute Bildungsabschlüsse und hohe soziale Kompetenz, sondern auch Fähigkeiten zum Selbstmanagement und zur Selbstdisziplin. Auch Mädchen aus Einwandererfamilien mit geringerem Bildungsgrad der Eltern nutzten häufiger ihre Chancen als Jungen mit ähnlichem Hintergrund. Sie entwickelten »deutlich höhere Bildungsmotivation und streben zugleich eine flexiblere und aktivere Lebensgestaltung an«.[107] Dennoch verlassen sie häufiger die Schule ohne Hauptschulabschluss und erwerben seltener die Fachhochschul- oder die Hochschulreife als Mädchen ohne Migrationshintergrund.

Mit dem 18. Geburtstag wird nicht direkt ein Schalter umgelegt

> *»Das ist schon ein großes Gefühl, jetzt wählen zu gehen, selber gefragt zu werden und zu wissen: ›Ich bin kein Kind mehr.‹«*
>
> Rebekka, 18 Jahre

Wenn die Mädchen erwachsen sind, wenn sie ihre Schule abgeschlossen haben, bekommen sie noch einmal deutlich mehr Rechte und Pflichten, als sie bislang hatten. Sie können sich jetzt nicht nur bei Landtagswahlen, sondern auch bei Bundestagswahlen beteiligen. Sie sind voll unterschriftsberechtigt. Sie können ohne das Einverständnis ihrer Eltern ins Ausland reisen oder heiraten. Andererseits haben sie mehr Verantwortung als vorher. Sie müssen alleine für Schäden aufkommen, die sie verursachen, und sind voll strafmündig. Es liegt jetzt in ihren Händen, sich ein eigenes Leben, unabhängig von den Eltern aufzubauen. Klingt verlockend und beängstigend zugleich. Natürlich ist es nicht so, dass ein Schalter einfach umgelegt wird und die Achtzehnjährigen schon alles überschauen können und niemanden mehr brauchen, der wohlwollend hinter ihnen steht. Viele junge Mädchen wissen nicht so genau, was sie machen wollen, wenn sie die Schule beendet haben. Es graut ihnen vor der Frage: »Und was machst du jetzt?«, weil sie darauf nur mit den Achseln zucken können: »Weiß nicht«, »Keine Ahnung«. Viele sind unsicher darüber, ob sie das, was sie interessiert, schaffen können. Sie befürchten, keinen Ausbildungsplatz zu bekommen, der ihnen gefällt und schwanken zwischen Freude und Sorge hin und her, wenn sie auf den neuen Lebensabschnitt blicken. Eine 19-Jährige schrieb vor einiger Zeit in einer Zeitung:

»Wir sind längst nicht so cool und ablehnend, wie wir manchmal tun. Dieses Schauspiel ist vielmehr die einzige Möglichkeit, unsere Verwirrung nicht auch noch vor aller Öffentlichkeit eingestehen zu müssen, wo wir sie doch schon vor uns selbst nicht verbergen können und uns einfach nur unfähig fühlen, vor diesem Leben zu bestehen. Wir sehnen uns nach Sicherheiten und, nach Ritualen; Dingen, denen wir vertrauen können, die zur gleichen Zeit am selben Ort geschehen, jede Woche wieder. Reizüberflutung und Grenzenlosigkeit machen es so schwer, einen Platz zu finden in dieser Gesellschaft – und in uns selbst.«

MAXI K., 19 JAHRE[108]

Das klingt fast ein bisschen wie ein Ruf um Erbarmen: »Hilfe, nicht immer noch höher, weiter, schneller.« Der Optimierungsdruck, dem gerade junge Mädchen entsprechen und den sie auch für sich nutzen, hat die Kehrseite: Ist es immer noch nicht genug? Bin *ich* immer noch nicht genug?

Junge Erwachsene wünschen sich gleichzeitig Abenteuer und einen »Heimathafen«. Sie brauchen beides, um mutig in die Welt zu gehen. Das gehört zusammen. Die 15-jährige Judith bringt ihren Wunsch nach etwas Beständigem für sich so auf den Punkt: »Ich möchte etwas schaffen, das bleibt, z.B. ein Buch schreiben, ein Heilmittel finden oder nur jemandem sehr helfen.« Der Psychologe und Medienforscher Stephan Grünewald beschreibt in seinem Buch »Die erschöpfte Gesellschaft«, wie sehr Chaos, Unordnungen und Überraschungen diffuse Ängste bei Jugendlichen wecken können. Bei jungen Leuten, die beispielsweise Eltern hatten, die für sie als Kinder weitreichende Entscheidungen getroffen haben, ohne sie darauf vorzubereiten, selbst zu handeln. Kinder, die erleben, dass plötzlich einer der Eltern auszieht, dass jetzt häufiger mal wechselnde Partner der Eltern am Küchentisch sitzen, dass auch Eltern manchmal einen Joint rauchen, einen Rausch haben und morgens nicht aus dem Bett kommen, sind verwirrt, wenn sie nicht vorbereitet waren und ihnen nichts erklärt wurde. Wer ständig mit »bösen« Überraschungen rechnen muss, ist ständig auf der Hut. Er kann sich nicht entspannen. Grünewald zitiert einen 18-Jährigen, der von einer gemeinsamen Reise mit dem Vater auf dem Highway Number One berichtet. Der Vater habe immer wieder gern auf das weite Meer geschaut, er selbst schaue lieber auf einen Zaun. Der »kindische« Vater habe ihm beigebracht, dass man als Autofahrer auch mal Verkehrsregeln missachten kann und als Fußgänger auch mal bei Rot gehen könne.[109] Und das offenbar zu einer Zeit, als er noch mehr Sicherheit und Orientierung gebraucht hätte. Viele junge Menschen wünschen sich das »Haus am See«, wie Peter Fox es in seinem Hit besingt. Sie möchten finanzielle Sicherheit, Treue in der Partnerschaft und ein erfolgreiches, glückliches Leben.

Träume

Wenn junge Mädchen von ihrer beruflichen Zukunft träumen, klingt das zum Beispiel so:

»Ich möchte Balletttänzerin werden, seit der Filmserie ›Dance Academy‹ fand ich das voll toll und hab dann alleine geübt. Vorher wollte ich Psychologin werden, um Leuten zu helfen und zu erfahren, was bei denen so abgeht.«

Lena, 15 Jahre

—

»Ich möchte Schauspielerin werden und eine Familie gründen.«

Saskia, 17 Jahre

»Ich möchte Physiotherapeutin werden. Das Praktikum im Kindergarten hat mir nicht gefallen. Ich möchte mit Menschen etwas zusammen machen und Menschen helfen.«

Lina, 14 Jahre

Auch wenn die Kindheitsträume sich oft noch einmal wandeln und einer »realistischeren« Berufswahl weichen, sollten wir nie aufhören zu träumen und unseren Töchtern ihre Träume nicht nehmen. Träume eröffnen Spielräume, und auch wenn sie sich nicht eins zu eins erfüllen lassen, sind sie ein wichtiger Teil des Weges, den junge Mädchen gehen, um ihren Beruf und ihre Art zu leben zu finden.

»Nenne dich nicht arm, weil deine Träume nicht in Erfüllung gegangen sind. Wirklich arm ist nur, der nie geträumt hat.«

Marie von Ebner-Eschenbach,
österreichische Schriftstellerin

Träume und Ideale sind ein wichtiger Motor, um sich auf den Weg zu machen. Sich vorzustellen, wie man etwas verändern könnte und was man erreichen möchte, beflügelt. Auch wenn der Weg dann anders verläuft und man nicht als Star auf der Bühne, sondern als Erzieherin im Kindergarten landet. Bill Gates, Chef des Computerkonzerns Microsoft, hat sich buchstäblich vom Tellerwäscher zum zeitweise reichsten Mann der Welt hochgearbeitet, indem er seinen Träumen gefolgt ist. Er empfiehlt Eltern: »Das Wichtigste ist, dass wir unseren Kindern vermitteln, dass sie eine glänzende Zukunft mit glänzenden Möglichkeiten vor sich haben.«[110]

Ein Mädchen aus unserer Mädchengruppe formulierte ihre Träume so: »Ich wünsche mir ein großes Haus, einen treuen

Ehemann, keine Kinder. Ich möchte Gerichtsmedizinerin werden und einen Doktortitel haben. Ansonsten möchte ich meine Freiheit, das Leben genießen und meine Freunde behalten.«

Eine andere sagte: »Ich wünsche mir ein großes Haus, ein cooles Auto, einen Job, Abitur, eine Weltreise, einen großen schönen Garten, einen Pool hinterm Haus, Freunde, Familie und einen Hund.« Aber es gibt auch junge Frauen wie Franka, die ihre Ziele so formulieren:

»Ich möchte etwas erreichen, für das es sich zu leben lohnt. Ich möchte am Ende meines Lebens zurückblicken und sehen, dass ich auch für die nachfolgenden Generationen etwas erreicht habe. Ich möchte etwas Sinnvolles hinterlassen, einen erfüllenden Beruf ausüben, eine Familie gründen und Kinder haben.«

Franka, 18 Jahre

Die Frage ist: Wie geht das? Wie können Mädchen für sich sicher werden und sich gleichzeitig entwickeln? Wie können sie ihren Weg finden? Dazu habe ich den Vorschlag einer 16-jährigen Schülerin gelesen, der fast weise klingt. Sie findet: »dass man erst das Naheliegende gut macht, bevor man nach den Sternen greift.«[111]

Tipp meines Onkels Fritz – dem Mann von Tante Josi

»Wenn du dich für einen Beruf entscheidest, dann entscheide dich für etwas, das du gerne machst. Nur wenn du etwas gerne machst, kannst du auch wirklich gut darin sein.«

Übergangsrituale

Mottowoche, so heißt in manchen Städten die letzte Schulwoche, bevor Abiturienten drei Wochen Zeit haben, um sich auf die Abiturprüfungen vorzubereiten. In der Mottowoche geht man jeden Tag in einem anderen Kostüm in die Schule, als Erstklässler, als »Asi« oder als das jeweils andere Geschlecht und bereitet den Abi-Gag vor. Abends wird die Schule bewacht. Dann besuchen sich die Abiturientinnen und Abiturienten der verschiedenen Schulen und »kämpfen« gegeneinander. Sie beschießen sich mit Wasserpistolen und Wasserbomben. Ein Spiel, das Spaß machen soll. Einige wenige Jugendliche schlagen bei diesen Spielen über die Stränge. Sie schießen nicht nur mit Wasserpistolen, sondern werfen Farbbeutel, beschmieren Schuleingänge mit Kot, zünden Böller und werfen sie in die »gegnerische« Menge. Kein Spaß mehr. »Übergangsrituale ins Erwachsenenleben« nennt es die Kulturanthropologin Gabriele Dafft.[112] Bis 2006 leitete sie ein Projekt zur Abitur-Kultur. Als meine Tochter jetzt Abi-Gag hatte, ist es auch eskaliert. Sie fuhr zur Schule um »ihre« Schule zu verteidigen. 500 Schüler anderer Schulen hatten sich verabredet, um gegen ihre Schule zu »kämpfen«.

Es provoziert die Menschen, dass die jungen Erwachsenen so über die Stränge schlagen. Viele Leute, die offensichtlich selber wenig Spielraum hatten, sich in ihrer Jugendzeit ausgelassen zu verhalten, haben überhaupt kein Verständnis für dieses Ritual, das eben auch mit einem Blick zurück, in die Zeit, als man noch nicht erwachsen war, verbunden ist. Die Kulturanthropologin Dagmar Hänel weiß, dass diese Rituale deshalb heute bedeutsamer sind als noch vor zwanzig Jahren, weil die Unsicherheit zugenommen hat. »Die Rituale rund ums Abitur haben ganz viel mit der Herstellung von Wir-Gefühl zu tun. Die Abiturienten schließen sich zusammen, obwohl eigentlich Zeit ist, sich zu trennen.« Gleichzeitig soll gezeigt werden, dass man es geschafft hat. Eine Grenzüberschreitung gehört zu einem Ritual dazu. Das bedeutet: »Die Gefahr dass es kippt, ist bei solchen Gratwanderungen immer dabei.«[113] Riten und Rituale sorgen für Orientierung und stellen sicher, dass Übergänge Kontur erhalten.

Initiationsrituale

Mädchen der Luvale, einem Bantu-Volk im Nordwesten Sambias, durchlaufen eine 6 bis 9 Monate andauernde Initiationsphase. In dieser Zeit werden sie von ihrem Dorf getrennt und sie dürfen nicht sprechen. Sie lernen tanzen auf dem Dorfplatz und sie lernen intime Tänze, die sie auf ihr zukünftiges Geschlechtsleben vorbereiten sollen. Sie erfahren etwas über die Heilkräfte von Pflanzen und Bäumen. Sie lernen, Geschichten spannend zu erzählen und in Ruhe und Geduld hart zu arbeiten. So sollen sie einerseits in die Gruppe der Frauen integriert werden und andererseits auf ihr Leben als Frau eines Mannes und als Mutter vorbereitet werden. Haben sie die notwendige Reife erreicht, wird ein großes Fest gefeiert.

Im Unterschied zu den Übergangsritualen aus anderen Kulturen, die wir kennen, werden bei dem Ritual »Mottowoche« die jungen Erwachsenen nicht angeleitet. Es gibt keine Vorgabe und keine »weisen Alten«, die ihnen zeigen, wie es geht. Der französische Anthropologe Arnold van Gennep macht darauf aufmerksam, dass ein »unkontrollierter« Übergang die Gefahr der »Desorientierung des Einzelnen und der Gefährdung der statischen Ordnung des Soziallebens« berge. Übergangszeremonien hätten alle dasselbe Ziel: Es gehe darum, »das Individuum aus einer genau definierten Situation in eine andere, ebenso genau definierte hinüberzuführen«.[114] Mädchen heute erleben oft nicht so klar konturierte Lebensphasen. Das hat den Vorteil, dass manche schon lange vorher üben können, wie »Erwachsensein« geht. Viele bekommen schon früher schrittweise Verantwortung übertragen. Sie verfügen über eigenes Taschengeld, sie haben Aufgaben im Haushalt, sie kümmern sich um jüngere Geschwister. Die Nachteile der fließenden und nicht klaren Übergänge sind, dass es immer schwieriger wird, in Ruhe Kind sein zu können und nicht schon als junges Mädchen mit überfordernden Lebensumständen konfrontiert zu werden. Die Jugend dauert länger und es ist nicht klar, wo Anfang und Ende ist.

Nesthocker oder Nestflüchter

Als ich mit der Schule fertig war, wollte ich nur eins: so schnell wie möglich ausziehen. Ich wollte raus von zu Hause, in die Welt der unbegrenzten Möglichkeiten, aus der Kleinstadt nach London gehen und selbstständig ohne meine Eltern leben. So habe ich es auch gemacht. Die meisten meiner Klassenkameradinnen sind auch rasch von zu Hause ausgezogen. Heute machen viele Jugendliche einerseits zeitweise lange Reisen, andererseits steigt die Zahl der jungen Erwachsenen, die erst mal weiter zu Hause wohnen.

Hotel Mama

47 % der jungen Frauen und 63 % der jungen Männer zwischen 18 und 24 Jahren leben noch zu Hause. Die meisten Frauen ziehen so etwa mit 22 Jahren aus. Die meisten Männer verlassen dann erst ab 24 ihr Elternhaus.[115]

So wird die Zeit in der Familie verlängert, eine Art Moratorium. Die jungen Erwachsenen wollen nicht mehr klein sein, aber es ist wunderbar, wenn noch alles vorhanden ist, der volle Kühlschrank, die gewaschene Wäsche, die geräumige Wohnung und die vertrauten Menschen um einen herum. »Ich bin gern zu

Hause«, erklärte mir die 18-jährige Tanja ihren Wunsch, erst mal daheim zu bleiben. Neben »Bequemlichkeit« und »Harmonie mit den Eltern« spielen natürlich auch finanzielle Gründe eine Rolle. Die Frage ist: Wie kann man den neuen Lebensabschnitt auch neu markieren? Denn das ist wichtig, um mit dem Spagat, zu Hause noch Kind, aber gleichzeitig schon erwachsen zu sein, umzugehen. In der Familie ist es gut, die alte/neue Situation neu zu besprechen. Gemeinsam zu überlegen, wie es gehen kann, inwiefern sich Pflichten, Rechte und auch Grenzen zwischen den Familienmitgliedern sinnvoll verändern lassen. Wer ist für die Wäsche, die Mahlzeiten, den Haushalt zuständig? Wenn die Mädchen schon Geld verdienen, stellt sich die Frage, ob es so viel ist, dass sie sich an den Haushaltkosten auch finanziell beteiligen. Wo reden die Eltern nicht mehr rein? Wer braucht wo seinen privaten Bereich? Wie lässt sich das in der Familie realisieren und was müssen alle dazu beitragen, damit es auch gelingt? Wo gibt es Gemeinsamkeiten, zu denen man sich treffen kann?

Brust-OP zum Abi

Die Tränen rollten ihr über die Wangen, als Madita sich nach dem Friseurbesuch im Spiegel anschaute. Viel zu viel hatte der Friseur abgeschnitten. Die Haare reichten ihr nur noch bis zur Hüfte und nicht mehr bis zum Po. »Alle haben mich immer auf dieses längere Stück Haare angesprochen. Das war doch das Einzige, was ich hatte«, klagt sie verzweifelt. Und jetzt kommt der Abi-Ball und da sollten die Haare der Blickfang sein.

Der Schönheitsdruck nimmt nicht ab, wenn Mädchen aus dem Haus gehen, im Gegenteil: Aussehen zählt mehr denn je:

»Tough sein« heißt für viele junge Frauen nicht nur, dass sie einen guten Beruf ergreifen und darin erfolgreich sind. Maßgeblich ist auch ein »perfektes« Aussehen. Das wissen die

Mädchen und die meisten tun sehr viel dafür: Haare glätten, Körperhaare entfernen, ausgiebiges Schminken oder Body-Stretching, bräunen im Sonnenstudio gehören zum normalen Alltag vieler junger Mädchen. Manche lassen ihren Körper durch eine OP dauerhaft verändern.

»Brust-OP zum Abi« titelten vor einiger Zeit die Zeitungen, weil Experten Alarm schlugen, dass sich jedes fünfte Mädchen zwischen 9 und 14 Jahren eine Schönheitsoperation wünscht und sich 100.000 junge Menschen unter 20 Jahren jährlich einer Schönheitsoperation unterziehen. Eltern geben dazu ihre Einwilligung. Experten, unter ihnen der Mediziner und Gesundheitsexperte Karl Lauterbach, forderten ein generelles Verbot von Schönheitsoperationen für Kinder und Jugendliche. »In Deutschland hat sich eine Industrie breitgemacht, die die Kehrseite der Castingrepublik darstellt«, hatte Lauterbach festgestellt und sich klar positioniert: »Wer Kindern den Busen vergrößert oder Fettabsaugerei betreibt, ist für mich jenseits der Grenze der Seriosität.«[116] Keine Brust-OP unter 18 fordert auch der Berufsverband der Kinder- und Jugendärzte.

Eine andere Sache sei die Korrektur von abstehenden Ohren, denn manche Kinder belaste es sehr, wenn sie deswegen gehänselt werden. Eine gesetzliche Regelung gibt es aber bislang nicht, weil dadurch das Recht auf Selbstbestimmung, das Recht auf elterliche Sorge und die Berufsfreiheit der Ärzte eingeschränkt würden, erklärten Sprecherinnen von Gesundheits- und Justizministerium. Tatsache bleibt, dass gerade junge Mädchen mit ihrem Körper oft unzufrieden sind. Viele tauschen sich in Foren darüber aus, dass sie ihre Brust zu klein finden und sich dafür schämen. Dazu kommt: Die Schönheitschirurgie ist ein Markt, in dem Ärzte sehr viel Geld verdienen. Der Begriff »Schönheitschirurg« ist keine geschützte Berufsbezeichnung. Das heißt, er garantiert weder eine spezielle Ausbildung noch ausreichend Berufserfahrung. Für Mädchen, besonders wenn sie noch wachsen, kann eine solche Operation unübersehbare

Folgen nach sich ziehen. Die Narben wachsen mit und vergrößern sich entsprechend. Außerdem kann sich um das Implantat eine Narbe im Gewebe bilden. Dadurch besteht die Gefahr, dass sich die Brust verhärtet und verformt. Andere Folgen können Taubheitsgefühle und Infektionen sein. Mal ganz abgesehen von dem Skandal um die Brustimplantate der französischen Firma PIP. Rund 500.000 Frauen wurde billiges, nicht zugelassenes Industriesilikon, das dann im Körper Risse bekam, eingesetzt.

Eine Hürde für junge Menschen, die eine Schönheits-OP möchten, ist, dass die Kasse einen solchen Eingriff nur bezahlt, wenn ein Kinder- und Jugendarzt ein Attest schreibt. Das eigentliche Problem, das Mädchen haben, die mit ihrem Körper unzufrieden sind und ihn dauerhaft verändern lassen möchten, wird häufig nicht gesehen. Es geht nicht nur um eine kosmetische Veränderung: In den Medien bekommen die Mädchen retouchierte, »gephotoshopte« junge Models und Stars präsentiert. Manche haben das Gefühl, nicht richtig zu sein, den Normen nicht zu entsprechen und das möchten sie unbedingt. Oft werden innere Unzufriedenheiten, Sorgen, ein Gefühl, nicht beachtet und nicht geliebt zu werden, auf den Körper übertragen. Die Hoffnung ist: »Wenn ich so aussehe, wie die Models in der Werbung, wie die Stars, dann sind alle meine Probleme gelöst. Dann bin ich perfekt.« Der Wunsch, überall perfekt auszusehen, am ganzen Körper, hat auch vor Schamlippen, Scheide und Jungfernhäutchen nicht haltgemacht. Christa Stolle, die Geschäftsführerin der Frauenrechtsorganisation Terre des Femmes, sagt dazu: »Bis vor Kurzem stand der Intimbereich nicht zur Disposition für chirurgische Veränderung. Unsere Genitalien waren privat und damit in ihrer Einzigartigkeit genauso annehmbar wie wir selbst.« Kunst und Pornografie hätten das Schönheitsideal für unsere Genitalien geprägt. So entscheiden sich heute zumeist junge Mädchen, dass sie »untenrum« nicht hübsch genug seien. Und sie sparten bis zu 4.000 Euro für eine »schmallippige, haarlose, farblich unauffällige, geschlossene und somit kindliche Designermöse wie aus dem Hause Mattel geschnitzt«.[117]

Mythos Jungfernhäutchen

Anders ist es mit der Hymenrekonstruktion. Häufig lassen sich muslimische Frauen den Hymensaum ausbauen und die Vaginalöffnung verengen, so dass sie in der Hochzeitsnacht bluten. Sie nehmen in Kauf, dass beim nächsten Geschlechtsverkehr innere Verletzungen entstehen. So, meint man, sei bewiesen, dass die Mädchen Jungfrauen seien. Das ist ein »Märchen«. Viele Mädchen bluten beim ersten Sex nicht.

Ein verständlicher Schritt für eine junge Frau, die befürchten muss, dass sie von ihrer Familie verstoßen oder sogar umgebracht wird, weil sie in der Hochzeitsnacht nicht blutet. Ein unfassbar schrecklicher Brauch im Namen der Religion, über deren Mythos dringend aufgeklärt werden muss.

Cool und gelassen

Neben dem Druck, schön sein zu müssen und leistungsfähig, eine gute Freundin zu sein und später eine Familie »hinzukriegen«, haben Psychologen einen Trend ausgemacht, der da lautet: Das muss alles »mit links« passieren. So nebenbei, ohne zu stöhnen und ganz lässig. Der »multiple Perfektionsdruck« junger Mütter heute habe sich durch ein weiteres Ideal erhöht, nämlich das der »Gelassenheit«.[118] Cool sein ist angesagt, auch unter jungen Frauen. »Warum machen sich Menschen cool?«, fragte mal ein Kind in unserer WDR-Hörfunkreihe »Herzfunk«. Andere Kinder wussten: Wenn man sich cool gibt, macht man sich erst mal unverletzlich, unangreifbar, wenn ich mich nicht aufrege und verletzlich zeige, so kann ich auch nicht so gut verletzt werden. Das Problem an dieser bemühten Haltung: Es geht damit ein »schleichender Verlust des eigenen Gespürs für Bedeutsamkeiten« einher. Die Gleichgültigkeit könnte sich übertragen auf die eigenen Bedürfnisse und Ängste. Wer »cool« ist, regt sich nicht auf, setzt sich aber auch für nichts ein und kämpft um nichts.

Und so findet sich echtes Engagement (und auch gemeinsame Protestaktionen) immer seltener in beruflichen Zusammenhängen. Arbeitgeber klagen über junge Auszubildende, denen der nötige Elan fehle. Sie entsetzen sich, dass »junge Leute von heute« nicht bereit seien, Überstunden zu machen und für eine Sache zu brennen. Im Alltag über Grenzen zu gehen, sich für etwas über die Maßen zu engagieren erscheint möglicherweise bedrohlich. Wenn ich für etwas brenne und mich engagiere, ist die Gefahr größer, dass ich scheitere, mich »verbrenne«.

Viele Jugendliche und junge Erwachsene laufen scheinbar in der »Spur«. Sie haben ein gutes Verhältnis zu ihren Eltern, bringen gute Noten nach Hause, kleiden sich konform und relativ unauffällig. Sie wirken in Gesprächen erwachsen, kontrolliert und vernünftig. Auf der anderen Seite beschreibt der Psychologe Stephan Grünewald das »Sich-Entladen« am Wochenende. Kleine Fenster für Entgleisungen würden geöffnet, um Dampf abzulassen. Dann wird gefeiert, »gesoffen« und man ist außer Rand und Band.

Ausprobieren, Scheitern und sich noch mal rückversichern

Eltern sind nicht komplett abgemeldet, wenn die Töchter achtzehn sind. Oft ist der Übergang fließend. »Wir übernehmen immer mehr Hausarbeiten, Putzen, Kochen, Aufräumen, auch ungefragt«, erzählt die 18-jährige Sarah, deren 19-jährige Schwester schon studiert, aber auch noch zu Hause wohnt.

»Das Zusammenleben wird immer mehr WG-artig.« »Es gibt weniger feste Zeiten, in denen alle zuverlässig zu Hause sind, und so auch weniger gemeinsame Mahlzeiten.« Wenn die Mädchen ihre Schritte in die Arbeitswelt machen, sich bewerben, an Schulen oder Ausbildungsorten, möchten sie ihre Eltern als Rückhalt und gleichzeitig die neue Herausforderung alleine bewältigen. Es gibt Sicherheit, wenn einer der Eltern sie zur Aufnahmeprüfung oder zum Bewerbungsgespräch begleitet. Eine Art Rückversicherung. Es wäre allerdings peinlich, wenn sie mit reinkommen und sich aktiv einmischen. Die Eltern sollen da, aber nicht sichtbar sein.

»Ich möchte gerne mit ihnen sprechen, ihre Meinung hören, die eine andere ist als die Meinung meiner Freundinnen, aber entscheiden möchte ich selber. Sie sollen nicht reinreden.«

Evelyn, 18 Jahre

»Ich möchte nicht, dass ich sofort zu Hause putzen muss, wenn ich gerade das Abi hab«, wünscht sich Corinna, die kurz vor ihrem Abitur steht. Aber sie sieht schon, dass sie mehr zu Hause anpacken wird als früher. Ganz klar ist auch: »Ohne eine finanzielle Unterstützung kämen wir nicht zurecht.« Eltern sind auf jeden Fall noch »Tankstelle«, das waren sie vielleicht in der Zeit vorher auch schon, jetzt aber noch mal mehr. Wenn die Mädchen nicht mehr zu Hause wohnen und eine Ausbildung anfangen, kostet das vor allem Geld. Viele Ausbildungs- und Studiengänge sind so eng getaktet, dass nicht viel Zeit für einen Nebenjob bleibt.

Der Ernst des Lebens

Ein warmes Willkommensnest erwartet nicht unbedingt alle jungen Mädchen, die nach der Schule ihren Weg in die Berufswelt antreten.

Von der Schulpolitik wird vorgegeben, dass junge Menschen eine glatte Schullaufbahn und eine glatte Ausbildungszeit absolvieren sollen, um dann immer früher in den Beruf zu gehen. Als G8 eingeführt wurde, habe ich die zuständige Bildungsministerin in NRW angeschrieben und sie gefragt, wann unsere Kinder denn noch Zeit zum Spielen haben sollten und warum ausgerechnet die Stunde »soziales Lernen« jetzt auf dem Lehrplan gestrichen sei. Die Antwort der Ministerin: Die Kinder müssten im internationalen Vergleich mithalten können, deshalb müssten sie früher fertig werden. Komischerweise habe ich noch niemanden getroffen, der G8 gut findet. Denn in vielen Bundesländern bedeutet ein Schuljahr weniger, dass der gleiche Stoff in weniger Zeit durchgenommen wird. Das heißt: weniger Freizeit und mehr Schulstress zu Hause. Heute ist es in manchen Bundesländern den Schulen wieder freigestellt, aber alle haben es erst mal mitgemacht und sich umgestellt.

Die Rechnung der Landesregierungen geht aber irgendwie nicht auf. Hoch qualifizierte Leute mit mehreren Praktika, einem Jurastudium und tollen Abschlüssen werden weiter auf sogenannten Praktikumsplätzen »warm« gehalten. Dieses Phänomen wurde von dem Zeit-Autor Matthias Scholz die »Generation Praktikum« genannt.[119]

Junge Frauen bestimmen vorwiegend selbst, welchen Weg sie einschlagen. In Ausbildungsberufen sind die Spitzenreiter, für die sie sich entscheiden: Kauffrau im Einzelhandel, Arzthelferin, Bürokauffrau, und Friseurin. Die meisten Berufe, die sie auswählen, bieten allerdings wenig Aufstiegsmöglichkeiten. Mädchen sind weniger in dualen Ausbildungsgängen und manche bekommen nicht die Ausbildung, die sie sich wünschen. In rein schulischen Ausbildungen, wie Berufsfachschulen oder Schulen im Gesundheitswesen sind sehr viel mehr Mädchen als Jungen.

Frauen an der Uni

An der Uni ist das Verhältnis zwischen weiblichen und männlichen Studierenden fast ausgeglichen: Knapp die Hälfte aller Studienanfängerinnen sind junge Frauen. Schwerpunktmäßig studieren sie, im Gegensatz zu jungen Männern, eher Sozialwissenschaften, Kulturwissenschaften und Medizin als Ingenieurwissenschaften und naturwissenschaftliche Fächer. Das Fach Betriebswirtschaftslehre ist allerdings bei beiden, Männern und Frauen, das beliebteste Studienfach.

Was ihre Fähigkeiten anbelangt, stehen Mädchen den Jungen in nichts nach, in der Schulzeit liegen sie ja zumeist weit vorne. Das zeigt sich nicht nur an den Schulnoten, sondern auch an ihrem Engagement bei zusätzlichen Aufgaben und Angeboten: Mädchen im Alter zwischen 12 und 18 Jahren engagieren sich stärker freiwillig als Jungen. Sie sind häufiger Klassensprecherinnen, sie arbeiten eher an Schülerzeitungen mit, sie beteiligen sich häufiger an Arbeitsgemeinschaften, im Schultheater oder im Schulchor. Im späteren Berufsleben spiegeln sich dieses Engagement und auch die guten Schulabschlüsse aber nicht in gleicher Weise wider:

Sie sind seltener politisch engagiert, haben seltener Vorstands- oder Leitungsfunktionen und sie verdienen im Schnitt 23 % weniger Geld als Männer, obwohl sie besser qualifiziert ins Berufsleben einsteigen. Gründe für dieses Ungleichgewicht gibt es verschiedene: »Frauen wählen schlechter bezahlte Berufe, steigen langsamer auf als Männer, verhandeln bescheidener und werden in einer männlich geprägten Arbeitskultur benachteiligt«, analysiert die Autorin Selma Stern.[120] Teilzeitarbeit und Babypausen seien in den meisten Branchen die effektivsten »Karrierekiller«. Das heißt, es bleibt eng, und wenn es um das Kinderkriegen geht, befinden sich junge Frauen in einem weiteren Dilemma, das eine Frauenärztin der profamilia-Beratungsstelle so beschreibt:

»Erst dürfen Mädchen keine Kinder kriegen, weil wir Teenagermädchen in unserer Gesellschaft zu jung finden, um Mutter zu werden, dann haben sie keine Zeit wegen ihrer beruflichen Karriere und dann sollen sie ganz schnell schwanger werden.«

Solange wir nicht akzeptieren, dass manche Biografien so sind und andere anders, dass es nicht darum gehen kann, alles zu schaffen und allen und allem gerecht zu werden, haben junge Frauen nicht die freie Wahl. Sie werden immer weiter unter Druck stehen.

Das Wichtigste überhaupt

»Das Wichtigste im Leben ist, dass man nicht nur für andere Menschen oder für gesellschaftliche Normen lebt, sondern auch für sich und sein Privatleben mit Freunden und Familie. Es ist wichtig, dass man sich einen Alltag schafft, den man gerne lebt.«

Rosa, 18 Jahre

—

»Das Wichtigste ist, dass man gute Freunde und/oder Familie hat – auf jeden Fall Personen, die einen immer unterstüt-

zen, mit denen man sich wohlfühlt. Nur so kann man Freude am Leben haben.«

Juli, 19 Jahre

—

»Für mich ist am wichtigsten die Liebe, Familie, Freunde und Loyalität untereinander.«

Saskia, 18 Jahre

Ihre Mutter bezeichnen die meisten Mädchen zwischen 18 und 20 Jahren als wichtigste Person. Gefolgt von der besten Freundin. Später kommt der Lebenspartner oder die -partnerin dazu. Was Mädchen sich für ihr Privatleben wünschen, stellt das Deutsche Jugendinstitut folgendermaßen dar:

Zukunftspläne

Für ihre Zukunft wünschen sich junge Mädchen zwischen 16 und 18 Jahren mehrheitlich zwei Dinge: 92 % von ihnen möchten mit ihrem Lebenspartner oder ihrer Lebenspartnerin einen gemeinsamen Lebensweg entwickeln. Das sind bei den Jungs fast genauso viele: 91 %. Ebenfalls 92 % möchten sich die Hausarbeit mit ihrem Partner oder ihrer Partnerin teilen. Das möchten nur 73 % der männlichen Jugendlichen. Darüber hinaus finden 54 % der Mädchen dieses Alters den Beruf das Wichtigste im Leben und 35 % möchten sich hauptsächlich um Kinder und Haushalt kümmern.[121]

Plätze frei machen

In einem Artikel über die Jugend betonte schon 1999 der damalige Bundespräsident Roman Herzog die gesellschaftliche Verantwortung derjenigen, die Arbeit haben. Bei heutigen Erwachsenen fehlte es ihm an der Bereitschaft, die Tür für junge Menschen zu öffnen: »Junge Menschen haben heute weniger Einflussmöglichkeiten. Sie haben weniger Rückhalt bei den Älteren. Sie ziehen im demokratischen Verteilungswettkampf den Kürzeren. Beim Entdecken des Neuen erleben sie Ältere nicht als Helfer, sondern als Bremser. So geraten sie in eine strukturelle Verliererposition.«[122] Auch damals hatten junge Erwachsene schon eine bessere Ausbildung und auch eine bessere materielle Ausgangslage, als in der Generation zuvor. Das Problem aber sei: »Es werden ihnen nur wenige Stühle freigehalten.« In Italien ist gerade ein 87-jähriger Mann für weitere sieben Jahre zum Präsidenten des Landes gewählt worden. Manche Firmenchefs meinen, sie müssten noch in hohem Alter alle Geschäfte selber führen, anstatt mal den »jungen« 60-Jährigen Platz zu machen. Wo sollen dann erst die ganz Jungen hin aufrücken? Im Vergleich zu vielen anderen Ländern haben junge Mädchen in Deutschland glänzende Berufsaussichten. Und trotzdem sind sie darauf angewiesen, dass sie willkommen geheißen werden, dass ihnen »Plätze frei gehalten« werden. Damit das erfolgreich ist, müssen wir »zweigleisig fahren«, indem wir ihnen etwas zutrauen, ihnen auch Pflichten zumuten, sie herausfordern, andererseits, indem wir sie ermuntern und ihnen Möglichkeiten eröffnen. Beide Seiten können voneinander profitieren. Die jungen Mädchen von unserer Erfahrung und wir von deren frischen, unverstellten Ideen.

Jeder von uns sollte sich überlegen, an welcher Stelle er oder sie etwas »abgeben« kann oder junge Menschen auf ihrem Weg ins Berufsleben unterstützen kann. Das kann durch Gespräche sein, durch Offenheit, wenn sie anklopfen und einem über die Schulter gucken möchten, das kann durch Vermittlung anderer interessanter Gesprächspartner sein oder indem wir uns ganz konkret überlegen, wo wir etwas abgeben und einen Schritt zurücktreten können.

Coach

Joanna beklagte sich immer wieder lautstark, dass ihre Mutter, obwohl sie selbst schon achtzehn ist, abends noch wissen möchte, wo sie hingeht, und am liebsten auch noch eine SMS braucht, ob sie gut angekommen ist. Immer wieder hat sie die Augen verdreht, wenn ihre Mutter sie darum gebeten hat, und hat ihr ganz deutlich gesagt, dass so etwas jetzt nicht mehr drin ist. Als ihre Mutter anfing, sich damit abzufinden und loszulassen, verriet Joanna ihrem Vater: »Das ist auch komisch. Jetzt soll Mama doch lieber wieder nachfragen.«
Daran wird vor allem deutlich: Eine Umstellung ist es für beide Seiten. Und eine Hin- und Herbewegung, um sich aus der alten Position zu befreien und sich in der neuen sicher zu fühlen, ist ganz normal. Als Eltern junger Frauen müssen wir vor allem eines: loslassen können. Aber eine »Basisstation«, Eltern, die sie fragen können und die an ihnen weiterhin interessiert sind, brauchen sie trotzdem noch. Eben weil sich nicht einfach über Nacht ein Schalter umlegt.
Aus meiner Erfahrung in der Beratungsstelle und im Freundeskreis ist es gut, wenn junge Menschen mit spätestens 20 Jahren rauskommen aus dem Elternhaus. So haben sie die Chance, eigene Erfahrungen zu sammeln, mitzubekommen, wie es ist, einen Haushalt zu führen, selbst verantwortlich zu sein für Wäsche, Essen, Putzen und einen kompletten Tag mit Mahlzeiten, Arbeit oder Ausbildung, Behördengängen und Freizeit – und das in einem Alter, in dem sie das gut bewältigen können. Eltern sind weiter da, sei es für Anrufe wie: »Mama, wie backe ich den Kuchen, den du immer machst?«, oder: »Was darf in die 40-Grad-Wäsche?« Wenn Mädchen ausziehen, kann es sein, dass der Kontakt zu den Eltern erst mal sehr spärlich läuft. In der Regel ist das ein gutes Zeichen:

Sie kommen klar. Und jetzt stimmt, was wir vielleicht schon länger »befürchtet« haben: Sie brauchen uns nicht mehr so wie früher. Aber wenn sie selbstständig leben und arbeiten, ergibt sich auch die Möglichkeit, sich auf einer freundschaftlichen Ebene neu zu begegnen.

Geld ist ein wichtiges Thema, und die Frage, wie viel wir unseren Töchtern mitgeben, damit sie eine gute Ausbildung bekommen, sich auf ihr Studium konzentrieren können und nicht noch nebenbei arbeiten gehen müssen, hängt nicht nur vom Geldbeutel ab. Ein anderer Aspekt des Geldverdienens ist das Gefühl von Unabhängigkeit, das eigenes Geld vermittelt. Selber etwas geschafft zu haben, eigenes Geld zu haben macht stolz. Deshalb ist es gut, so etwas gemeinsam zu überlegen. Wie kann es gehen mit der Finanzierung? Gibt es einen Übergang zwischen Schule und Ausbildung, in dem die Mädchen für einen Urlaub selber sparen und von eigenem Geld reisen? Ist die Ausbildung so straff, dass sie gar keine Zeit haben, nebenbei noch einen Job zu machen? Wägen Sie die Vor- und Nachteile gut ab, gemeinsam mit Ihrer Tochter.

Als Eltern einer erwachsenen Tochter eröffnen sich neue Möglichkeiten für uns selbst, aber auch neue Begegnungen mit unseren Töchtern. Wenn die Mädchen unsicher sind, können wir sie ermutigen, auch Umwege zu gehen und sich selbst zu vertrauen. Vielleicht beginnen die jungen Mädchen eine Schreinerlehre oder ein Biologiestudium und stellen nach einem halben Jahr fest, dass das doch nicht das Richtige ist. Es ist normal, nicht sofort zu wissen, wie der berufliche Weg bis zur Rente verlaufen soll. Auf »krummen« Wegen lernt man mehr, als auf stromlinienförmigen. Ausprobieren, sich orientieren und Neues kennenlernen ist jetzt dran für unsere Töchter. Wir können gucken, wo sie Unterstützung brauchen und ihnen Alternativen aufzeigen. Wenn sie spüren: »Meine Eltern glauben an mich, und wenn ich sie brauche, sind sie weiter für mich da«, werden sie ihren Weg machen.

»Der Zweifel bleibt immer, ob man als Vater das Richtige macht. Du erfährst es erst, wenn sie von deinem Leben weggegangen sind und du siehst, sie sind komplett.«

GERALD G.,54 JAHRE, EINE TOCHTER, EIN SOHN

Gedanken einer Abiturientin:

Mein Gefühl, wenn ich zurückblicke: Ich hatte eine schöne Kindheit und es ist auch schade, dass dieser Teil meines Lebens nun endgültig vorbei ist. Man hatte weniger Sorgen, wenige Pflichten und wenig Verantwortung. Außerdem war der Alltag strukturiert und ich wusste, was ich zu tun habe und was ungefähr als Nächstes kommt. Jetzt hat man keine Gewissheit mehr, etwa, dass nach den Ferien die Schule wieder losgeht. Ich muss mich auf lange Sicht darauf vorbereiten, mich selbst zu versorgen, einen Beruf zu erlangen und auszuziehen. So ein großer Schritt ist auf jeden Fall beängstigend, weil das, was vorher selbstverständlich war, in Zukunft vielleicht nicht mehr so sein wird.

Auf der anderen Seite ist es natürlich auch sehr spannend. Jetzt ist endlich Zeit, die Welt zu entdecken, mich selbst zu finden, zu gucken, was ich mag, und zu sehen, wo mich das Leben hinführt. Wenn ich über einen Flohmarkt gehe, richte ich mir in Gedanken schon meine eigene Wohnung ein. Das Ganze passiert ja nicht von jetzt auf gleich, dass man alleine klar kommen muss. Sondern es entwickelt sich allmählich. Und man kann ja auch selber beeinflussen, was kommt. Darauf freue ich mich.

Tipps zum Weiterlesen, Surfen, Anrufen

Tipps zum Weiterlesen für Mädchen

Liebe und Sexualität

Harris/Emberley: »*Einfach irre!*« – *Liebe, Sex und Kinderkriegen*, Weinheim und Basel, 2002

Raffauf, Elisabeth: *Only for girls*, Beltz & Gelberg, Weinheim 2008

BZgA: »*Mädchensachen*«, kostenlose Broschüre für Mädchen, Bestellnummer: 70 450 000 unter order@bzga.de

BZgA: »*Jungsgeschichten*«, kostenlose Broschüre für Jungen (auch für Mädchen interessant), Bestellnummer: 70460000 unter order@bzga.de

Essstörungen

Frey, Jana: »*Luft zum Frühstück*«, Loewe Verlag, Bindlach 2005

Selbstverletzung

Dunker, Christina: »*Schmerzverliebt*«, Beltz & Gelberg, Weinheim 2003

Tipps zum Weiterlesen für Eltern

Flaake, Karin: *Körper, Sexualität und Geschlecht, Studien zur Adoleszenz junger Frauen*, psychosozial Verlag, 2001, Gießen

Gilmour, David: »*Unser allerbestes Jahr*« (Die Geschichte einer besonderen Vater-Sohn-Beziehung, lässt sich auch durchaus auf Vater-Tochter denken), Fischer Verlag, Frankfurt 2009

Hamilton, Maggie: *What's happening to our girls?* Penguin Group, Australien, 2008

Raffauf, Elisabeth: *Pubertät heute*, Beltz, Weinheim und Basel, 2011

Raffauf, Elisabeth: *So schützen Sie Kinder vor sexuellem Missbrauch*, Patmos-Verlag, Ostfildern 2012

Rohmann, Gabriele (Hrsg.): »*Krasse Töchter*«, *Mädchen in Jugendkulturen*, Archiv der Jugendkulturen, Berlin 2007

Anlaufstellen

Landkarte Mädchenarbeit NRW: http://www.maedchenarbeit-nrw.de/lag/maedchenarbeit-nrw.html Die Landkarte Mädchenarbeit in NRW ist Sammlung von Kontaktadressen für Mädchen, ihre Bezugspersonen, PädagogInnen und Institutionen. Hier findet man nach Orten sortiert Kontaktdaten von: Mädchenberatungsstellen, Mädchentreffs und Mädchenhäusern.

www.youngavenue.de: Das Jugend-Online-Portal der Kinderschutz-Zentren

www.bke-jugendberatung.de: Die Online-Beratung der Bundeskonferenz für Erziehungsberatung

Nummer gegen Kummer: Kinder- und Jugendtelefon: 0800-111 0 333, zusätzliche kostenfreie Nummer von Handy und Festnetz: 116 111

www.profamilia.sextra.de: Online-Beratung zu Liebe und Sexualität

Profamilia: »Pille danach Infotelefon«, mit automatischer Ansage in türkischer, russischer, englischer und deutscher Sprache 01805/776326 (14 Cent/min)

Aktivitäten mit und für Mädchen

www.vernetzungsstelle.de: Portal für »Gleichberechtigung« aus Niedersachsen mit aktuellen Infos

www.lizzynet.de: Ein Mädchen-Portal

www.lambda-online.de Jugendnetzwerk für lesbische, schwule, transsexuelle und bisexuelle Jugendliche

Für sicheres Surfen

www.klicksafe.de EU-Initiative für mehr Sicherheit im Netz: Interessante Broschüren für Eltern und Kinder

www.jugendschutz.net: jede Menge Faltblätter und Broschüren und eine Beschwerdestelle, bei der man problematische Inhalte im Internet melden kann.

www.blinde-kuh.de: Kindersuchmaschine

Danke

Vielen Dank an alle Interviewpartnerinnen und Interviewpartner:

Für ihr Interesse, fürs Nachdenken, Preisgeben ihrer Gedanken und Gefühle, fürs Anspornen und Sich-Zeit-Nehmen.

Danke an die Schülerinnen und Schüler der Gesamtschule Rodenkirchen und der Grundschule Stenzelbergstraße in Köln, danke an Steffi Jones und Wolfgang Niedecken.

Fürs Vermitteln, Lesen, Unterstützen und viele Ideen:

Doro Scholemann, Daniela von der Meden, Ursula Eggert, Norbert Beuchel-Wagner, Marina Probst, Maren Streifling, Nadja Herok, Julia Haardt, Dietmar Jacobs, Christel Bossbach, Stefanie Junker, Katja Kraus, Tina Niedecken, Heiner Kämmer, Jana Kämmer.

Für tolle Zusammenarbeit: Katrin Meisel und Claus Koch

Fürs Dasein, Sosein, Weggehen und Wiederkommen, Kochen und Türzumachen, Kritiküben und für ihre Liebe: Jana, Luca und Heiner.

Literatur

Albert/Hurrelmann/Quenzel: *16. Shell Jugendstudie, Jugend 2010*, Frankfurt, 2. Auflage, 2011

Berndt, Christina: »Typisch Mädchen, typisch Junge«, in: *Süddeutsche.de*, 26. April 2012

Borkenhagen, Ada; Brähler, Elmar (Hrsg.): *Intimmodifikationen. Spielarten und ihre psychosozialen Bedeutungen*, Psychosozial-Verlag, Gießen 2010

Bowlby, John: *Mutterliebe und kindliche Entwicklung*, Ernst Reinhard Verlag, München 1972

Bruhns, Annette; Dürr, Anke: »Wen habt ihr lieber?«, in: *taz*, 17./18. Nov. 2012

Brunner/Resch/Kaess u.a.: *Saving and Empowering Young Lives in Europe (SEYLE). Gesundheitsförderung durch Prävention von riskantem und selbstschädigendem Verhalten*, Uni Heidelberg, 2009–2011

Brown, Lyn; Gilligan, Carol: *Die verlorene Stimme*, Campus-Verlag, Frankfurt 1994

Buschmann, Ingrid: *Schlaue Mädchen, Coole Jungs*, Wien 2011

BZgA, Bundeszentrale für gesundheitliche Aufklärung: *Jugendsexualität, Repräsentative Wiederholungsbefragung von 14- bis 17-Jährigen und ihren Eltern* – Aktueller Schwerpunkt Migration – 2010, Köln

BZgA-Forum: *Teenagerschwangerschaften aktuell*, Sonderheft 2012, Frankfurt

BZgA, Bundeszentrale für gesundheitliche Aufklärung, Drogenaffinität Jugendlicher in der Bundesrepublik Deutschland 2011, *Der Konsum von Alkohol, Tabak und illegalen Drogen: Aktuelle Verbreitung und Trends*, Köln 2012

BZgA, www.kindergesundheit-info.de, »Die magische Phase«, 2013

Caroll, Lewis: *Alice im Wunderland*, Insel Verlag, Frankfurt 1973

Dammler, Axel: *Rosa Ritter und schwarze Prinzessinnen – Was wirklich »typisch männlich« und »typisch weiblich« ist*, Gütersloher Verlagshaus, Gütersloh 2011, S. 49

Deutscher Bildungsbericht 2012, Bundesministerium für Bildung und Forschung

DJI: *Mädchen und junge Frauen in Deutschland, Lebenssituation, Problembereiche, Maßnahmen*, München 2007

Dornes, Martin: *Der kompetente Säugling*, Fischer Verlag, Frankfurt, 1994

Dworschak, Manfred: »Ich liebe dich so fucking'vieel<3«, in: *Der Spiegel* 2012/42

Eliacheff, Caroline: *Das Kind, das eine Katze sein wollte*, Kunstmann Verlag, München 1992

Flaake, Karin: *Körper, Sexualität und Geschlecht – Studien zur Adoleszenz junger Frauen*, psychosozial Verlag, Gießen 2001

Flaake, Karin: Veränderte Identifizierungen und Geschlechterbilder – Adoleszente Entwicklungen junger Frauen in Familien mit »neuen Vätern« und berufstätigen Müttern, in: Peter Bründl/Vera Kind (Hrsg.): *Adoleszenz, gelingende und misslingende Transformationen*, Brandes und Apsel, Frankfurt a.M. 2012, S. 71–90

Focus-Schule, Jugendreport 2009

Freiburg, Friederike: »Ein neuer Busen zum Abitur«, *spiegel-online* 22. April 2008

Günter, Michael: »Sexualität und Scham in der Kinder- und Jugendlichenanalyse«, in: *Kinderanalyse 18 (4)*, 2010

Grabrucker, Marianne: *Typisch Mädchen …*, Fischer Verlag, Frankfurt 1994

Grimm, Petra u.a.: *Gewalt im web.2.0*, Schriftenreihe der NLM, vistas Verlag, Berlin 2008, Band 23

Grünewald, Stephan: *Die erschöpfte Gesellschaft*, Campus Verlag, Frankfurt 2010

Hamilton, Maggie: *What's happening to our girls?*, Penguin Group, Australia 2008

Hänel, Dagmar: »Das Abitur ist ein ganz zentrales Übergangsritual«, in: *Generalanzeiger*, Bonn, 8.4.2013

Heller, Eva: *Wie Farben wirken*, Rowohlt, Hamburg 2008

Hurrelmann, Klaus: Die meisten Kinder sind heute kleine Erwachsene, in: *Die Zeit*, 25./26. Januar 1997

James, Oliver: Family under the microscope, »Do absent fathers trigger puberty?« *The Guardian*, 28.3.2009, www.guardian.co.uk/lifeandstyle/2009/mar/28/early-puberty-absent-fathers

K., Maxi: »Redet mit uns«, in: *Die Zeit*, 2002/35

Kahl, Reinhard u.a.: *Sexuelle Reifung von Kindern und Jugendlichen in Deutschland*, Ergebnisse des Kinder- und Jugendsurveys, Bundesgesundheitsblatt, Gesundheitsforschung, Gesundheitsschutz, Berlin, 2007, 5/6

Kappus, Elke-Nicole: Rites de Passage, Begleiter des Übergangs, in: *Sozialaktuell*, 12. Dez. 2009

KIM-Studie 2012, Kinder+Medien, Computer+Internet, mpfs Medienpädagogischer Forschungsverband Südwest

Kindler, Heinz: »Geschlechtsspezifische Aspekte der Bindungsentwicklung«, in: Spangler/Zimmermann (Hrsg.): *Die Bindungstheorie*, 2011, Klett-Cotta, Stuttgart, S. 287

Kleinschmidt, Lothar; Martin, Beate; Seibel, Andreas: *Lieben, Kuscheln, Schmusen*, Ökotopia Verlag, Münster 1999, S. 20

Kuhn/Herpell: »Sind denn Mädchen schlauer als Jungs?«, in: *Süddeutsche Zeitung Magazin*, 11.11.2008

Magerl, Sabine: »Erst das Nahe, dann die Sterne«, in: *Die Zeit*, 23. Sept. 1999

Matthiesen/Mainka: *Intimrasur als neue Körpernorm bei Jugendlichen*, in: BZgA-Forum, 2011/3

Medienpädagogischer Forschungsverbund Südwest: *JIM-Studie 2010*, Stuttgart 2010

Medical Tribune, Kinder- und Jugendmedizin, Nr. 2, 2012, S. 11

Mertens, Wolfgang: *Entwicklung der Psychosexualität und der Geschlechtsidentität*, Band 1+2, Kohlhammer, Stuttgart 1992

Meyer/Friedmann: »Ungeheurer Bildungsdruck«, in: *Der Spiegel*, 11/2012

OECD 2010, *Pisa 2009 Ergebnisse: Was Schülerinnen und Schüler wissen und können* – Band I

Omer, Haim; von Schlippe, Arist: *Autorität ohne Gewalt, Coaching für Eltern von Kindern mit Verhaltensproblemen*, Vandenhoeck & Ruprecht, Göttingen 2004

Padtberg, Carola: »Zickenkrieg im Web«, *Spiegel-online*, 11. August 2009

Pieper, Juliane: »Unendliche alleine, endlich alleine«, in: *taz* 3./4. Nov. 2012

Raffauf, Elisabeth: *Pubertät heute*, Beltz-Verlag, Weinheim 2011

Raffauf, Elisabeth: *Was ist Liebe?*, Beltz-Verlag, Weinheim 2003

Raffauf, Elisabeth: *So schützen Sie Kinder vor sexuellem Missbrauch – Prävention von Anfang an*, Patmos, Ostfildern 2012

Robert-Koch-Institut: *KIGGS Kinder- und Jugendgesundheitssurvey*, Springer Verlag, Berlin 2007

Rothhaas, Julia: »Geschlecht geheim«, in: *Nido* 12/11-01/12

Röll, Iris: Starke Mädchen – Sensible Jungs«, in: *Focus-Schule* Nr. 3/2011

Schaaf, Julia im Interview mit Gerald Hüther in: *FAZ*: »Das Wichtigste wäre ein richtig guter Vater«, 2.11.2009

Schauder, Thomas: Zur Entwicklung des Selbstwertgefühls von Kindern und Jugendlichen in Deutschland zwischen 1989 und 2009, in: *Praxis der Kinderpsychologie und Kinderpsychiatrie*, Göttingen 2012/3

Sengling, Bettina: »Chronik eines angekündigten Todes«, in: *Stern*, 2012/44

Sommersberg, Angela: »Übergangsrituale ins Erwachsenenleben«, in: *Kölner Stadt-Anzeiger*, 21.3.2013

Steffen,Peter/dpa: »Immer mehr Jugendliche nach Vollrausch im Krankenhaus«, in: *Zeit-online*, 5.2.2013

Stern, Selma: »Warum verdienen Frauen weniger als Männer?«, in *Zeit-online*, 2.7.2012

Stolle, Christa: »Mythos Jungfernhäutchen«, in: *taz*, 17./18. Dez. 2011

Stolz, Matthias: »Generation Praktikum«, in: *Zeit-online*, 31.3.2005

Strasser, Patrick: Interview mit Oliver Kahn »Torfrau? Das würde ich meiner Tochter verbieten«, in: *Münchner Abendzeitung* 29.11.2010

Thompson, Clive: »Die schöne neue Welt der digitalen Intimität«, *BZgA-forum*, 2011

Tsiolkas, Christos: *Nur eine Ohrfeige*, Stuttgart 2012

Wallner, Claudia: »Drama oder Dramatisierung? Geschlechterverhältnisse heute und ihre Auswirkungen auf die Lebensbedingungen von Mädchen und jungen Frauen«, S. 287, in: Rohmann, Gabriele (Hrsg.): *Krasse Töchter*, 2007, Archiv der Jugendkulturen Berlin

WDR: Pubertät – Skript zur Sendereihe Quarks & Co., Köln, Okt. 2008

Wiedemann, Carolin: »Rosa Rollback«, in: *FAZ*, 26.11.2012

Online-Artikel

www.unicef.de/aktuelles/2013/04/10/die-frage-nach-dem-glueck

Bravo Faktor Jugend 10 »My brands – Markensozialisation bei Jugendlichen«, Nov. 2009. http://www.baueradvertising.de/uploads/media/Studie_BRAVO_Faktor_Jugend_10.pdf

Institute of Child Health: Early Onset Eating disorders: New Findings, 1.4.2011. http://www.ucl.ac.uk/news/news-articles/1104/11040102

»Sexualkunde als Lebenshilfe«. http://www.sueddeutsche.de/muenchen/2.220/pro-familia-hilft-aus-sexualkunde-als-lebenshilfe-1.177622

http://www.sexmedpedia.com/artikel/beherrscht-von-hormonen

http://www.spiegel.de/panorama/leute/junge-mutter-zwoelfjaehrige-bringt-kind-auf-klassenfahrt-zur-welt-a-753915-druck.html

http://www.spiegel.de/panorama/zwoelfjaehrige-mutter-vater-schwaengerte-minderjaehrige-tochter-a-755205.html

http://forum.sexualaufklaerung.de/index.php?docid=1029. forum-Sonderheft: 2, 2007. Teenagerschwangerschaften international

dapd: »Bewegungsdrang« – Wie Bewegung die geistige Entwicklung von Kindern fördert, in: WAZ, 6.12.2012. http://www.derwesten.de/gesundheit/wie-bewegung-die-geistige-entwicklung-von-kindern-foerdert-id6126570.html

Deutscher Olympischer Sportbund: Frauen gewinnen, Frauen im Sport – Zahlen und Fakten, Dez. 2009. www.dosb.de/uploads/media/Zahlen_und_Fakten_Frauen_gewinnen_pdf

http://www.eltern.de/foren/geschlecht-bestimmen-junge-oder-maedchen/866903-wieso-muss-es-unbedingt-maedchen-4.html

http://www.familie-stark-machen.de/files/generationenbarometer09_pressemappe.pdf

Böhm, Dieter: »Das Jungen-Dilemma«, »Warum Jungen in unserem Schulsystem versagen müssen« http://www.duesseldorf.de/jugendamt/dwn/jungenfoe_boehmvortrag.pdf

Siu/ulz: Männer über Frauenfußball: Macho Macho 27.6.2011, in Spiegel online, www.spiegel.de/panorama/maenner-ueber-frauenfussball-macho-macho-a-770854.html

Stand Up News mit Carolin Kebekus in »Wochenshow«, 2011, Staffel 9, Folge 7. www.myspass.de/myspass/shows/tvshows/wochenshow/Stand-Up-News-mit-Carolin-Kebekus--/4543/

Destastis: Frauen und Männer in verschiedenen Lebensphasen, 2010, Statistisches Bundesamt. https://www.destatis.de/DE/PresseService/Presse/Pressemitteliungen /2011/01/PD11_039_231.html

Strassmann, Burkhard: »Woher haben sie das? – Alle erzieherischen Versuche, aus Jungen und Mädchen geschlechtsneutrale Wesen zu machen, sind gescheitert. Gegen die Natur kommt nur an, wer sie akzeptiert.«, Zeit-online, 3.7.2007

Zach, Ulrike und Künsemüller, Petra: »Die Entwicklung von Kindern zwischen dem 6. Und 10. Lebensjahr«, 12.5.2011, in: www.familienhandbuch.de/cms/Kindheitsforschung-6bis10.pdf

http://www.quotenmeter.de

Filme

Reitmann, Jason: »Juno«, cine project, 2007

Sachregister

S

T

U

V

W

Z

Personenregister

Anmerkungen

1 BZgA, Bundeszentrale für gesundheitliche Aufklärung: »Jugendsexualität«, Repräsentative Wiederholungsbefragung von 14 bis 17-Jährigen und ihren Eltern – Aktueller Schwerpunkt Migration, 2010
2 Reitmann, Jason: »Juno«, cine project, 2007
3 http://www.spiegel.de/panorama/leute/junge-mutter-zwoelfjaehrige-bringt-kind-auf-klassenfahrt-zur-welt-a-753915-druck.html
4 http://www.spiegel.de/panorama/zwoelfjaehrige-mutter-vater-schwaengerte-minderjaehrige-tochter-a-755205.html
5 http://www.jugendsex-forschung.de/dokumente/Teenagerschwangerschaften_international.pdf
6 http://forum.sexualaufklaerung.de/index.php?docid=1029 – forum-Sonderheft: 2, 2007. Teenagerschwangerschaften international
7 BZgA forum, Sonderheft – 2012
8 siehe BZgA »Jugendsexualität«, 2010
9 Wallner, Claudia: »Drama oder Dramatisierung? ...«, S. 287
10 Medical Tribune, Nr. 2, 2012, S. 11, Kinder- und Jugendmedizin
11 in: Focus-Schule Nr. 3/2011: »Starke Mädchen – Sensible Jungs« von Iris Röll
12 http://www.eltern.de/foren/geschlecht-bestimmen-junge-oder-maedchen/866903-wieso-muss-es-unbedingt-maedchen-4.html
13 Generationen-Barometer 2009, Forum Familie stark machen
14 Dammler, Axel: »Rosa Ritter und schwarze Prinzessinnen«, S. 49
15 Eliacheff, Caroline: »Das Kind, das eine Katze sein wollte«, 1992, Kunstmann Verlag, München
16 Dornes, Martin: »Der kompetente Säugling«, 1994, Fischer Verlag, Frankfurt
17 Bowlby, John: Mutterliebe und kindliche Entwicklung, Ernst Reinhard Verlag, München 1972
18 Mertens 1992, Bd. I, S. 38 f.
19 ebda. S. 65
20 ebda. S. 31
21 Grabrucker, Marianne: »Typisch Mädchen ...«, 1994, Fischer Verlag, Frankfurt
22 Strassmann, Burkhard: Woher haben sie das?, in: Zeit-online 3.7.2007

23 Böhm, Dieter, in einem Vortrag zum Thema: »Das Jungen – Dilemma«, Warum Jungen in unserem Schulsystem versagen müssen., Veranstalter der Tagung »Jungen und Lernen«, Jugendamt Düsseldorf

24 Julia Schaaf im Interview mit Gerald Hüther in FAZ: »Das Wichtigste wäre ein richtig guter Vater«, 2.11.2009

25 BZgA, Kindergesundheit-info.de »Die magische Phase«, 2013

26 Kleinschmidt, Lothar, Martin, Beate, Seibel, Andreas (1999): »Lieben, Kuscheln, Schmusen«, Münster, Ökotopia Verlag, S. 20

27 Heller, Eva: »Wie Farben wirken«, 2008, Rowohlt, Hamburg

28 Berndt, Christina: »Typisch Mädchen, typisch Junge«, in: Sueddeutsche.de, 26. April 2012

29 Wiedemann, Carolin: »Rosa Rollback«, FAZ, 26.11.2012

30 www.pinkstinks.de

31 Kindler zitiert Aber und Baker in: »Geschlechtsspezifische Aspekte der Bindungsentwicklung«, in: Spangler/Zimmermann (Hrsg.): »Die Bindungstheorie«, 2011, Klett-Cotta, Stuttgart, S. 287

32 ebda. S. 290

33 Raffauf, Elisabeth: »Was ist Liebe?«, 2003, Beltz-Verlag, Weinheim

34 Rothhaas, Julia: »Geschlecht geheim«, in: Nido 12/11-01/12

35 Burkhard Strassmann in seinem Artikel »Woher haben sie das? – Alle erzieherischen Versuche, aus Jungen und Mädchen geschlechtsneutrale Wesen zu machen, sind gescheitert. Gegen die Natur kommt nur an, wer sie akzeptiert«, Zeit-online, 3.7.2007

36 KIM-Studie 2012, Kinder + Medien, Computer + Internet, mpfs Medienpädagogischer Forschungsverband Südwest

37 Hurrelmann, Klaus: Die meisten Kinder sind heute kleine Erwachsene, in Die Zeit, 25./26. Januar 1997

38 www.unicef.de/aktuelles/2013/04/10/die-frage-nach-dem-glueck

39 Zach, Ulrike und Künsemüller, Petra: »Die Entwicklung von Kindern zwischen dem 6. und 10. Lebensjahr«, 2.5.2011 www.familienhandbuch.de/cms/Kindheitsforschung-6bis10.pdf

40 Danke an meine Herzfunk-Kollegin Katrin Sanders, die mir den O-Ton überlassen hat.

41 Meyer/Friedmann: »Ungeheurer Bildungsdruck«, in: »Der Spiegel«, 11/2012

42 Kuhn/Herpell: »Sind denn Mädchen schlauer als Jungs?«, in »Süddeutsche Zeitung Magazin«, 11. Nov. 2008

43 Vergleiche auch Deutscher Bildungsbericht 2012, Bundesministerium für Bildung und Forschung

44 OECD 2010, PISA 2009 Ergebnisse: Was Schülerinnen und Schüler wissen und können – Band I

45 im Interview mit Doris Kuhn und Gabriela Herpell: »Sind denn Mädchen schlauer als Jungs?«, Süddeutsche Zeitung Magazin, Nov. 2008

46 Bruhns, Annette; Dürr, Anke: »Wen habt ihr lieber?« in: »taz«, 17.18. Nov. 2012

47 Buschmann, Ingrid zitiert den Erziehungswissenschaftler Eder, der über »Das Befinden von Kindern und Jugendlichen in der österreichischen Schule geforscht hat.

48 Interview Süddeutsche Magazin, 2008, s.o.

49 Berndt, Christina: »Typisch Mädchen, typisch Junge«, in: »Süddeutsche.de«, 26. April 2012

50 Deutscher Olympischer Sportbund, Frauen gewinnen, »Frauen im Sport – Zahlen und Fakten (Dezember 2009) www.dosb.de/uploads/media/Zahlen_und_Fakten_Frauen_gewinnen.pdf

51 Strasser, Patrick in: Münchner Abendzeitung, »Kahn: Torfrau? Das würde ich meiner Tochter verbieten« 29.11.2010

52 Spiegel-online, 27.6.2011, http://www.spiegel.de/panorama/maenner-ueber-frauenfussball-macho-macho-a-770854.html

53 http://www.myspass.de/myspass/shows/tvshows/wochenshow/Stand-Up-News-mit-Carolin-Kebekus--/4543/in: Wochenshow: Staffel 9, Folge 7

54 taz, 6.Mai 2013 »Saudi-Arabien, Schulsport für Mädchen erlaubt«

55 Berndt, Christiana, s.o.

56 http://www.sexmedpedia.com/artikel/beherrscht-von-hormonen

57 WAZ: »Wie Bewegung die geistige Entwicklung von Kindern fördert«, 6.12.2011http://www.derwesten.de/gesundheit/wie-bewegung-die-geistige-entwicklung-von-kindern-foerdert-id6126570.html

58 Kahl, Heidrun u.a.: KIGGS: Sexuelle Reifung von Kindern und Jugendlichen in Deutschland, Ergebnisse des Kinder- und Jugendgesundheitssurveys, Bundesgesundheitsblatt, Gesundheitsforschung-Gesundheitsschutz 5/6, 2007

59 BZgA: Jugendsexualität, Repräsentative Wiederholungsbefragung von 14- bis 17-Jährigen und ihren Eltern, Köln 2010

60 James, Oliver: The Guardian: Family under the microscope, »Do absent fathers trigger early puberty in girls? 28. März 2009/www.guardian.co.uk/lifeandstyle/2009/mar/28/early-puberty-absent-fathers

61 Raffauf, Elisabeth: Pubertät heute, Beltz-Verlag, Weinheim 2011

62 Dworschak, Manfred: »Ich liebe dich so fucking' vieel <3«, in: Der Spiegel, 42/2012

63 Focus-Schule (s.o.)
64 Focus-Schule, Jugendreport 09
65 Bravo Faktor Jugend 10 »My brands – Markensozialisation bei Jugendlichen«
66 Hamilton, S. 40
67 http://www.quotenmeter.de/cms/?p1=n&p2=57058&p3=
68 Günter, Michael: »Sexualität und Scham in der Kinder- und Jugendlichenanalyse«, in: Kinderanalyse 18 (4), 2010
69 Carroll, Lewis: Alice im Wunderland, Insel Verlag 1973
70 Schauder, Thomas: Zur Entwicklung des Selbstwertgefühls von Kindern und Jugendlichen in Deutschland zwischen 1989 und 2009, in: Praxis der Kinderpsychologie und Kinderpsychiatrie, 3/2012, Vandenhoek & Ruprecht, Göttingen
71 Christos Tsiolkas: »Nur eine Ohrfeige«, Klett-Cotta, Stuttgart 2012
72 Brown,Lyn; Gilligan, Carol: »Die verlorene Stimme«, 1994, Campus Verlag, Frankfurt
73 Flaake, Karin: Körper, Sexualität und Geschlecht, Studien zur Adoleszenz junger Frauen, 2001, psychosozial Verlag Gießen
74 BZgA: Jugendsexualität 2010
75 Flaake, Karin: Veränderte Identifizierungen und Geschlechterbilder – Adoleszente Entwicklungen junger Frauen in Familien mit »neuen Vätern« und berufstätigen Müttern, in: Peter Bründl/Vera Kind (Hrsg.): Adoleszenz gelingende und misslingende Transformationen, Frankfurt am Main, 2012 (Brandes und Apsel), S. 71–90
76 »Pubertät – Wenn Teenager ausrasten«, Skript zur WDR-Sendereihe Quarks & Co., WDR Okt. 2008
77 Omer, Haim/von Schlippe, Arist: Autorität ohne Gewalt, Coaching für Eltern von Kindern mit Verhaltensproblemen, Vandenhoeck & Ruprecht, 2004, Göttingen
78 JIM-Studie 2012, Medienpädagogischer Forschungsverbund Südwest, Stuttgart 2012, www.mpfs.de
79 Grünewald, Stephan: Die erschöpfte Gesellschaft, 2013, Campus Verlag, Frankfurt
80 Thompson, Clive: »Die schöne neue Welt der digitalen Intimität«, BZgA-forum, 3, 2011
81 ebda.
82 ebda.
83 Bettina Sengling: »Chronik eines angekündigten Todes«, in: »Stern«, 44/2012

84 Padtberg, Carola: »Zickenkrieg im web«, spiegel online, 11. August 2009
85 Grimm, Petra u.a.: Gewalt im web 2.0, Schriftenreihe der NLM, Band 23, 2008, vistas-Verlag, Berlin
86 JIM-Studie, 2010
87 Raffauf, Elisabeth: »So schützen Sie Kinder vor sexuellem Missbrauch« – Prävention von Anfang an, 2012, Patmos, Ostfildern
88 ebda.
89 Raffauf, Elisabeth: Pubertät heute, Beltz, Weinheim und Basel 2011
90 Matthiesen/Mainka: »Intimrasur als neue Körpernorm bei Jugendlichen«, BZgA Forum 3-2011
91 Borkenhagen, Ada/Brähler, Elmar (Hrsg.): »Intimmodifikationen. Spielarten und ihre psychosozialen Bedeutungen«, 2010, Psychosozial-Verlag, Gießen
92 alle Kulturgeschichtlichen Hinweise aus: wikipedia »Schamhaarentfernung«
93 »Sexualkunde als Lebenshilfe« www.sueddeutsche.de/muenchen/2.220/pro-familia-hilft-aus-sexualkunde-als-lebenshilfe-1.177622
94 Matthiesen/Mainka 2011
95 KIGGS, Kinder- und Jugendgesundheitssurvey, Robert-Koch-Stiftung, Springer-Verlag, 2007
96 Shell-Studie 2010
97 http://www.ucl.ac.uk/news/news-articles/1104/11040102
98 Saving and Empowering Young Lives in Europe« (Seyle), Gesundheitsförderung durch Prävention von riskanten und selbstschädigendem Verhalten, Uni Heidelberg (2009–2011)
99 zitiert nach Maggie Hamilton, London, 2008
100 Zeit-online 5.2.2013 »Immer mehr Jugendliche nach Vollrausch im Krankenhaus«
101 https://www.destatis.de/DE/PresseService/Presse/Pressemitteilungen/2011/01/PD11_039_231.html
102 Bundeszentrale für gesundheitliche Aufklärung (2012), Drogenaffinität Jugendlicher in der Bundesrepublik Deutschland 2011, Der Konsum von Alkohol, Tabak und illegalen Drogen: Aktuelle Verbreitung und Trends, Köln: BZgA.
103 BZgA-Jugendsexualität 2010
104 Magerl, Sabine: Die Zeit, Nr. 39, 23. Sept. 1999, »Erst das Nahe, dann die Sterne«
105 taz 3./4. November 2012 »Unendlich alleine, endlich alleine«, Simone Schmollack

106 taz, 3./4. Nov. s.o. Isabel Lott
107 »Jugend 2010«, 16. Shell-Jugendstudie, Januar 2011
108 Die Zeit: Maxi K. »Redet mit uns!«, 35/2002
109 Grünewald, Stefan: Die erschöpfte Gesellschaft, 2013, campus-Verlag, Frankfurt
110 17.10.1999 bei Sabine Christiansen
111 Magerl, Sabine: Die Zeit: Nr. 39, 23. Sept. 1999 »Erst das Nahe, dann die Sterne«
112 Kölner Stadt-Anzeiger: Übergangsrituale ins Erwachsenenleben, 21.3.2013
113 Generalanzeiger Bonn: Dagmar Hänel: »Das Abitur ist ein ganz zentrales Übergangsritual«, 8.4.2013
114 Kappus, Elke-Nicole: Rites de Passage, Begleiter des Übergangs in »Sozialaktuell« Nr. 12, Dezember 2009
115 Destastis: Frauen und Männer in verschiedenen Lebensphasen, 2010 (Statistisches Bundesamt)
116 Spiegel online »Ein neuer Busen zum Abitur«, 22. April 2008
117 taz: »Mythos Jungfernhäutchen« 17./18. Dez. 2011
118 Grünewald, S. 103
119 Zeit-online: »Generation Praktikum«, 31.3.2005
120 Stern, Selma: Warum verdienen Frauen weniger als Männer?, Zeit-online, 2.7.2012
121 DJI: Mädchen und junge Frauen in Deutschland, Lebenssituationen – Problembereiche – Maßnahmen, München, 2007
122 Die Zeit, Nr. 24, 10. Juni 1999